闵步奎 著

育儿育

——老闵教育手记

GUANGXI NORMAL UNIVERSITY PRESS
广西师范大学出版社
·桂林·

YU ER YU JI

育儿育己

出版统筹：汤文辉
品牌总监：张少敏
选题策划：李茂军　陈显英
责任编辑：李茂军
助理编辑：陈美蓉
美术编辑：卜翠红　刘冬敏
营销编辑：李倩雯　赵　迪
版权联络：郭晓晨
责任技编：郭　鹏

图书在版编目（CIP）数据

育儿育己：老闵教育手记 / 闵步奎著. —桂林：广西师范大学出版社，2019.1（2023.7 重印）
ISBN 978-7-5598-1372-5

Ⅰ. ①育… Ⅱ. ①闵… Ⅲ. ①儿童教育—家庭教育 Ⅳ. ①G782

中国版本图书馆 CIP 数据核字（2018）第 259655 号

广西师范大学出版社出版发行
（广西桂林市五里店路 9 号　邮政编码：541004
网址：http://www.bbtpress.com）
出版人：黄轩庄
全国新华书店经销
北京盛通印刷股份有限公司印刷
（北京经济技术开发区经海三路 18 号　邮政编码：100176）
开本：720 mm × 1 010 mm　1/16
印张：23.75　　字数：307 千字
2019 年 1 月第 1 版　　2023 年 7 月第 3 次印刷
印数：5 101~7 100 册　　定价：58.00 元

自　序

中国的家庭教育，多数时候处在无明中。

无明，就是不清楚，就是无意识，或者意识不到、感觉不到。家长不清楚自己讲话的动机、后果，所以叫无明。

南怀瑾先生说，社会的问题，是人的问题，人的问题是教育的问题，人的教育问题始于家庭，始于父母对孩子的影响。这个见解，可谓一针扎中要害。如果父母处于无明中，那么家庭教育不会有起色。我希望这本书，能给家庭教育带来一点起色。

这本书中的文章，一开始只是有感而发，因为我有幸跟了一位叫古国治的老师，又找到了让我安心的工作——教育，于是我在我的博客上写文章，分享自己的心得，希望父母们乃至教育工作者能从中受益。

我是2007年认识古国治老师的，2008年我一有空就和他一起推广他的教育理念，2009年我脱产出来，专门干这件事情。我的选择不盲目，我之前当过几年的小老板、职业经理人，以及企业管理培训师、咨询师，但生活过得并不如意。我潜心学问，喜欢看南怀瑾先生的书，我一直想把传统文化、心理学、管理学整合在一起，希望自己在成人的学习领域有更多的作为。我到处拜师，最后遇到了古国治老师，发现他在这一领域早已经实践并获得成功了，于是我专心跟他学习。我拽着他在企业管理领域短暂地尝试后，迅速跟着他转到了家庭教育领域。我脱产出来专职干这件事已经九年了，至今仍觉得，这是一个非常明智的选择。

2010年我在上海开办帅真儿童之家，刘纪认夫妇因一些问题来上海找我，由此结缘。刘纪认是美国亚利桑那大学的天文学博士后，当时国内几个天文台暂时没有接受他的工作申请，因而他有些困惑。我和我的同事，与他相谈甚欢。他回到北京后，北京天文台录用了他。后来，他参加了古国治老师一家人的“如何爱”课程（那个时候叫“父母成长”）。再后来，他有了孩子，一有空就“研究”我的博客，按照他的原话就是，“解决了我很多育儿的困惑，案例很有趣”。2016年，他从北京专程到宁波明星湾生态农庄来看我，讨论教育问题。事后，他把我博客上的文章复制归档，叮嘱我一定要出书，帮助更多的家长。我感其用情真切，所以恭敬从命。

以上是我要交代的这本书的第一个层面。

第二个层面，从事教育，给我带来的生活落差很大，我从一个专业的企业管理培训师“沦落”为“孩子王”，放弃了不菲的收入，成天和孩子泡在一起，很多人不理解。阅读龙应台女士《教育在屎尿》一文后，我深有同感——其实，“在屎尿”的教育，比我从事的管理培训的成人教育，更为彻底。是啊，如何正确地对待孩子的屎尿问题、处理孩子屎尿问题时的心态，都构成教育的因素。推而广之，生活就是教育，从小把教育做好了，比起成人教育，岂止事半功倍！在如何对待孩子的屎尿问题上，家长对我是没有意见的，像在我们儿童之家，没有生活老师，孩子大小便拉在裤子里，都是因老师“无障碍”的心态才得以妥善处理。但是，下面的问题，和家长的冲突就很大了。

现在的教育是圈养，我的教育是散养。对此，家长的第一大焦虑是孩子的安全问题。我的应对方法是风险管控，他们是要刻意回避风险，限制孩子的各种活动。家长喜欢活泼的孩子，却又不喜欢乱跳的孩子；喜欢语言能力强的孩子，却又不喜欢大人讲话插嘴的孩子。家长是否喜欢他们的孩子，是由他们当时的心情决定的。他们在苹果青涩的时候就开始评论苹果口味的好坏，而不是让苹果在自然的环境下经历阳光、雨露和风霜，而后成熟。

孩子的大脑发育和孩子的活动是有直接关系的。孩子的活动受到限制，大脑的发育就受到限制。这点，多数的家长居然意识不到，即使意识到了，也很难做到不限制孩子的活动，这与家长的心态是否健康有直接的关系。所以，我这本书是写给家长看的。

家长的第二大焦虑是要孩子学什么的问题。我提倡生存教育、生活教育，家长倾向知识教育。孩子的学习是多方面的，他们最喜欢的就是玩耍。玩耍，是孩子生活、发育、学习的重点。在这个过程中，最重要的是如何与人相处，这是孩子通过千百次与成人或者伙伴之间的互动、冲突学会的。在这个过程中，如果有懂得人格成长的老师的干预、启发，孩子的进步是很快的。但必须承认，他们在成人面前，仍然是脆弱的，所以他们健康的心理机制必须以日复一日的重复方式加强，这个过程，我称为固本培元。他们学习内容的难度的升级需求，是在这种重复的过程中逐渐产生的。孩子是感性的，而书本知识是偏于理性的，孩子从感性发展到理性，过程是渐进的，而书本知识教育，恰恰是人格发展过程中突发的。在知识教育领域，望子成龙的成人对孩子的要求是急躁的，总想一口吃成一个大胖子，总想拔苗助长，总想让孩子通过单纯的读书获得衣食无忧的工作。这种对孩子的要求，其实是急功近利的思想在作怪，是对孩子生命现状的否定。因而孩子是反感的，是不接受的，但苦于这种功利心是出于至亲，所以孩子为了生存、为了亲情，通过扭曲自己的方式来满足父母的要求；实在是力不从心了，才以各种“不听话”的方式来敷衍。作为父母，如果用功利心玷污了亲子关系，情何以堪！

教育如果迎合家长，这个教育就会变味儿，但如果不迎合，则没有市场。作为一个教育者，我可以特立独行，可以清心自守，但于事无补，如果没有“随缘不变、不变随缘”的灵活的教育宗旨，是很难把人格教育办起来的。所以，我很多时候既要兼顾家长的感受，又要兼顾孩子的兴趣，常常处于两难的尴尬局面。我更多的时候是和家长捉迷藏，为孩子打掩护。我感叹教育难，就难在这里。我希望，在家长阅读这本书以后，那些像我一样的老师，可以不用再为孩子打掩护，让孩子活出他们自己的风采。

当初，对于家长的焦虑和不理解等问题，我没有做到循循善诱，希望这本书能起到这样的作用。

第三个层面，就是我在教育中的自我梳理和进步。

在与家长或孩子打交道的过程中，我学到了很多东西，改正了很多自己儿童时期形成的缺点。通过观察，我发现，那些跟我相处比较久的孩子，都有些像我，这让我诚惶诚恐：作为教育者，我的责任太大了。

所以，课业之余，我不断地学习东西方的教育理念，加强自己的静定修养。越是这样，越是发现自己有很多不足，但是这种发现能力却使我的内心越来越充实了。我希望家长们也能在带孩子的过程中，提升自己、充实自己，所以把本书命名为《育儿育己》。

我发现，成人带孩子，是我们成人人生中最后一次成长机会，所以说是“育儿育己”。当一个三岁的孩子能够轻松愉快地叫我“老闵”，我很开心。我之所以叫孩子们称呼我为“老闵”，是要孩子消除对成人的恐惧。因为在这个商业社会里，沟通是最主要的谋生能力，这是我过去从商的经验。沟通能力的基础，是一个人在另一个人面前能保有坦坦荡荡、轻松自然的心态。不管这个人和另一个人是何种身份、关系，没有平等的心态，沟通的效果就会打折扣。庆幸的是，孩子们并没有因此没大没小，他们回到家后，对父母更尊重和体贴了。所以，我也希望父母能够放下权威和控制，和孩子平等对话。注意，是平等对话，而不是纵容。通过平等对话，父母可以超越把孩子“照书养”的理论限制，获得自己的养育经验，然后也温故而知新地把自己的经历变成宝贵的精神财富。

写这本书的过程中，我基本上没有查阅资料，这几乎都是我的经验总结。有些文章内容来自我的同事、我的朋友、学生的家长、学校的老师，他们都是中国教育的探索者，他们的经验非常可贵，经他们同意后集结于这本书中，我非常感谢他们。有些理论也许过于深奥，大家可以采取“风吹到哪页我就读哪页”的方式，随取所需。也许你随机翻到的那一页，正是我所期待的。

有个家长，已经第二次阅读这本书的手稿了。她说，这本书很深刻，越读越有味道。我很庆幸能够遇到这样的好读者，我也希望能给读者提供帮助。

如果你从这本书受益，希望你把这本书推荐给你的亲朋好友，让他们在教育中少一些苦恼，多一份成就感，所谓一灯燃千百灯。

广西师范大学出版社的李茂军先生和我素昧平生，在接到我的“推销”电话后，非常重视，对出版该书提出了中肯的意见并给予全力支持，对此非常感谢！山西的段卫辉先生参与了全书的校对，在此表示感谢！最后感谢支持我从事教育的老师、家长和孩子们！

目录

contents

成人篇

儿童篇

青少年篇

成人篇

手记1 导读：教育的高度和出路

如果读了这本书，你发现你过去的教育方法是错误的，没关系，不管你的孩子多大，都可以重新来过——让孩子在无条件爱的环境中，重新过一遍他的儿童期。正确的教育，只要开始就不会晚。

算起来，我从事儿童教育和家庭教育，已经有整整九年的时间了。这九年的时间，我都在探索教育的出路。

很多人认为孩子出现问题，是教育体制带来的问题。那进入体制之前呢？三周岁之前，孩子还没有进入幼儿园，这期间的教育有没有问题？如果有问题，该归结于谁呢？是不是孩子进入体制以后，接受不属于体制的教育就没有问题？

西方的心理学家认为，孩子在学校出现的问题，都是家庭教育问题的再现。因为孩子生下来，最早和他们打交道的就是父母，父母如何和孩子打交道，会影响到孩子。所以有人说，孩子就是父母的镜子；还有人说，孩子是父母的复制品。那我们的家庭教育出了哪些问题？我在这里，可以做一个简单的提示。如果父母没有做到全然地接纳自己现实中的孩子，孩子就不会有足够的安全感。孩子表面上和父母很亲，但是内心是畏惧父母的。如果你很权威，你的控制有效，你会觉得孩子很懂事，很听话，但这说明孩子会在你面前做表面文章。如果这样的孩子到了学校，他会害怕成人，害怕老师。害怕老师，孩子就不可能喜欢老师，不喜欢老师，也就不喜欢与这个老师相关的课程。由于没有足够的安全感，当他听到老师和同学不同的意见时，会认为别人在批评指责他。或许，他喜欢学习，只是讨好父母和老师罢了。学霸，可能是迷失自我的代名词。

教育的出路在家庭，在父母。父母找到了人生的出路，起码不会给孩子增加困惑。父母的人生出路，就是学会如何爱——如何爱自己，如何爱孩子，如何爱他人，如何爱环境，这就是儒家讲的亲亲、仁民、爱物。

亲亲就是父母给孩子无条件的爱；仁民就是当亲人给孩子的爱溢出以后，孩子自然会爱他的伙伴、爱周围的人；爱物，就是爱护环境。

我发现，当我全然地接受我自己，我的生命就充满激情和力量。五十岁，我才开始部分做到，而那些孩子，一生下来就做到了。如此看来，我们到底是要向孩子学习呢，还是要让孩子向我们学习？

孩子很真实，想要什么就要什么，要不到就哭，就生气。父母看到孩子哭，看到孩子生气，一般都会害怕，会排斥，会制止，会劝慰。但是我们如果继续观察的话，我们会发现，孩子的情绪来得快，去得也快。当孩子的情绪消失的时候，理性就出现了。我们还会发现，排斥、制止、劝慰，都没有接纳的效果好。其实，所有的人都是如此，只不过成人一般会掩饰自己的需求和情绪罢了。

一旦我们突破了对情绪的排斥，就可以帮助孩子全然地接受挫折，超越这个挫折，胜任他的生命。教育的高度不需要攀登，而是接受挫折时的低谷！

孩子本来是有全然接受挫折、全然哭泣的能力的，但是，由于父母的评判，他们逐步丧失了这种能力，也就丧失了人本有真性情的天赋。

如果父母能够力所能及地满足孩子的需要，让他们做真实的自己，在对孩子说“不”的时候，全然接受孩子因拒绝而受挫的情绪，使孩子能够全然地、不中断地体会和超越自己的挫折感，那孩子的教育，三岁之前就做完了。如果你此前没有做到这样，这本书的教育方式，就是一种补救。因为孩子的教育，是如何对他而非如何教他。把孩子当人看，尽量给予孩子成人的地位，这时候起作用的，就是父母自己待人的方式。你待人的方式如何呢？你待人的修养如何，你对孩子的教育效果就如何。

补救的第一妙方，就是平等地把孩子当人看，像对待一个成人一样对待孩子。当然，如果你对待成人的方式有问题，不知道尊重意味着允许他人和你不一样，你得学习和反省。如果看这本书的同时，你发现了自己过去教育中的错误，可以真诚地向你的孩子道歉——道歉的效果，是超过任何心理治疗的。你会发现，你的亲情关系复活了，你会发现孩子是深深爱着你的……还有很多，比如可能从此体验到真正的天伦之乐，体会到养育孩子的快乐和成就感。

补救的第二妙方，就是学会接纳情绪。让自己看到孩子的情绪，看到孩子情绪背后的需求。当孩子有情绪时，阅读孩子的情绪，继而让孩子表达自己的情绪、释放自己的情绪、宣泄自己的情绪。这个接纳孩子情绪的过程，就是爱的主旋律。

补救的第三妙方，就是了解孩子的成长规律，了解孩子每一项活动在学习中的意义，放下自己内心的不允许，让孩子建构他自己。

补救的第四妙方，就是尊重孩子，连同他的痛苦。不是花心思让孩子改变，而是学会在此时如何自处。比如，如果你的孩子在校，你可以把学习的任务交给孩子，从他决定起床上学开始，让他为自己的整个学习负起责任。当你分不清责任时，你可以问你的孩子，这件事是谁的责任。

以上经验，都是我实践过的。

2007年，我有幸认识了古国治老师，恰巧那时我的女儿刚出生。古老师教我带孩子，首先是观察，不要急于“教”孩子。

这一观察，使我打开了孩子教育之门，也开始了自我成长之路。

首先，我发现孩子有很好的感知能力，这是他们天生的学习能力。这种学习能力，是我们后天的教育永远达不到的。生下来不能走动的孩子，他们随时在用眼睛看、用耳朵听、用手去触碰、用嘴唇去感知，他们享受这一切，包括他们不太灵活的身体运动都会给他们带来好奇和快乐。

而在一旁观察的我，一个成人，一个父亲，则如坐针毡，总是心痒痒地要“教”孩子——我看到了我的烦躁。为什么总迫不及待地要教孩子呢？

我抱的是什么心态呢？我敢保证，我教的会比孩子自己学的好吗？其实，我是不认可孩子本有的学习方式，这是对生命规律的否定。

我看到了他们与生俱来的巨大的学习能力。学习不是被人灌输，不是静静坐在教室里接受老师的灌输，孩子所有的生命活动都是学习。

先抛开学校的教育不讲。我认为，学习，当以自学为主。以我自己的经验，自学是从自己的兴趣出发，自学的东西很牢靠，自学容易找到不断超越自我的成就感，自学的人自然会向比自己经验丰富的人请教，自学的人喜欢和他人交流。而孩子，从他们出生的那天开始，他们一直都在努力自学，只不过我们父母一直都活在自己的世界里，看不到而已。

由于我看到了孩子巨大的主动学习的能力，我决定做教育。

一个烦躁的人，是做不好教育的，特别是面对“弱势”群体，总喜欢指手画脚，所以接下来的很多时间里我总是克制自己，对孩子细心观察。当我不断强迫自己持续地观察孩子，我终于克服了浮躁，感受到了我和孩子的心心相印，以及内心流淌的爱——是孩子纯真的生命感动了我，是孩子对成人的爱感动了我。孩子爱成人的力度与纯真，是超过成人对孩子的爱的。与此同时，随着这种观察的深入，我在处理孩子的情绪、调节孩子之间的冲突时，总有用不完的灵感。

孩子需要被看到、被关注，任何人都需要被看到、被关注。心理学上说，看到了就是治疗。我在观察孩子的过程中，很容易理解孩子，同时开始理解自己，疗愈自己。孩子是人，我们自己也是人，如果我们要做真实的自己，得先向孩子学习。

我发现，孩子需要一个不受打扰的环境，需要一个能够更多地自己做决定的环境去自学，所以我拼命地保护着孩子的这个环境，和孩子的父母抗争。不少父母由于缺乏对孩子的观察，他们跟孩子互动的时候，教孩子的时候，和孩子注意力所在非常不一致。

按照我的要求陪伴孩子，成人是很难达到的，而且成人在这方面成长也很慢，所以我决定自办教育机构，自己带那些孩子，帮助孩子们减少来自家庭成员的错误干预。2010年5月，我在上海浦东开办儿童之家，取名

“帅真儿童之家”。帅，是把老师的“师”上面的一横拿掉，就成了“帅”字，意思是去除老师的权威。真，指天真，真性情。老师去掉权威，也就是去掉自己内在的对孩子的不允许，自己也会变得更为真实。因为孩子最需要的爱，是成人把他当一个对等的人来看待。

帅真儿童之家一开始决定招收3~6岁的孩子，定位为一个心理调适俱乐部。

帅真儿童之家对外宣传期间，招生困难。不久，几个读经家庭的孩子出现了问题，有问题就解决问题，于是这几个孩子陆陆续续来到了我们帅真儿童之家。帅真儿童之家成了“问题儿童”俱乐部，这与我们原来设想的不一致。不过，既然搞教育，就要有教无类。

时隔一年多后，帅真儿童之家迁往浙江金华一个山村，改名为“潜山教育俱乐部”，在我离开后又改名“潜龙学堂”。我离开金华后，于2011年下半年，到宁波大唐读经私塾担任教改顾问。时隔一年多后，读经教育停止了，我又在宁波恢复了帅真儿童之家。

而这里面的误区是，来我这学习的孩子的父母认为他们交了钱给我，我是他们教育的托管者，希望我按照他们的要求照看他们的孩子，让孩子学习更多知识，以缓解他们的焦虑，特别是孩子性格变好以后。而我自己的定位是一个独立的教育工作者，父母和孩子都是我的教育对象，我要最大限度地尊重孩子的决定，让他们做真实的自己，以培养更为强大的人格底蕴，以应对未来人生的种种挑战。而这些孩子的父母只是希望通过我更好地达成他们的愿望，甚至用他们旧有的方式有效地管教他们的孩子，这对我的教育工作来说其实是一个很大的干扰。于是，为了给孩子更多的自主权，我和这些孩子的父母不断地发生冲突。他们很难从强大的思维惯性模式中转移到观察的主题上来，应对孩子的方式很难做到准确无误，处理孩子情绪的方式往往可能给孩子造成伤害。这些事就发生在我的眼皮底下，我必须阻止，必须纠正。可以想象，最后的结果是什么。很多时候我想，算了吧，又不是我的孩子，何必那么较真？是的，我可以容忍这些孩子的父母的无意识，但是，如果这样的话，我是在做教育吗？我是在做儿童教育吗?

现阶段中国的教育，孩子太需要不用教的环境了，太需要能够自己做决定的环境了！过早地开发语言和逻辑思维，不仅剥离了孩子的感官、生命体验，还破坏了孩子的学习兴趣。而脱离感官体验，被动地进行逻辑思维训练，意味着焦虑，因为情绪是身体对思维的反应。“教”孩子给孩子带来的挫折感，要远大于孩子自身探索所感受到的挫折感。教的挫折，会使孩子失去学习的兴趣，失去主动学习的积极性。

教育不是教孩子知识，而是对他们的探索、对他们生命成长的支持。

生命的高度，在于处理挫折感后的自我抉择。能够自我抉择，才能够掌握自己的人生；能够处理自己的挫折感乃至各种情绪，意味着成熟。

如果在观察孩子的过程中，父母没有对孩子和自己有新的发现，是很难把教育做好的。这就叫“以盲引盲”或者叫“以盲导明”。中国有句古话，叫“人贵有自知之明”。没有自知之明，就不会有知人之智。多数情况，成人的心理阴影要比孩子多得多，他们是透过自己的心理阴影看孩子的缺点，但是他们看不到是他们把这些心理阴影投射给孩子、拷贝给孩子的。他们看不惯那些阳光的、活泼的、真实的东西，他们认为那是幼稚。而那些对孩子的说教所起到的作用，多半是对孩子的否定和打击，即使有很多的鼓励，都是带着属于成人的功利心，且措辞不够真实和贴切的。

教育的高度，就是父母对生命的敬畏程度，对孩子作为人的了解程度，对自己的了解程度。教育的高度，就是要意识到，孩子不是自己成长坏的，而可能是教坏的。所以，把学习的主动权交给孩子，必要的时候，支持孩子自己突破他们的困惑，这样对待孩子，他们以后人生幸福的可能性就会增大很多。

手记之 人格教育指南

教育的重点不是教孩子学知识，而是教他们学会做人。育儿育己，就是父母在带孩子的过程中，学会如何做人。如何做人？行有不得，反求诸己。就是自己的孩子带不好，一定要在自己身上找原因。

1. 教育是怎么对他而不是怎么教他——没有身教的用意。

2. 教育就是对人的尊重——背后没有其他的目的。

3. 教育就是对人性规律的了解——只是对人的兴趣。

4. 教育就是如何做自己子女的领导，领导的影响力来自自己的修养而非权威。作为一个领导，君、亲、师是一体的。君，就是承担责任，提供资源，行有不得，反求诸己；亲，就是感情上要无条件地靠得住，给孩子无条件的爱；师，就是启发孩子的自觉性，启发孩子独立思考。如果你是孩子，你喜欢什么样的领导？

5. 教育不是让孩子学得知识和技能以解决未来生计的问题，教育是教孩子学习如何做人。会做人，一定会做事，会做人做事，自然有解决生计问题的能力。

6. 教育不是为孩子设计前程，而是通过孩子自己的探索和体验让他自己学会抉择，自己设计自己的人生，获得人生的幸福。

父母是教育的天花板，父母要通过教育让自己的孩子达到一个新的高度，必须先提升自己做人的修养。父母对于孩子，犹如阳光、土壤和气候对于植物。

如果父母受先入为主的观念、患得患失的情绪困扰，就很难做好以上几条。所以，我们需要面对焦虑、面对自己童年时期的心理创伤，观察孩子和审视自己的方法，了解自己、了解人，就可用育儿育己的方式，重新开始子女教育。

教育就是教孩子怎么做人，怎么待人。做人很重要，会做人就一定会做事，但会做事，不一定会做人。

我们现在的教育，把重点放在了智力上，放在了逻辑思维上，放在了解决孩子未来生计和社会地位问题上，认为通过升学就可以一劳永逸地解决人生所有的问题，这是一种迷失。要知道，一个有健康人格的人做出的判断的准确性，是超过头脑单纯的人的。

手记3　人格发展的阶梯和人的属性的发挥

从孩子很小开始，我们就教他们学会分享，要大方。其实对这个问题，成人是没有考虑清楚的，自己没有考虑清楚就教孩子，好事可能变成坏事——我们可能因此培养出伪善或者自私的孩子。

一、人格发展的阶梯

孩子生下来，和这个世界的整体感还没有分离，所以他认为这个世界都是他的，因而有人认为孩子是“自私”的。我认为，损害他人来满足自己才是自私，不损害他人而满足自己，不叫自私，叫自我。考虑自己的同时考虑别人叫兼爱。只考虑别人而不考虑自己叫舍己。

自私、自我、兼爱、舍己，有着逐步发展的规律，是不能越级的，否则会流于虚伪，会因为透支自我而产生人格上的焦虑。从自私到舍己，我称之为人格发展的阶梯。

从自私发展出健康的“自私”——自我，关键在于我们对自私和自我的认识。过去我们是认识不清楚的，这样会误导我们的孩子。懂得自私和自我的差别，就能把孩子从误导的压力中解放出来，为孩子向自我和兼爱发展积蓄更多的动力。从自私和自我的概念来看，越小的孩子通常是自我而不是自私。把自私与年龄关联是不明智的。

通常，一个孩子的自私得到理解，我们保护、尊重他的物权，就为他在支配物权这个向度建立了安全感。与此同时，我们再教育他尊重他人的物权，孩子就会从自私的蒙昧中发展出健康的“自私”——自我。当然，自我的范围更广一些，包括孩子对事情、对人的看法，对本属于他的物品的获得、支配方式，围绕这一切他所产生的情感、所做出的决定。

自我得到理解和保护，孩子就会发展出更广泛、更深厚的安全感，侵略性的自私就会减少，对他人的接纳和包容就会增加，从而发展出兼爱的品德。从人格发展角度看，没有内在的安全感，道德的品质就不会稳定。

在实际的操作过程中，我们一是要尊重孩子的物权，让孩子自愿分享和赠与属于他自己的东西，可以提前邀请孩子参与属于他的物品的采购过程，甚至可以尽早地把采购权交给孩子。这样，不但可以让孩子得到人格上的尊重，而且可以提前历练他的决策能力。

兼爱，就是我们常常说的推己及人，比如在办公室，我口渴了，给自己倒杯水，同时想到同事，问问同事需不需要。层次再高一点的，我们会顾及自己的一言一行带给他人的感受，这样我们可以在情感层面给予别人更多的理解，为人与人的交流减少障碍。

所以，我们一开始就教育孩子舍己为人而不把孩子从自私的误会中解脱出来，是不切实际的。教育孩子，应该从理解孩子自私、肯定孩子的自我开始，教育孩子不做坏事，不强迫孩子做好事，让孩子从强大的自我中自然发展出兼爱的品质。

兼爱则为舍己为人奠定了明智的基础，是舍己为人所不能代替的。舍己是圣贤、佛、菩萨悟道了，修炼到一定水平才做得到。

当然，即使是一个自私的人，他在特定的环境下也会做出兼爱甚至舍己为人的行为，只不过平时不能稳定地发挥这种品质罢了。所以，我们不要以陈见、以先入为主的方式来和一个人相处。人与人之间的相处，犹如一道门，我们打开哪扇门，别人就通过哪扇门来看我们。

人格的发展过程，就是自己成为一个什么样的人的过程。我们要坚定地做一个兼爱的人，要稳定自己的这种品质，必须回到人格发展的阶梯，重新梳理自己。

二、人的属性的发挥

不否定有的人生下来就很大方，就有舍己为人的胸怀，多数人则不然。针对社会上把人性简单地划分为善恶的问题，我做下面的论述。

人大概有以下几种属性。

一是人性，在情感上表现为尊重、平等、关爱。

二是兽性，在情感上表现为强凌弱、众暴寡。

三是魔性，在情感上表现为控制、占有，使别人丧失自我。

四是佛性，无占有欲望，在情感上表现为大慈大悲。

心理相对健康的人，以人性为主导，有时也会在人性和兽性之间徘徊。在兽性和魔性中迷失的人们，不会考虑他人的感受，对人非常苛刻。

人性的人，并不排斥自己和他人的欲求，和兽性的人差别在于实现的手段，不是强凌弱、众暴寡。

把自己当人看，把别人当人看，看起来很简单，但展开来内容却十分丰富。因为它不仅仅是对人的尊重，而且包括对自己、对他人的宽容，还包括接受作为人的生命状态的丰富内容。

通常，习惯对自己宽容的人，才能宽容别人。懂得爱自己的人，才会爱别人。“己所不欲，勿施于人”，是要我们考虑他人的感受。能够有意识地考虑自己的感受并根据自己的感受来指导自己行为的人，才会考虑他人的感受。恪守某种道德教条，则可能会使人失去考虑自己和他人感受的能力，从而使道德的作用与事实脱节。

把人做好了，角色功能自然就实现了。反之，仅仅从角色功能出发做人，则角色和人都会做不好。

好好地做一个人，而不是做一个好人。

好好地做一个人，意味着做一个真实的人。

真、善、美，没有真，就没有善，更没有美。如果不真实而能给你善和美的感觉，那表明你在受骗。

真实，比你是什么角色更为重要。

真实意味着善，意味着美，起码是善和美的开端，是善和美的基础。

已经习惯照顾自己和他人的面子的人，不敢真实，结果就会使自己的心理发生扭曲。所以，真实需要勇气。做真实的自己，成为自己想成为的人，铸就幸福人生，这无疑是智慧的。

比起成人，孩子是真实的，要什么就直说，受了挫折就哭，刚哭完遇到高兴的事情马上就笑，很少压抑自己的情绪。所以孩子比我们更健康和幸福。孩子是智慧的，孩子在家庭和社会中，他们的智慧所起作用不大的原因，是成人不给予孩子平等对话的位置。

一个了悟佛性的人，在真理层面获得了安全的人格底蕴，所以心理上的防卫和攻击很少，可以抵御来自兽性和魔性的侵害。但他不会是一个单纯的禁欲主义者，他会理解和接受多数人的欲望，教人们用智慧转化和解脱欲望，提升道德。他在情感上会表现出更多的人性，或者说，他的人性化情感表现得更为完美，所以太虚大师说："仰止唯佛陀，完成在人格。人成即佛成，是名真现实。"

当一个人爱的力量超过了力量的力量，则近乎佛性了。

魔性则是力量的力量超过了爱的力量。魔性来自心理扭曲。

人是不能截然按照属性来划分的，有时一个普通人也能做出舍己的行为，有时却像一个魔。

自私的人格功能无疑应该受到制止，但谴责的话要适度。有时候我们认为别人自私，可能是对他的误会。任何人的自我，作为人格功能的起点，都应该得到理解和保护。这样，每个人都有更多的自由空间从自我走向兼爱。从做真实的自己开始，沿着自我、兼爱、舍己的人格阶梯，量力而行，铸就幸福人生。

荣格说，文化就是人格的形成。

温故而知新

成人认为孩子天生自私，是对孩子天大的误会。把孩子的真实当成幼稚，是个天大的误会。在这种误会下，孩子是在被我们塑造而不是在成长。

教育，是去发现，是带给孩子光明，启发孩子自觉。有个十岁的孩子对我说：“我现在最恨发明教育的人。”她说的这种“教育”，就是限制、塑造，而非发现和启发。

手记4 我的人格故事

2014年春节过后，我和妻子带两个孩子从金坛到宁波。由于两个孩子不系安全带，我训斥他们。妻子很生气。我就生妻子的气，心里不想管她开车的事（她刚开车，技术不够熟练，我则有数年飙摩托车的经验，可以作为开汽车的借鉴）。事后，我进行了自我反省，发现了自己人格中的缺陷，以及这些缺陷的成因。我认为，人格就是对环境的固定反应模式，通过反省，假以时日，就可以从有缺陷的模式中走出来。

偶然从当天的反省日记中看到这个记录，我觉得很有价值，予以增删，写成博文，供各位朋友参考。一般来说，父母的人格有缺失，就不懂得如何爱孩子，孩子的教育就会出问题。

我的人格形成和家庭暴力关系很大。我当天再次回溯了我小时候母亲打我和父亲训斥我时的情绪反应模式。

1. 小时候，每次挨打我都想逃离，但是出于无奈，不敢跑，因为曾经逃跑过，结果被抓回来了。所以我后来考大学，没报四川的学校，最后居然还是没有离开成都，当时也不知道什么原因。那时候的我也不知道我在家不高兴、出门才高兴的原因。到了成年期，我有能力离开家了，却也不见得多高兴：我离开成都到上海工作，是因为在成都失恋觉得待在家乡没面子。都是这种相同的情感模式。离开一个环境、换工作，对我来说，是一件很难的事情。由于内在力量不够，所以总觉得外在条件不具备。内在没有力量，有价值的工作也不能坚持，现在终于明白了。

这段时间呢，错误地认为内在力量够了但外在条件不具备，这让我不能专注于当下。只要专注于当下，未来就不会差到哪里去的，所以我需进一步专注于当下。

2. 每次挨打，我都觉得非常伤心和委屈，转而变成对父母的冷漠和厌恶。“我再也不管了”“哪天我长大了，我要离开你们”就是那时的真实心理状态。挨打是极端的被否定。所以我上学的时候，遇到喜欢我的同时我又喜欢的老师，成绩就会出奇的好，反之就一塌糊涂。成人以后，我看不到对人的关心是我自己的需要（爱和被爱、给予和接受，都是自身人性的需要），因为得不到，所以拒绝付出，或者因为别人拒绝接受自己就不再给予，这些反应也许符合逻辑，但是不符合情理。

人们通常宁愿是正确的而不愿是幸福的——《懂得生命》的作者黄焕祥先生的这句话，太精辟了。

3. 我常常没有空间和时间表达自己的悲伤和愤怒。如果父母打我，我哭，就会成为加重惩罚的理由，如果表达愤怒就会遭受灭顶之灾。

成年后我常常越过这个压抑的情绪结构，表现出愤怒、控制和训斥，乃至直接用暴力，所以人际关系冲突不断，伤害了自己，也伤害了他人。在此，向被我语言暴力和肢体伤害过的人道歉。

我小学的同学有次说我“连女生都要打”，我才有些羞耻感。可见，此前我是睚眦必报、不分对象的。这个羞耻感我多年难以释怀，特别是开始自我成长探索以后。去年，在小学同学聚会的餐桌上，我为我童年时期的暴力和顽劣真诚地向她们道歉，她们居然说没记在心上。她们结婚比我早，都当奶奶了。

我是认真的，我感谢她们的宽容，不欣赏她们的健忘。看来，我只有自己原谅自己了。

事后我才知道，道歉只是我自己的需要，推而广之，一切的表达，都是自己的需要。

4. 很长时间，我都纠结于我抽烟的事情。我抽烟始于失恋。后来发现可以很大地缓解我的考试恐惧症。往里看，我抽烟最原始的动机是压抑“我是一个可怜的人”产生的情绪。再往里看，就是“我是一个不快乐的人”“我是一个伤心的人”“我是一个没人理解的人”“我是一个孤独无助的人”。这个固有的人格结构信念，让我大学毕业工作以后，经历过很多次生不如死的感觉。妻子越反对我抽烟，我越烦恼，越要抽。往内心看，我发现自己在和“我是一个受人控制的人”的信念纠缠。通过清理内在空间后，再抽烟就不怕责备了，能够坦然面对，妻子反对的声音也就不强烈了。

说个题外话，在医院做实习医生时，呼吸科病房里一个有经验的护士告诉我，如果一个人戒了很长时间的烟然后再抽，就容易得癌症。我当时觉得她的话有道理，可我在戒了十年的烟后又开始复抽了，反观自己的人生经历，我觉得，戒烟后又开始抽烟的人，在复抽的时候一定是心理上遇到了迈不过去的坎儿，所以只有再次借用抽烟来缓解压力。

5. 成人以后的我很多时候喜欢孤独，其实是在寻找独处的安全空间。在这个空间里，我可以和我的孤独、寂寞、伤心在一起。记忆中，一直到读小学以后，我才有机会通过向父母谎称看书来赢得独处和逃避劳动的空间。只有在这个空间里，我才会忘记我的忧伤、委屈和怨恨。

有很长一段时间，我心情不好生活不如意的时候，就看书看报，看各种书，以及《读者》《青年文摘》《南方周末》。一方面研究命运的成因，一方面幻想未来运气会改变，一方面寻找社会的阴暗面投射自己的怨恨。

我现在还是更喜欢读书，不愿意干其他事情，但是心情与先前两样了。我再也不愿意躲避什么，包括内在的心情和外在的人事。

6. 童年时期，我在悲伤且想得到关心的时候，反而受到责骂，所以我很讨厌听到亲人叫苦，很讨厌朋友的懦弱和紧张。家人生病，我虽然在医疗措施方面应对得比较及时，但是很讨厌他们表达自己的痛苦，我听到后会很烦躁，说不出关爱的话，做不出关爱的行为。越亲近的人，我越难表达出自己的关心。其实，我是害怕他人表达的负面情绪，特别是亲人。

7. 每次被母亲体罚后，我都害怕被邻里知道，害怕被邻里询问，觉得很丢面子。记得每次挨打以后再见人，面部的肌肉是紧张的。所以我的面子思想很重，还自卑。

开始自我成长的探索以后，我首先明白了自己要什么。把自己的面子撕了，凡事都叩问自己的内心，比如需要什么，想怎么做，这样越来越接近真实的自己。我觉得，忠，就是忠于自己的内心。把内心的想法和感受告诉别人，就是诚。诚和智慧是高度统一的。真诚是需要勇气的，是要撕破面子和看破得失的。

和家人赌气，也是面子思想在作祟。面子思想是面罩，让我看不到目标，看不到自己真正的需求，使我不敢面对现实。

8. 没有爱就没有家。小时候稍微离家远一点，我就会大哭而回。回到家，发现家里没人，门是关上的，也会大哭一场。家是避风雨的地方，包括心理和物理的“风雨”，如果没有这个功能，家就是假的。古人讲，“心安之处是故乡”，从心理学上讲，可以无条件信任的人在哪里，家就在哪里。如果我们从小都没有得到过父母无条件的爱，长大了，成家了，条件再好，家也是破败或者残缺的。

心理上自立以后，家是什么感觉，就给别人什么感觉，家就逐渐有了。

以前，妻子给我家的感觉，我感受不到，我总想用思考和忙碌来填补内心的空虚。有几次我感受到了就哭。这种哭，和小时候的哭不一样，是有意识的治疗。

9. 以前，和家人发生冲突后，我总是用退缩、排斥、冷漠来惩罚自己的家人。这是孩子能用的唯一能够惩罚家人的方式，我还是一个孩子！比如这次，我不管老婆开车的事情，赌气，就是一种孩子的行为。这个捣乱的内在孩子，终于被我看穿了！

10. 我一直不独立，很长时间我在社会上、生意上，总想通过“找关系”办事情，这就是一种依赖。现在，我找关系的意识没有以前强了，即使找关系，也都是希望用自己的信心去影响别人。

11. 我一直躲避自己的情绪结构，特别是自认为懂得“禅”以后，一方面掩饰自己的“痛苦之身”，制造不快乐，一方面通过“观照”来消除自己的不快乐，自鸣得意。我一直躲避在这个肮脏的心理结构中，又一直在寻求认同，是老师发现了我生命的价值，所以只有到老师那儿，我才会换干净衣服。

人格的修养是个无底洞，改善一点算一点。

看清自己的人格结构，从六年前我老师“如何爱我们的孩子”的课程，到今年五月份阿梵达的“责任认领”，算是一个比较完整的周期。一晃几年就过去了，我老师的课程在提升我的人际关系能力的同时，也提高了我的工作能力，使我不再害怕自己和他人的情绪，继而重视情绪。它也孕育了我做教育的动力。现在再回头看这个课程的内容，仍然可以填补我人格修养的无底洞，真是最简单的就是最高深的，最高深的也是最简单的。

上完阿梵达的“责任认领”课程以后，我不再喜欢（当然也不讨厌）讲我自己的故事了。我发现，即使在很小的时候，我都有办法故意激怒自己的父母，让他们失态，从而造成了我认为的我童年时期苦难的遭遇。我认领了造成自己生命苦难的责任。人性很善良，但也很阴险，除非你了解它。“如何爱我们的孩子”课程最后说“一切都是我的错”，是非常有道理的，也是非常智慧的。只要真正找到了发自内心愿意承担的责任，自己就会心悦诚服。

如果在任何情况下都能下决心、行动和承担责任，那你会发现很多事情主动权在你手上。

温故而知新

真正的人格健康，是从受害者的角色走出来。大家从我这篇梳理自己的文章可以看出，从这个受害者角色走出来是多么不容易。所以，奉劝各位父母，对孩子多一些尊重，少一些训斥和责备。孩子犯错了，要把反省的空间留给他自己。

说到责任认领，我认为父母一旦发现自己教育方法的错误，首先要发自内心敢于在孩子面前承认自己的错误。父母承担自己的责任，孩子就会效仿去承担他自己的责任，这比让孩子在成人后接受任何心理治疗都明智得多。

手记5　亲情体验、孝道与人格健全

孩子的成长，第一个阶段是婴幼儿时期在家庭的亲情体验，第二个阶段是在此基础上进一步社会化的完善。如果没有健康的亲情体验，社会化能力就很难完善。虽然卡尔·罗杰斯在《自由学习》中得出否定的结论，但是根据我们接触到的个案和海灵格家庭系统排列观点来看，这种事实是普遍存在的。罗杰斯认为，一个人与社会互动的能力，虽然受家庭亲情体验基础的影响，但是一旦这个人遇到了给他带来建设性帮助的人，家庭的负面影响就不再起决定性的作用。我觉得，这个给孩子带来建设性帮助的人，如果是行为方式改善后的父母，效果更好；这种观点，使家庭成员命运的自我建立成为可能。我们可以祝愿孩子离开家庭后遇到给他人生带来帮助的良师益友，但最先需要做的是改变我们自己，这样更为靠谱。

家庭亲情体验，是孝道的基础。很多人认为，孝道就是晚辈顺从长辈，非也。既然“孝”字，上从“老”下从“子”，指的是长辈和晚辈情感通达的状态（推而广之可以泛指家庭成员之间的情感状态），那么责任首先在长辈，而不在晚辈。不提倡父慈而只提倡子孝，犹如无源之水。《二十四孝》故事中多数是从晚辈这端发起和完善孝道的，我认为这些故事不能作为父母减少责任的依据。

孝道，是一种长幼关系健康情感状态的描述，而不是一种顺从的行为规范。没有孩子，父母不能实现生命切实的延续，不能释放来自祖上生命之流的爱。没有父母，孩子就不能活，所以孩子天生就对父母有着无限的忠诚。但是父母不能利用孩子的忠诚来践踏孩子的尊严，扭曲孩子的生长规律。

孩子出于父母，但不属于父母，这个道理天底下又有几人拎得清呢？从父母的角度看，父母给孩子的爱，应该是无条件的，甚至不需要报偿的，但这并不是说孩子就可以为所欲为了。因为言行符合人性原则，是人际健康互动的基础，健康的互动才是爱。这里强调的人性，是指尊重、信任、包容，等等。作为父子，首先是人，然后才是角色。人做好了，再兼顾角色。角色做好了却委屈自己的人性需求，最后导致的是生命的禁锢和枯萎，这就是过去批判的“吃人的礼教”。大家可以参考《新世界：灵性的觉醒》第76页《为人父母：角色还是功能》这一篇文章。从这篇文章中我们可以看到，我们过去有太多的条条框框，让心与心不能互通。做人的学问通达了，五伦关系自然就通达了。做人的学问在哪里？我本人觉得，古国治老师“如何爱”亲子课程中关于人性的论述，乃集古今中外之大成。由于古老师的课程是体验式的，非言传所能达其意，所以不再赘述。

成功的亲情体验或者健全孝道的感情基础，很难描述，兹举例说明。孩子七岁以后要与父母离别，比如说一个月的时间吧，这个时候孩子会哭，父母可能也会哭。但是离开以后，孩子不会因为思念父母而陷入忧郁和焦虑，反而因想到父母而生起充实感、力量感和欣慰感，父母对于子女亦然，我觉得这就是健康的亲情体验完成得比较好的状态。成人也可以用这种方式考量与父母的亲近程度。

建立这种亲情体验，首先要给自己孩子人格方面的主体尊重。这方面有蒙台梭利教育精神胚胎理论可以借鉴（传统文化中也有这方面的理论，佛法唯识学理论在这方面也有阐述佐证该理论的正确性，待以后整理研究后再作交代），该理论认为儿童有自己成长的完美生活剧本。如果条件允许，孩子自主地与环境互动，这是最理想的成长方式。深刻懂得这个道理以后，就不会再浅薄地以“听话”的标准来要求孩子了。（我曾在新浪网上阅读专业人士的有关多动症的文章，居然有人把“孩子在大人交谈时插话”当成多动症的诊断标准之一，这让我有心痛的感觉，该标准值得商榷。）爱孩子，把孩子揽入自己的怀抱，是为了让孩子离开自己的怀抱后更洒脱自在，所以一开始，我们就要学会对孩子放手，学会对孩子放心。

人类联络感情的方式，除了心与心本来相通的微妙的关系，还有就是笑、视、抱、触等感官层面的东西，所以要多拥抱、抚摸、亲吻、照料自己的孩子，大方地向孩子表白你爱他想他，给孩子无条件的接纳和欣赏，亲子之间就可以建立或者重建正向的情感体验。给孩子无条件的接纳和欣赏，就是亲。亲，就是靠得住。如果父母不是无条件靠得住，那么孩子就会按照父母给的条件扭曲自己，这会使亲情体验变味儿。如果父母对孩子使用语言和行为暴力，孩子就会害怕父母。害怕父母的孩子，也害怕老师，害怕领导，害怕和成人打交道，重者出现严重的社会化功能障碍。

到孩子稍稍懂事，问起有关自己出生来源的时候，千万要避免在孩子面前说“你是从垃圾堆里捡来的”“你爸爸妈妈不要你了”之类的话，要给孩子讲生命起源的实话，要让孩子知道亲情是永恒的。如果爱和生命来源被堵塞，情志难以畅达。

比行为和语言重要的，就是父母的心境。孩子更喜欢看大人做什么而不是说什么。孩子会直接以镜像的方式接受大人的情绪感染，而不仅仅是大人语言和行为的间接传染或者影响。所以《大学》里讲正心、诚意、修身，然后才是齐家。正心，就是要纠正由情绪造成的人格偏执。就我看到的现象，很多大人对小孩的过度控制和干扰，来自内在紧张和焦虑的情绪模式。蒙台梭利教育要求老师首先是个观察者。我的经验是，作为观察者，最好是无念的。无念，就是没有杂念，没有思考和评判，这样就不会干扰孩子的专注。而专注，是智力的基础。父母就是孩子的天。父母的紧张和焦虑有如天空中的阴霾，覆盖了孩子成长的苗头和势头。如果父母因为情绪原因迁怒或者施暴于孩子，等于天塌下来了。

有些父母从来就不喜欢自己的孩子，有的孩子生下来就怕自己的父母，这个与家庭业力关系很大。大家可以看看《家庭系统排列入门》(乌沙莫著，郑立峰译）一书，或者找专业人士解决这方面的问题。在我们的机构，老师常常要回溯到三代以上来解决孩子和父母的问题。观察的案例多了，发现家族成员之间的感情纠葛、家庭业力的传递，诚如《地藏经》所讲，“因蔓不断”，错综复杂。有些事情，也非人力可为，我们只能接受。

孩子的个性没有好坏，不会对孩子本人造成伤害，但是父母对孩子个性的否定态度会伤害到孩子。所以，无论你的孩子现在如何，爱和接纳，给孩子自由成长的时间，孩子就可以在一定程度得到康复。

凡是不懂得尊重人性以及儿童成长规律的父母，无论用什么教育方法和训练方法，孩子的智商都会因为人格缺失而萎缩，最后出现社会化功能障碍。科学研究表明，情商是智商的基础，有必要再强调一次，情商是智商的基础。

按照马斯洛需求层次理论，人的需求分为生理、安全、归属、尊重和自我实现五个层次。我觉得，孩子的生理、安全、归属、尊重乃至自我实现，都可以在家庭里完成，而且应该以孩子被尊重为主导。在儿童期，这是一个事实构建，更是一个心理构建。成年后进入社会的自我实现，只不过放在更大的家庭中完成而已，只不过以孩子童年时期得到的东西换取社会的认可而已。

做个比喻，如果人的潜能犹如海水，那么我们的人格，犹如通向这些海水的管道。人格健康的人，管道是畅通的。人格不健康的人，总有不同程度的堵塞。我倡导正常亲子关系，指的就是父母应帮助孩子树立健康人格，让他们做时代的弄潮儿。

温故而知新

儒家讲“亲亲，仁民，爱物”的爱的发展次第，就是家里人对我好，我对家里人好，然后我才可能对外人好，然后我才会懂得珍惜我所拥有的资源。

牢固的亲情体验，就是父母无条件支持孩子，在内心订下支持孩子自我成长的生死同盟，然后帮助他自然地发展出他的完美的社会化功能。

孟子提倡“父子不责善”，意思是父母不对子女求全责备。父子不责善，不是不提倡“善”，不是不启发“善”。如果做父母的对子女做到善解人意，学会理解和宽容，子女受其熏陶，就达到了孟子所讲“父子不责善”的目的。

手记6　我读马斯洛

一、马斯洛的理论是经过实践的，具有可行性

马斯洛，可谓人本主义教育大师级别的人物。我理解的大师，就是他在器识上有大方广的高深，理论上有大道至简的表述，实践起来，在生命宏观上以及细微之处也可着力。马斯洛首先是心理医生、教育者，然后才是个哲学家。如果对人格教育没有实践体会，读马斯洛的书，感觉犹如天马行空，会觉得有些地方抽象晦涩。马斯洛是本着人本而心理而教育而哲学的。我的体会是，站在马斯洛人本主义哲学的高山上，透过马斯洛的手指，庶几可窥人本主义教育的全貌。我们阅读玛利亚·蒙台梭利，阅读尼尔，阅读卡尔·罗杰斯，但是不阅读马斯洛，就不知道健康人格这座大厦的内外结构以及它的功能。大哉，马斯洛！

二、基本的需求得不到满足，内在精神匮乏，造成人格发育停滞

读过马斯洛的书，才知道需求满足是多么重要。越是低龄时期的基本需求满足，越是与感情归宿、自尊、自我实现关系密切，而这些，恰恰是人格建构的核心内容。儿童时期的需求没有得到满足，会使人格在低级阶段停滞不前。所以我们发现很多人的追求，都是在与儿童时期的自己抗争。但儿童时期造成的心理匮乏，很难借由成人时期的“成功”来填补，有的甚至南辕北辙。又比如有些人七十岁了，但是心智在某些方面却不如

七岁的孩子，这与儿童时期需求未被满足有必然的关系。又比如我们现在重视的创造和创新能力，在人格健全者身上是一种必然，但在人格不健全者身上，只是一种偶然……一个人在心理上知道自己要成为什么样的人，就是成功。一个自我实现的人，就是成为他想成为的人，然后不断超越局限，俨然有传统文化“万物皆备于我”的圣贤格局。

三、撇清自私和自我的关系，找到人格发展的基准点

一般人看到“私”字，就讨厌。反省这种讨厌，会发现不一定是明智的，所以马斯洛提出了健康的自私和不健康的自私的观点。但是自己的私，有可能就是别人的公；自己的公，有可能就是别人的私。以物权为例，一个人只有自己的物权得到保护了，产生了心理安全感，才会以坦诚的心考虑自己所需的同时，以同理心去考虑别人的私，这就是健康的自私。物权被尊重，是为了可以更好地支配物权，而不是被物权困扰。

比如，在一个尊重物权的大环境里，当一个安全感很强的大孩子从外面回到教室里取他遗忘的水壶时，看到一个比他小两岁的孩子没经过他允许在玩他的陀螺，他的第一种反应，可能是对那个孩子说“这是我的陀螺”，然后取回那个陀螺。第二种反应，可能是说“这是我的陀螺”，但是没有再采取进一步的行动，就离开了教室。第三种反应，看到别人玩他的陀螺，只是心里嘀咕下，就离开了教室。第四种反应，看到别人玩他的陀螺，心中有所不快，但还是愿意给别人继续玩。第五种反应，看到别人玩他的陀螺，不动声色地离开了教室……而不是只有第一种反应，甚至是比第一种反应更糟糕的，在没有申明自己的物权时就严重受挫，或者立即攻击别人……

在尊重物权的前提下，孩子能够保护自己的物权，建立安全感，从而更有效地使用自己的物权。这才是尊重物权的根本意义。否则尊重物权，只是支持了占有，支持了低级的物欲，支持了不健康的自私，而不是更好地物尽其用。尊重一个人，是为了发挥他的才能，所谓人尽其才。尊重一个人的物权，是为了进一步建构他内在的安全感，使他获得物尽其用的能

力，二者是统一的。只有内在有了安全感，善于保护自己的物权的人、利用自己的物权帮助他人的人，才会是超越自我的人，才会向着《礼记·礼运》所讲的“大道之行也，……货恶其弃于地也，不必藏于己；力恶其不出于身也，不必为己”的更高尚的人格方向发展。

四、孩子是很重视公平感的，公平感的核心是什么

人本主义的核心就是尊重人，尊重生命。尊重人，我们就从尊重一个人的身体开始，从尊重一个人的物权开始，从重视一个人的情绪开始，这些都和“我的”有关。没有自私，就没有自我。如果一个孩子自己的东西得不到保护，就等于自己得不到保护，就不会产生足够的安全感，但是自私不一定是自我。自私和自我，很少有人分得清楚。如果分不清楚，就没法做教育，事情就有这么严重。说到私，我们日常的哲学有“得我们自己该得的”，但是什么是我们该得的，不同的人的理解出入很大。就是同一个人，也经常为“什么是应该的”犯难。犯难的原因，也和儿童时期受到的有关公私概念的道德教育有关。关于什么是自私，什么是自我，去年夏令营中的孩子们给了我很好的答案，“自我就是自己买东西自己吃；自私就是别人买东西我抢来吃”。可以看出，自我就是利己不损人，自私就是损人利己。我觉得，公，不一定是损己利人，因为“公”后面跟着“平”，先分清楚公私，然后在公私之间找出平衡就行。

不明智地把一切据为己有，固然是不健康的，但是盲目地公而忘私、舍己为人地“做善事”的宗教情结，更有可能被诊断为“强迫性神经症”，所以，过与不及，都是病。从自私到自我，从自我到思己及人，从思己及人到舍己为人，层层的超越不是不可以，但应该是渐进的，不是倒果为因的。中国人学习圣贤的学问，多数都没有从学习圣贤的因开始，而是从学圣贤的果开始，这是次第学错了。真正的儒家，尊重个人的私，尊重个人的感情伦理序位，然后逐渐超越自我。

五、为孩子提供保护“我的”人文环境，建构内在安全感

孩子生下来后，他要通过“我的”来建构自我，这个“我的”就与私分不开。“我的”得不到保护，就等于“我”得不到保护，安全感不够，人格发育就会出现迟滞。安全感不够的人，遇到问题要么麻木，要么退缩，要么防卫过度。他的种种防卫机制使他处于紧张状态，甚至看不到事情的真相，当然就处理不好自己和他人的关系，与人合作的能力自然就差，而一个人的合作能力是心理健康的硬指标。心理是否健康，需透过人际合作能力来判断，而造成个人心理困扰和人生痛苦的，是不知道自己真正想要什么，因而难以取舍。一个人儿童期从物权受尊重的过程中发展出安全感，从而保全内在感觉能力的准确性，是健康人格的基础。没有安全感，就没有道德感，也就没有健康的人格。

六、只要条件允许，人格发展总是向上和向善的

马斯洛强调更多的，不仅仅是尊重儿童的物权，还要把儿童看成一个与自己等同的生命主体，尊重儿童自己的决定，满足儿童不同时期的各种需要，这是人格健康发展的唯一途径。尊重儿童的抉择，给他们自由，是要他们从小承担自我抉择的后果，养成高度的责任感，不怨天尤人。同时，自由也是在尊重他人的前提下进行的，而不是我们通常理解的为所欲为、毫无节制。马斯洛通过实验和论述，彻底否定了过往心理学把人的本能属性与动物属性混为一谈的荒谬假设。我认为，这种学说和实践否定了对人性“欲壑难填”“欲望满足会使人堕落”的恐慌性假想，使我们对人类人格发展规律充满自信。人格发展始终是遵循从自利走向利他的，从低级走向高级的。人不能正视和节制自己的欲望进而自毁，是人格结构不够健康导致的。按照马斯洛的描述，一个自我实现的人，犹如孔子“七十而从心所欲不逾矩”，既可在大众中和其光同其尘，又可以如中国古人讲的“论至德者，不同于俗，成大功者，不谋于众”，他是最协调和最矛盾的统一体。

七、比五个需求层面更多的内容

以前读管理学书籍，我很佩服管理学大家彼得·德鲁克，他的书中充满了理性和智慧，同时又能呼唤人们的感性。德鲁克非常推崇马斯洛，认为马斯洛对人性XYZ理论的综合论述以及实验数据，为人本主义管理思想提供了理论依据。

之前我没有拜读过他的著作，有一年夏令营，得到一本《马斯洛人本主义哲学》，爱不释手，读到共鸣处，常常拍案叹服！五个层次的需求不是单纯的递进，而是始终同时存在，只是侧重不同而已，而且这几种需求总是错综复杂地交织成一个整体。比如食物的需求是解决生理的，但是也牵涉到一个人的尊严，牵涉到感情归宿，牵涉到一个人的自我实现，等等。马斯洛把人的需求分为三类，一类是我们熟知的人格递进需求，一类是认知需求（求知），一类是审美需求。也许对知识的追求已经成了一种常态，审美方面也有专门的美学，所以马斯洛的书很少涉猎这两方面的内容，他把重点放在了人格发展的需求上。

八、马斯洛的理论对社会心理健康的积极意义

虽然管子用“仓廪实而知礼节，衣食足而知荣辱”来强调民生问题，来倡导满足民生后的教育问题，但是经济发展后的情感失序乱象，比如居高不下的离婚率、家庭对生命呵护功能的丧失，这些令人焦虑的问题，都可以借由马斯洛的人本主义思想找到解决的方法。情感失序的乱象，说明经济发展以后，人们对安全、归宿感乃至被尊重、自我实现等精神方面的需求加强了。过去的温饱问题使人压抑了自己的精神追求。现在这种精神追求，不是说人不知足，而是因为人有了更高尚的精神追求，只不过自己不明白、方法不正确。解决的办法就是在认识并接纳人性不足的前提下，中西文化结合，“修己以敬，修己以安人，修己以安百姓”。

九、人格建设对教育的指导意义以及东西方文化融合的可能

我认为，自我实现并不仅仅是人生最后阶段的终极目标。不同的年龄

阶段都有五个需求的整体满足。儿童的各个阶段也有自我实现的精神体验，这种“微分”的自我实现，是成人“积分”的自我实现的基础。通过成人的觉悟弥补儿童时期人格基础的漏洞也是可能的，但是总是事倍功半。东西方文化的结合，也许是提高效率的最佳途径。马斯洛描写自我实现的人时，用很多笔墨描述了当事人从事自己感兴趣的工作时那种忘我境界，也描述了为了自己认同的价值观工作的人的那种平静、洒脱同时又为之死而无憾的投入感，与禅宗定境有相似之处。这种在东方被视为神秘的东西，在西方却如此普遍。我感叹，如果西方人有一天契入东方传统文化之“道”，其理念势必将遍地开花。我们要做的，就是回到传统文化的源头，借鉴西方人本主义哲学思想和手段，细化和丰富东方传统文化中固有的人本主义思想，通过文化的指导，实现健康人格重构，赶在西方人之前或者与西方人同时实现东西方文化大融合。

温故而知新

我通过上古国治老师“如何爱”的课程，从人性角度了解了自己和他人，疗愈了自己的心理创伤。而后读过马斯洛、卡尔·罗杰斯、蒙台梭利、尼尔、惠芙乐、马歇尔、艾克哈特·托尔等人的著作，再回头读南怀瑾先生的《论语别裁》和《原本大学微言》，我能将儒家文化与西方人本主义文化贯通起来，更接地气。

西方人善于把抽象的东西量化、具体化，马斯洛的人格发展理论使健康人格的构建内容、过程不再抽象，很实用，他的贡献是非常大的。

东方有圣人焉，西方有圣人焉，此心同，此理同。

手记7 从满足孩子的基本需求开始

马斯洛讲，基本的需求没有得到满足，高级的精神人格就停滞发展。我觉得，即使精神人格发展出来，也都是不真实的，银样镴枪头，副作用很大，容易受伤。

比如孩子的饮食，是非常重要的。中国古人讲，食色，性也。可以说，吃饭和性生活，是人的两大最根本的生活需求，一个是维持生命，一个是传递生命，一个是一个人独立就能完成的，一个是两人合作才能完成的。由于人不是单纯的动物，有精神思想情感，同时又是社会化动物，这两个基本生活需求的完成，其涉及的面是非常复杂的。这两个问题没有解决好，人生的困惑就不能得到解决。人类的文化，如果不能解决生命的困惑，揭露生命的真谛，就会被人的生命本身拒绝。

孩子开始吃奶，大多数母亲会给。但是由于人被内心的规则（比如要保持身材）妨碍住了，由于各种原因（比如害怕或无时间哺乳）导致产奶功能受影响，有些母亲不一定会给孩子吃自己的奶。现代社会中，不管什么原因，摒弃母乳喂养，是一种虚假的文明，这种文明是人原始的爱的能力丧失的表现。

正确的哺乳方式，就是孩子要就给。这个简单的道理，是常识，无需理由。即使孩子吃奶太多，呕吐奶水，都是他在锻炼自己的摄食本能。人们在教育中，企图培养教育对象的各种能力，如果压抑了本能，则是不明智的。我多次看到孩子喝到太烫的热水迅速吐出而没有受伤的情景。失去了口腔的敏感性，失去迅速吐出不适食物本能的人，往往在慌乱之间把滚烫的食物继续往食道吞咽，最后导致口腔、食道、胃的损伤。孩子还有一个本事，食物不对他的胃口，他就会拒绝。一个孩子摄入什么样味道的食物，基本上都是他需要的，如果他因逆反而吃本来他不需要的食物，说明这种能力就已经丧失了。关于孩子能够选择自己身体需要的食物的研究，在西方有广泛的报道。我们传统中医药基础，就是要了解药的味性。有段时间，一个学中医的朋友和我一起，拿我的感冒做实验。他开的药我一尝，就知道是否对症。我发现，如果药对症，药在我的味觉里就起作用了，而且起效快、效果好。《佛说入胎经》和《楞严经》都讲，舌头和身体是同源的，都是以味觉为基础衍生的。可见，味觉的需求，很大程度上就是身体的需求。最新的心理研究成果表明，人的情绪来自身体某些部位的感觉，而不是头脑。这更说明，满足口味的需求与心理健康息息相关。

满足需求，想吃什么就吃什么，是个常识。现在的问题是，我们被营养学等知识禁锢了，有知识没有常识。没有常识，知识和经验发挥的作用，要打个问号。

不要轻视孩子用哭声表示的要，这是孩子敢于提出自己要求的开始。

生物性的欲望，是生命的硬件，是必须要用资源来满足的。自己开始吃，这是独立生命的开始。儿童期，孩子生命的独立程度，与自己是否敢坦坦荡荡地要关系很大，孩子敢要得越坦荡，证明他的精神人格越独立。

从乳汁到食物，孩子要的被拒绝的可能性逐步增加。在要的过程中，被伤害的事件频繁发生，因为成人会阻碍孩子对挫折感的完整体验，比如禁止孩子的哭闹、给替代品、转移注意力等。情绪被压抑，孩子就不能明确提出自己的要求，最后只有等待成人的给予甚至施舍，或者变着花样纠缠成人给予、讨好成人，逐渐就失去了自我。严重的，两到三岁之间，就成了自闭儿——什么都不管，（精神上）自己玩自己的。这种自我封闭，反而可以得到照顾。其他太麻烦，要食物就行了，有些自闭儿就是如此。我们说他们是“星星的孩子”，却忘了他们是母亲的孩子，是父亲的孩子，是我们的孩子！自己的孩子“不可爱”不能接受，说成是“星星的孩子”就接受了，不妥。

让儿童这个纯阳之体消极地等待，不会培养出耐心，只有对生命的禁锢而已！在我看来，有预谋的延迟满足（人为设计的），都是在给孩子的精神和精神满足制造障碍。人为设计的延迟满足会造成孩子拖沓的习惯乃至成人后对他人的控制。生活中，处处都充满需要延迟的现实，无需设计，正确面对现实就行了。人为地设计延迟满足，是一种阴谋诡计。

孩子要什么，不是万不得已，不要给替代品。孩子需要哭，你不让孩子哭、不许孩子有情绪，情感的发展就卡住了。孩子要糖，你给玩具，孩子以后就不能明确地提出要糖了。更糟糕的是，孩子本来想要糖的，结果得到的是玩具，玩一阵以后，发现不是自己真正的需要，于是产生了困惑，离真实的自我选择越来越远。孩子选择的能力没有从这里得到发展。选择的能力，就是我知道我真正要什么，而且敢要，而且要得到，这些都是一气呵成的。

从选择的能力这个直接有效的强大主干，再派生出其他满足自己需求的能力，人生的困惑就少了。

我觉得，所有心理问题的起因，都是不知道自己真正要什么，不敢要自己真正要的东西，然后才是不会正确处理自己的挫折感。如果儿童时期孩子的挫折体验是完整的，到成人期，他很容易接受要不到的事实，而不会一味地产生挫折感。一个人没有真正地选择过，就没有为自己活过。

在这个五彩缤纷眼花缭乱的世界，“如何要”太重要了。对健康人格没有了解的人，也许要到的是不符合人性需求的东西，最后人格本有的东西会排斥，但是却又不知道如何按照人性本来的需求来调整、来补救。

除去能力大小不谈，从精神人格上讲，大多数孩子心理比成人更健康、更有人情味儿。成人即使变得虚伪，但是精神层面的人性需求还在，如果得到满足或者被理解，就会逐渐走近真实的自己，变得健康快乐。

在孩子智力发展的阶段，给他们自由，让他们按照自己的心思自己做主，允许他们犯错误，在错误中不断总结和学习，他们就会培养出做选择的能力。

在饮食玩具等需求上培养孩子要不要的健康模式，代价很小，但如果等到成人阶段才学习，代价就大了，学不学得会，都得打个问号。

自己不明白基本需求满足的意义，怎能让别人明白？盲人骑瞎马，夜半临深池，以盲引盲，双倍危险。

自主，然后学会自助，成人和孩子的人格成长，都该从这个地方开始。

温故而知新

食物可以满足身心两方面的需要，可以调节人的情绪。学会品尝美食，也是生命的乐趣。饮食文化，孩子早就知道。吃好、玩好，是孩子的两大主题，其实也是成人的两大主题，只是有些成人不承认罢了。如果一个人不会吃、不会玩，多没趣啊！会吃、会玩是一种生活能力，有生活能力就有学习能力和工作能力。

我们的子女成年后，如果有一天，因为异性送一盒儿童时期没有满足的糖果而委以终生，这个代价就大了。

从大的方面来说，满足孩子的需求，就是满足孩子人格发展的需求。因为哪怕在一件简单的事情中，孩子的生理需求、安全需求、社交需求、尊重需求和自我实现五大需求，往往都会得到体现。

孩子被满足，他才会产生富足感，而不是生在富贵的家庭就会产生富足感。很多富家子弟的炫富，就是因为儿童时期的需求没有得到满足而感到自卑的一种表现。

手记8 无需对孩子进行道德训练

我接触到的一些家长，因为觉得人心不古，所以要加强孩子的道德教育，把学习"四书五经"作为恢复人心世道的开始。

《三字经》说"人之初，性本善"，可以看成是肯定孩子与生俱来的道德感，但是又说"苟不教，性乃迁"，强调教育的重要性，似乎有些矛盾。

但是英国教育家尼尔先生在他的教育实践中发现，孩子的道德感是不需要教育的。尼尔先生后来创办了夏山学校，他是受朋友在工读学校提倡学生自治的启发而创办的这所学校。尼尔先生是继蒙台梭利之后又一位伟大的教育家，比起蒙台梭利重视儿童的发展规律，他更重视对人性的尊重。日本作家黑柳彻子《窗边的小豆豆》中的巴学园，就是夏山学校在日本的再现，坂元良江的《飞吧，孩子》则是日本家长把孩子送到夏山学校留学的记录。孩子的道德感不需要教育，这个观点，即使在当时的英国，也是惊世骇俗的，所以要推广这样的教育观点，非有儒家事功学派创始人陈亮先生所言"推倒一世之志勇"不可。尼尔先生对待孩子错误的教育艺术，也值得我们敬佩。

从我的实践看，越是对孩子的道德感"教育"得深刻，孩子反叛得就越严重。这种反叛，还非得孩子的"八字生得硬"才会有，先天生命弱一点的，自闭和抑郁的倾向很严重。那些彻底被道德"改造"的孩子，在"通往圣贤之路"上内心挣扎的痛苦，只有他自己知道，因此常有人格分裂的危险。这与尼尔先生的实践经验是一致的，只要孩子内心没有恐惧和压抑，当孩子身临其境的时候，即使没有经过道德教条的训练，也知道怎么办。这种怎么办的方法论，是孩子自觉本有的功能，这种本有功能的临场发挥，符合儒家“义者，宜也”的实质，比教条主义来得得体。但是无论是西方还是东方，要贯彻这种育人的观点，很难！因为我们内心有深深的恐惧和焦虑，也因为我们不了解人性，不敢信任孩子。

孩子因为受父母的约束需求得不到满足，不但会心理压抑，晚年还会老年痴呆。因为那些被压抑的幼稚行为会在步入老年后相对安全和没有压力的环境中反弹，那时就会因这种不被人理解的幼稚行为而被诊断为老年痴呆。

只有爱和宽容，才能成就孩子的品德。

我对我六岁的儿子说：“如果我一直信任你，你会不会犯‘狼来了’的错误？”

我儿子说：“我没那么傻！”

温故而知新

从心理健康的角度来看，一个孩子有稳定的安全感，就不会出于心理上的防卫和攻击机制去伤害他人，就是一个有道德感的人。

在儿童阶段从心理安全的角度建构出的道德感会非常稳定，所以，道德是不需要说教和训练的。

手记 9　教育的终极目标是人生的幸福感

教育的终极目标，是人生的幸福感。幸福感来自自我的价值感，自我的价值感来自自己的爱和人际关系能力。这种价值感由内向外分为以下几圈，我重点讲内三圈。

第一圈　心

心不能见其体而有其用，成人和小孩是没有区别的。严格地说，生命只是心的功能，心是生命的载体又参与生命的整个过程。心是形而上之道，很难明白，好在心自然会起作用，不用我们操心。

探究到心的实质并且将其功能发扬光大，是人生的究竟。这对很多人来说，都是奢望，是想都不敢想的事情，这要有善根福德因缘。故而孔子说：“朝闻道，夕死可矣！”如果从这个层面讲教育，人生所有的际遇都会因为悟道而圆满。但是由于去圣日远，很多人都因此走入宗教和迷信的窠臼，可叹！

从唯识学上讲，心有能藏、所藏、执藏的功能，去掉对“藏”的执着，它就是大我，它外化的功能就是慈悲喜舍。它装载着我们人生经历的一切。但是从做人来讲，要成圣成贤，必须人格健全。悟后起修，修的也是健全人格。

第二圈　人格需求

自我人格需求，就是小我。小我并不可怕，它是实现大我的工具。小我从马斯洛需求层次建构，从儿童被动地适应外在人文环境以及自我成长的经历中建构。父母的爱，就是孩子的归属。孩子的生命很脆弱，他必须从父母那儿得到衣食住行的帮助，否则就会死亡。如果在获取衣食住行的同时得不到尊重和满足，由于与生俱来的对死亡的恐惧，孩子就只有委曲求全了。委曲的经历形成扭曲的人格体验，这是不健全人格的肇端。

父母爱孩子的条件越多，爱就越狭隘，孩子得到的爱也就越少，就没有“亲亲（就是孩子觉得父母任何时候都是靠得住的。有了亲亲，才有仁民，才有爱物）”的亲情体验，归属就不彻底，就没有安全感。父母要给孩子爱，给孩子生存和发展的物质条件，必须理解孩子的智商和情商有其自身的发展规律，必须理解孩子每个活动后面的意义，不能拔苗助长，不能蛮加干涉，否则父母的行为是不明智的。

父母给孩子爱，蒙台梭利教育中的三原则是可取的，就是孩子在不伤害自己、不打扰他人、不破坏环境的情况下，可以干他想干的事情。但是，由于父母受自身焦虑的困扰，会把假想的“伤害”作为借口来禁锢孩子的行为。父母还把物化的观念（就是认为钱、财、物比人重要，担心孩子破坏物件）作为借口来禁锢孩子的行为，所以即使那些“信奉”蒙氏教育的人，给孩子的尊重都是有限的。蒙氏教育在中国被很多人当成了训练孩子的工具，其人本主义思想被大打折扣。爱孩子，不委屈自己，教育就会显得更轻松和健康，这在卡尔·罗杰斯的《自由学习》一书中有详尽的阐述。

孩子一生下来，就是独立主体，不属于父母，父母只是孩子的陪伴者和照顾者。父母不能把孩子当成人生的寄托和补偿，不能把孩子当成稳定婚姻的工具。父母把自己的希望“嫁接”在孩子的身上，让孩子失去他的自我，孩子会因此找不到生命的意义，成年后的“排异反应”会给孩子带来莫名的自我否定，没有价值感，更没有幸福感。

第二圈中的人格需求，正面的有：被尊重、理解、宽容、接纳……负面的有：被批评、指责、否定、比较……如果正面的东西得到的多，孩子会形成乐观的人格，自我接纳程度就高。如果负面的东西得到的多，孩子就会形成悲观的人格，自我接纳程度就低。人生的幸福感，来自自我的接纳，自我的认可。儿童期，这些评价来自外界。跨过儿童期，这些东西随着岁月的流逝，就成了内在的东西，这和树木的年轮类似。童年期积淀的人格需求，越往后越起核心的作用，当然也有成年后得到修复的，但是修复是很困难的，要看运气。

第三圈 人格需求体验

卡尔·罗杰斯说：“人是所有经验和体验的总和。”我们通常说的性格就是人生经验的积淀。我们都知道性格决定命运，是有其道理的。

性格和态度是互为表里的。态度是遇事时认知、情感和行为的心理倾向。它的核心是情感。遇到一件事情有情感，然后再产生解释自己情感的认知，最后产生行为。人是情绪性的动物，是带着情绪的有色眼镜看待外在发生的事情的，因而很难看到事实真相。如果一个人能够临场觉察到自己的情绪，就会更多地洞察到事实的真相，就会更多地了解他人。所以古语讲：“自知者明，知人者智。”如果父母是明智的，他们的孩子变得明智就比较容易。如果父母不明智，孩子要变得明智，就很困难。明智就是所谓的情商，也就是理解自己和他人情绪的能力，给予他人情绪化背后的理由。智商和情商是高度统一的，相互影响的。一个人通常是因为情商低而导致自己的智商不能得到很好的发挥。

理想的性（人）格，就是儒家讲的智、仁、勇。智，就是解决问题的能力。仁，就是爱，就是高度的情商。勇，就是敢于面对、敢于担当的勇气。理想的人格是，智者不惑，仁者不忧，勇者不惧。除去语言文字，智、仁、勇都可以归结到感觉层面上来。需要强调的是，智不是指知识，而是指处理事情时能够知时知量。知识是通过感觉调动的工具而已。知识也很重要，但是知识不能仅靠强硬的灌输，还讲究体验和自觉，这样知识才会与感觉高度协调。如果知识来自灌输，很大程度就会给感觉带来混乱。

这是从人格对个人行为的影响解释命运。但是当今的“吸引力法则”解释命运可能更完善，即是说个人内在的人格结构，会感召来与之相应的外在事情。内心害怕什么，就招来什么。内心喜欢什么，就招来什么。《易经·系辞上传》讲“方以类聚，物以群分，吉凶生矣”，早就有言在先。

孟子讲“行有不得，反求诸己”，寻找幸福感，从自己的内心开始，完善自己的人格，这是教育的开始，也是教育的终极。

温故而知新

尊重、认同、理解、赞美、真诚、接纳……这些人格潜在需求的精神营养，可以制作成量表，来衡量一个人的人格是否缺失。在0~6岁之前，越早给予，效果越好。人格需求越是得到满足的孩子，心理越健康。

一个人的幸福感，来自他内在的充实感和对生命的胜任感，这种品质越稳定，他的幸福感就越强。

一个人格健康的人做出判断的准确性，大大超过人格不健康的人做出的判断的准确性。这个准确性说明这种幸福感不是虚幻的。

手记10　教育改变命运

最近有人很热情地给我介绍了八字方面的高手。如果是十年前，我会抓住机会向这样的人学习，我曾经玩八卦玩了十多年，有些收获，但是八字方面没有突破，我总想拜师学习一下这方面的技术。现在这样的人出现了，我却失去了学习的兴趣。

因为，我已经发现了改变命运的方法，那就是教育。任何人，只要能够做他真实的自己（不是“理想”的自己），勇敢面对他的人生，命运都不会差到哪里去。教育，只是给一个人创造存养自己天性的环境，完成他自己的使命而已。秉持这样的教育理念，我看到孩子们的面容变得姣好了，身体变得健康了，人变得有智慧、有爱心和勇气了。人心不同，各如其面，有相无心，相随心灭，有心无相，相随心生，这些关于命相的哲理，都可以在教育中得到验证。从因果的角度看，教育只是增上缘，但是也是我们唯一能够把握的，是我们能够发挥参天地之化育的主观能动性的所在。

有一次我去武汉出差，在动车上遇到一个老人。他的两个儿子都是武汉大学毕业，后来下海经商，现在住在昆山，买了房，买了车，娶了妻，生了孩子……老人谈起儿子的感觉非常的好。但是以我专业的眼光看，儿子的成功，主要源于他这个做父亲的爱。他说他没有打过自己的孩子。因为有这个因，再配合考试制度的恢复、商业繁荣的时代背景，自然有他儿子现在比较理想的生活。包括在火车上谈论的当下，我也能够感觉到这位老人对儿子以及他们家庭的支持和欣赏。但是，这位老人不知道自己的功劳，只是把功劳归于儿子们的学业。

此前，我也遇到几个比较成功的老板，他们的感性非常的好，文化程度却不高，因感叹自己读的书少，所以拼命让自己的孩子读书，但孩子的成绩都不理想。孩子的成绩越不理想，他们就越给孩子施加压力，结果事与愿违。他们不知道，正因为他们读的书少，没有破坏自己的感性，所以具备较强的生命力。他们没有发现自己本来拥有的是最有价值的。真是旁观者清，当局者迷啊。

古人说，改变命运有五种方式：一德、二命、三阴功、四风水、五读书。大多数的现代人不识德、命、阴功、风水，只看到读书对命运的改变。

阴功、风水，我都是外行，但是我发现了德和命的关系。德有阴阳，以前我把阳德理解为与阴功（德）相对的东西，是有些片面的。阴德，自然是悄悄地做好事而不让人知道。阳德，做好事让人知道了。但是德就不只是这么狭隘了。德，得也。得，就是相得，就是与人和谐共处的能力。德，首先是自得。自得，就是要做一个懂感情、有爱心的人。

人要生存，生命要延续，积累财富给儿孙，没有错。但是古人早已讲过：积金予儿孙，不如积德予儿孙。积德，不要舍近求远，就从自己的子女开始，就从自己的家人开始。

曾经有人要学佛，我说："你不够资格。"他当时脸色刷地变暗了，我接着说："因为你不够善良。"他问："怎么不善良呢？"他觉得他对我很好，足够善良了。我说："比如你打你儿子，就不够善良。你从来没有陪儿子逛公园，我来你家你才这样做，证明我比你儿子重要。虽然事实上你认为你儿子比我重要，但是你做出的行为不是这样。"他沉默了。我的话也许求全责备了，但我说的是事实。现在很多人，都是对朋友、对商业伙伴比对家里人好。不是情谊使然，而是功利使然。如果要回到情谊，首先要回到亲情。

《论语》讲："己所不欲，勿施于人。"这一点，对自己的孩子也是适用的。德不孤，必有邻。在家庭里，说直白一点，是德不孤，必有亲。父子有亲，必从父母开始。父子有亲，就是父母要接受孩子的“孩子气”。不要认为接受孩子的孩子气是小事，那是大事啊。

这里不得不提《春秋》和《礼记》。《论语》还不能全面代表孔子的精神，孔子的精神在《春秋》《礼记》里。《春秋》虽然是讲国家的，但是当国家伦理和家庭伦理发生冲突时，基本上是服从家庭伦理的。当国家照顾到民众的家庭感情，那么民众自然是爱国的。《礼记》讲：“父之仇，弗与共戴天，兄弟之仇，不反兵；交游之仇，不同国。”就是说，当法律不能为自己伸张正义的时候，子女不能和杀害父母的仇人共同活着；遇到杀害兄弟的仇人，马上拿兵器去拼命；不和朋友的仇人共同居住在一个国家，否则就找他算账，但是假如朋友不想报仇，又另当别论。《礼记》中的这个观点是讲仇恨的，这不是我这篇文章要提倡的，但是我们可以借鉴这样的观点用在亲情上。升级到当我们的亲人遇到压力时，我们要和他们站在一起，让他们得到支持。我们提倡爱，提倡家庭血亲牢不可破的情感。《礼记》是从儿子的角度来讲家庭伦理的，但是没有父母对子女的爱，子女对父母的爱就只能是道德说教，就会缺乏内在动力。

资讯和商业的发达，对个人和家庭的冲击很大。今天的教育，应该转过头来看看，如何把家庭建设成一个可以避风的港湾，一个可以抵御外来紧张压力的感情堡垒。和平时期保家，战争时期自然可保国。《大学》里讲治国，说“有德此有人，有人此有土，有土此有财，有财此有用”。凝聚人心是最重要的，治国如此，治家也是如此。凝聚家庭的情感纽带，可以减少商业社会带来的焦虑。

阿梵达课程创始人哈利·帕尔默先生讲：二十世纪的头脑，花了至少十二年以上的时间，在学校里学习如何焦虑。过度的知识学习、逻辑思维开发，不重视人的感受，不重视感观体验，不重视静定修养，必然导致焦虑。因为情绪是身体对思维的反应，焦虑是由于不能自控的强迫性思维导致的。这样看来，东西方的学校教育，都走入了歧途，焦虑成了这个社会的主旋律。通过亲人之间彼此情感的支持，可以减少焦虑，对抗人生的痛苦，进而获得幸福。

一个人在家庭中得到健康的爱，他的安全感就强，福报自然就大，他的生命力自然就强大，就会有很好的意志力和智慧来适应这个商业社会。被商业社会认可的部分，足可以自活；多余的部分，就可以帮助他人了，这就是文化的价值。

哈利·帕尔默说，整个世界目前的状况就是人类深深地沉睡在教条的灌输里，从那里对生命做反应。即使你大声疾呼“起床吧！”，也没有用。过去的结论以及陈旧的恐惧替人们决定了一切。几乎每一个人都是行动在别人的答案之下。人们活在过去里，他们只愿意感知那些能够使自己的意识兴奋的部分。

这是为数不多的让人从梦中醒来的钟声。

温故而知新

人体犹如一个空瓶子。从容器的角度看，每个人不同，是思想、情感的不同，所以思想、情感改变了，人就改变了。

人的命运是由情感模式决定的。情感模式包括认知和情绪反应。情感模式的核心是由儿童时期父母对待孩子的方式决定的，这就是心理层面的命。表面层面的命，就是他出生到这个家庭。出生到这个家庭，是事实，是不能改变的，但是内在的情感模式可以通过反省观察去发现、去改变。成人一旦有这个反省和自我观察能力，命就开始改变了，同时惠及自己的孩子。去反省观察，凡事从自己身上找原因，从做人上找原因，以此获得成功之道，而非一味地妥协和容忍，安于平庸。这就是入世的修行。理顺了内在的认知情感模式，就有能力把外面的人事理顺，再加上人以群分的吸引力法则，运也就改了。有道则有德，观察反省近乎道，德就是在反省的过程中，从内在改变自己对他人和事件的看法。善则是利他的行为。

手记11 做父母是天下最难的工作

一、难在要承认自己还没长大

我认为，做父母是我们所有曾经做过的事情里，最困难的一项。要做好父母，必须在心理上很健康。过去受伤的心理情感结构使你表现不成熟——不能成功处理自己和他人的情绪。这个受伤的心理情感结构，就是通常说的内在小孩。

为人父母，你要通过自己的资源填补你儿童时期没有满足的需求，填补自己的心理“黑洞”，疗愈自己，同时又要满足孩子的需求。

这个过程中最重要的是，你必须医治自己受伤的内在小孩。如果你的内在小孩仍然伤痕累累，那你就会以这名受惊、受伤、自私的内在小孩来尽你为人父母的职责。

如果未经心理治疗，你做出的就是你父母曾经对你做的。或者你决心改变自己，理性地要求自己做一个爱孩子的父母，可还是会伤害到你的子女。治疗自己最好的方式，就是承认自己的问题。这个世界没有一个人是完美的。

请记住，我并不是要责怪任何父母。我们的父母也是受伤的成年孩子，也想努力做好一份非常困难的工作。

二、难在要承认孩子的问题是自己导致的

父母是孩子了解自己的镜子，孩子只接受从镜子里反馈出来的品质，这些品质的核心组成部分，包括了镜子上本有的污点——你焦虑性的情绪结构，你的评判造成的对孩子完整心灵的刻蚀。如果孩子的行为无伤大雅，你却经常唠叨，只说明你内在存在太多的不允许，先是窒息了自己的生命，然后又投射出来禁锢孩子。残缺和污染的镜子，就是你的内在小孩，如果没有觉悟，就会一代一代地传下去。

如果你经常对人际关系感到失望、幻想存在着能够满足你一切需要的爱人（对配偶有太多的抱怨和不满）、与异性的关系存在上瘾性的混乱，如果你经常出风头来获得他人的崇拜和仰慕、想让子女实现你以前没有实现的目标或者从子女那儿讨爱，说明你没有长大——其实是你内在的小孩没有长大。要看到和接受自己的内在小孩很难，因为这首先得撕破自己的面子。

既然想用教育改变子女的命运，父母首先要对自己动真格的。

三、难在要敢于丢脸

人不是天生就会当父母的，是需要学习的，这是一个常识。但是，这个常识并没有引起我们的重视。正确的开始，就是疗愈内在小孩的伤痛，让它长大。不少成人在社会上整天一副怂样，在家里却很权威或者闹别扭，喜欢控制孩子，最常见的是要求孩子“听话”。而控制，是违反人性的。很多很多的问题，都是控制的恶习所致。人际关系的实质是平等，与孩子开始对话、协商而非命令，和孩子合作而非指使，是新时期家庭文化建设的重点。

困难在于，父母要撕毁自己的面子，放弃权威，向孩子承认错误，坦承自己的情感缺陷……才能疗愈内在小孩，才能逐渐成为合格的父母。从这个意义上说，养育孩子为我们提供了人生最后一次成长的机会，孩子不是单方面的受益者，再困难也值得。

四、难在要真诚地对待自己和他人

真诚，是勇敢者的行为，只有对自己真诚，才可能对别人真诚。

疗愈内在小孩，第一步，是要满足自己的需要。第二步，是要重视需求满足不了时产生的情绪，允许情绪的升起、停留和释放来治疗自己的挫折感，通过观察、反省、拥抱这个内在小孩，使情绪的流动更为平顺。情绪释放后，理性自然会呈现。理性不是纯粹的道理，而是与感觉相匹配的抉择。第三步，是在和他人（包括家人）的互动中，主观上不委屈自己，遵守平等、真诚和接纳等人际关系原则。这一切，都需要从当下的观察中去完成，事发当时叫觉察，事发过后叫反省。没有觉察和反省，看再多的育儿或者心理学书籍都是没有用的，都可能会是“病态的一百八十度转变，仍然是病态”的改善。

和他人的关系，都是和内在小孩的关系。人际关系中，内在小孩起决定性的作用。人际关系是人格教育的核心。平等、真诚、接纳，既是实现健康人际关系的手段，也是目的。

五、难在做不了孩子的玩伴

正常的人是有情绪的。但成人不允许自己有情绪、害怕情绪，所以很难接受孩子的情绪。

孩子往往对环境充满好奇，所以不停地探索，把房间搞得很乱。成人没有了好奇心，失去了与环境的连接，活在自己的思想里，往往认为孩子的活动没有意思。当受邀和孩子一起玩时，总难以投入，或者不停地教孩子怎么玩，让自己觉得很累。

改变这种不和谐的方法，就是治疗自己的内在小孩。消除背景性的思维噪音，活在当下，和环境重新建立连接。成人应成为孩子的观察者和陪伴者，让孩子自主地在环境中探索，体验成功和失败，只在孩子需要帮助时给予帮助。

温故而知新

如果成人敢于对自己的父母和孩子说“我爱你”，敢于拥抱父母和孩子，愿意向孩子道歉，那么他就能抛弃过多的虚荣心，肃清“好面子”思想的流毒。因为好面子，我们付出了太多的代价，需要回归了。

孔子讲：“知之为知之，不知为不知，是知也。”对待如何做父母的学问，更应该如此。

所谓问题孩子，只是拷贝了父母内心最黑暗的那一页。所以，问题孩子的家庭，需要做心理治疗和咨询的不是孩子。如果父母不改变自己，那么人生的痛苦，将在“遗传”的幌子下继续传给下一代。

手记 12

内在小孩是导致我们不成熟的主要原因

心理学把一个人分为身、心、灵三个部分。身代表行为，心代表心理活动，包括思维和情绪，灵代表无形无相的知觉。

孩子的灵犹如一面镜子，镜子本来空无一物，他们只有把父母给他们的反馈以及对他们灵的触动——心（基于灵的心理活动）来积淀为他们自己，来确认他们是谁。甚至在相当长的时期内（从怀孕开始），即使养育者不说话，孩子都会以镜像的方式来建立与父母相似的情绪反应模式。从这个层面看，孩子的性格，主要是后天从养育者那儿学习到的，所以在孩子的性格中，遗传占的比重很小，父母认识到这一点以后，必须承担更多的责任。这个观点可能会让父母的责任增加，但也可以发现更多让父母和后代成长的空间。

占据这个空间最大的壁垒，就是成人幼稚的情绪反应模式——情感结构。成人不一定是大人，按照《大学》的标准，大人，起码是拥有熟练处理自己和他人情绪技能的人。我们发现，年老力衰的老人像孩子，这并非简单的返老还童，主要是他们再也没有精力掩饰和压抑他们自己了。相比之下，壮年的成人虽然有精力装腔作势——不管有意无意地装腔作势，但是其内在的情感结构多数都是幼稚的，很多人还停留在三岁阶段的情绪反应模式里。约翰·布雷萧《回归内在——与你的内在小孩对话》一书，清楚地为我们揭示了这一事实。

成人成长空间的壁垒，就是和情感结构（情绪反应模式）同时存在的童年时期的没有释放的情绪伤痛。这种结构和伤痛，在该书中被称为内在小孩，有的书上称为痛苦之身。通俗一点，这个内在小孩的伤痛，就是一个心理脓包。不管我们有多理性，不管我们如何压抑和回避，这个幼稚的带着伤痛的内在小孩还是掌控着我们核心的情绪反应模式，一直大量地消耗着生命的正面能量，破坏我们的人际关系，影响着我们的幸福指数，而且影响着我们的下一代，这就是家族中的“心理遗传”。如果成人的内在小孩没有得到治疗而成长，下一代的人格成长根本就无法突破。如果要突破，就必须回溯我们童年的经历，释放被压抑的伤痛性情绪。这本书，方法和原理都比较详尽。另外，为自己创造一个虚拟的心理对象和安全的物理空间，通过怒骂、指责来发泄这些情绪，可能是更简洁的方式，这就需要专业人士指导了。这里摘编的主要是该书前部常识性的文句，同时加入些本人认为很重要的人格教育原则，并未拘泥于原书内容。又由于时间原因，各段之间内容连接欠佳，望谅。

父母不能表现出对孩子的信任和尊重，通常都是父母的内在小孩使然。信任就是尽早对孩子放手，尊重孩子的选择，允许孩子在不伤害自己、不伤害他人、酌情重视环境的情况下，干他自己想干的事情。信任他人的人必须相信自己能够承担和弥补授权的后果，这就是自信，自信是一个健康的情感结构。

由于存在受伤的内在小孩，内在小孩存在结构性的紧张和焦虑，父母会把这种紧张和焦虑投射到孩子乃至其他任何人、事、物上，通过控制他人来预防焦虑的加剧，这种控制往往又会对他人造成伤害。他本人会感觉不到他人的爱，包括孩子的爱，这是很严重的问题。他们的内在小孩心理上未必有自己的孩子成熟，但是由于他们比孩子更孔武有力，又掌握着资源，孩子为了生存，只好讨好和屈从，表现出“听话”和“懂事”，或者通过发脾气、哭闹等方式来反控制父母的内在小孩，从而获得所需。

内在小孩得不到治疗，也会导致成人很多身体疾病和意外伤害。顺便提一句，孩子的意外、疾病、伤害，内在积压的情绪是重要的原因。

孩子一出生，没有亲人就无法活下去。亲，就是无条件地靠得住。人与人的亲密关系的建立，是通过两个看重彼此独立价值的完整的人建立的，而不是通过物质上的给与受来完成的。不管当中一个是小孩还是老人，比另一个强还是弱，是否具有残疾、智障或者其他任何的缺点，他作为独立的生命个体，他的价值都和另一个一样，这是尊重一个生命的具体实施，这就是平等。作为合格的父母，就得先考虑孩子的需要，然后是自己的需要，乃至二者之间的平衡。孩子最需要的是，期望他自己被当成一个人来爱，并且有人接受他的爱。如果这一期盼受到挫折，就会成为他经历到的最大的伤害。这种心理伤害，使孩子的心理人格停止发育，因而形成内在小孩。这个“人”，不是指理想的不存在的人，而是现实中存在的人。我们必须认识到，一个孩子，首先是个人，然后才是父母的孩子。

孩子越早与父母建立亲密关系，孩子内在的安全感就越强。安全感越强，道德感就发挥得越好，道德操守就越好。一个没有安全感的人，是紧张的，这种紧张会消耗他的感知能量，使他无法感知和顾及他人的感受，即使他由于恐惧而恪守道德规条，但是他的道德操守不一定好，因为恐惧会让人走入伪善、僵化和功利，其动机是使自己免于伤害的自私心理。道德（规条）的作用，就是调整人际关系。人际关系的好坏，实际上是以关系人的感受来判断的。所以父母尊重孩子的感受，为孩子创造不伤害他人和自己的情绪释放和表达环境，于孩子于社会，功莫大焉。

道德操守靠道德规条调整，更靠基于个人安全感的道德感来圆融。安全感缺乏的父母，因为有受伤内在小孩而心理扭曲，都存在自律不足（逆反和放任）和过度（压抑和仇视）的问题。

一旦孩子的恐惧、悲伤和愤怒受到压抑，他在兴奋、兴趣和好奇方面的感受能力就会关闭起来，孩子的创造力就会因此永远得不到发展。所以要及时地让孩子表达和释放这些情绪，孩子对痛苦这种生命体验的权利是不容剥夺的。

父母最好能够了解有血有肉的人是本身具有各种情绪的，放弃对负面情绪的排斥和恐惧，发展出接受和阅读孩子情绪的能力，从而协助孩子发展出表达和释放自己情绪的能力。

孩子可以通过迎合和屈从——压抑的方式撑过自己的童年期，这种童年时期的生存之道，并不适合成年时期，因为这种方式延续到成年就成为自己痛苦的根源——一方面为了生存而伪装而压抑，一方面又因此加重原始的心理伤痛。

一个被压抑的成人，唯一的心理疆界就是愤怒。愤怒可能来自被扭曲的自尊和自我作践的投射，其内核是各种原始心理伤痛，这种原始心理伤痛来自父母的权威和控制。

孩子容易把事情绝对化。比如，你不爱我，那你就是讨厌我，这里面没有中间性的结论，这是绝对化的情绪性推理。比如，如果父亲拒绝为孩子买糖，孩子就会说“坏爸爸”，如果父亲因此受到孩子的“攻击”，继而给予孩子“颜色”，孩子就会坚信他发泄性的结论。

孩子的想法很自我中心，可能会表现为自责。比如，如果父母没有时间陪我，那就表明我不大对劲，是我出了问题。比如，因为父母吵架，所以我很糟糕。孩子也会直接把亲人对自己的看法当成是自己对自己的看法。

如果父母很空洞地表扬孩子“你是最棒的”，孩子也会得出“我是最棒的，这个结论是空洞的”结论。所以成人表扬孩子最好的方式是说事实，说感受。

我们可以通过了解孩子的这种心理模式善待孩子，同时了解我们内在小孩的成因。

如果孩子的情绪没有得到重视和认同，不能得到释放，他们在成年期会以思想来逃避痛苦，通过“我想通了”来逃避。世俗的理性，往往代表着生命情感的枯竭。这时的自我防御，其实质就是通过思考把注意力从痛苦的感受上移开。这种长于思考的人，会对生命的际遇做很多最坏的预设，这会导致他用大量的精力来应对假想的恐惧，而不是基于现实来做出有效的应对。其实，真正的理性，就是以健康的、既不伤害自己又不伤害他人的方式表达自己的情感。

父母常常通过他人很多内在的不允许来限制孩子的行为，通常孩子的这些行为是对自己和他人都不会造成伤害的。父母会因为孩子破坏环境或者物品来惩罚孩子，其实这是父母功利化而非人性化的表现，他们内心看重的是钱、物，而不是人，这是一种迷惑，是物质社会的价值观颠倒。如果这时父母表现出的是遗憾，同时接受孩子对环境的探索需求，孩子就会因此逐渐发展出对环境的爱护。

在婚姻不和谐的家庭中，父母通过孩子来弥补自己的缺憾，是对孩子的侵犯。本来父母不和谐就会导致孩子的自我罪恶感，如果这时一方再在孩子面前控诉另一方，孩子就会受到更大的伤害。让孩子承担不该承担的情绪压力，对孩子来说，太不公平了。

体罚和辱骂会切断父母和孩子之间的感情连接。想象你最要好的朋友给你一个耳光，你会作何感想吧！目睹暴力也是对孩子的伤害。处罚孩子，孩子就会自卑，这种害怕“丢面子”的恐惧和伤害，甚至会超过处罚本身。书中把这种爱面子情况称为有毒的羞耻感。

成人的父母也是有缺点的人，我们通过回溯来治愈心理创伤，并不是要追究成人的父母的责任。很多人不愿意回溯儿童时期从父母那儿受到的伤害，这也是确保生存之道的方法。或是因为道德的原因原谅父母，是把父母理想化。这使我们无法感觉到这些被压抑的情绪，也就无从治疗。经历过完整的情绪体验，才是治疗。

如果不这样，我们就会以这名受惊、受伤又以自我为中心的内在小孩来尽为人父母之责了。

事实上，成人只有释放了这些伤痛，和自己的父母的关系才能变得更亲密，才能发现父母是爱我们的，只是找不到正确的爱我们的方法而已。

如果成人能够治愈自己的内在小孩，则家庭的幸福、孩子的未来、民族的福祉、国家的强大，庶几有望。

温故而知新

总之，孩子的原始需求得不到满足，情绪得不到表达，人格的发展就停滞了。

前几周，我的妈妈“老年痴呆”了，我急忙赶回家。妈妈的“老年痴呆”表现为不开心，爱买零食，买了零食忘记让人找零钱，有时买了东西又忘了给钱。我认为这是由于她幼儿时期心理未能得到满足，就让我爸爸用对待幼儿园小朋友的方式对待妈妈，给妈妈爱和自由，并结合刘力红先生推荐的用白酒洗头的中医方法，妈妈很快好转了。

妈妈的好转，就是由于她的内在小孩得到疗愈。

手记13

未得到治疗的伤痛影响我们的知和行

有人问我，教育上的道理我们知道了，但为什么做不到呢？比如要信任孩子，要给孩子更多的尊重……

我们做不到，是因为我们不知道吗？我们知道了，就一定做得到吗？

真正的无知，是不知道问题出在自己身上，没有“行有不得，反求诸己”的反省方式，而不是没有学过或者记不住教育的理论知识，更不是对自己要求不严格。

但是要越过问题出在自己身上还是别人身上的认识局限，必须经过心理伤痛治疗，咨询老师的引导是一个很好的开始。

案例一

案主为中年女性，小学教师，在丈夫眼里，她“单纯无知幼稚”。她也觉得是，于是对丈夫很佩服，但是自己不自信，常有无力感。我对这位女教师说，自信与知识无关。她看到一线希望，咨询于是开始。

首先放大她在丈夫面前的自卑感，挖掘出她“我是一个没用的人”的隐晦信念。是这个信念局限了她，让她产生无力感，所以她不自信。

然后针对这个局限性信念带给她的无助感进行回溯，原来这个老师在工作中也有不自信的地方。“我班上的学生很调皮，我不想控制他们，假如我通过批评指责来让他们守纪律，我会很难受。当其他同事说‘你管管你班上的学生吧’的时候，我会很难受。这个时候，我也会觉得自己很没用，我管不好这些学生。”通过挫折感处理后，她继续回溯。

原来案主小学三年级的时候，弟弟上一年级，与她同校。每天放学时，案主要排队回家。案主是小队长，要管理队伍，但妈妈要求她把弟弟也带回家。由于弟弟与自己不是一个班的，案主认为如果弟弟加入她班上的这个小队，是违反纪律的，而且她也不敢请求自己的老师把弟弟编入班上的队伍。所以她要求弟弟必须与她班上的小队保持一定的距离，只能跟着她的队伍回家。

一路上，她既要管好自己的队伍，又要照顾保持一定距离的弟弟，这让她感到非常紧张，害怕完不成老师交给的任务。回到家里，妈妈认为让弟弟进入她的队伍是件小事，这么一件小事都做不好！她觉得愧对妈妈，辜负了妈妈的希望，同时对弟弟也很内疚，因为她认为自己没有照顾好弟弟。承担着这些压力，她过了半个学期……

通过回溯等方法进行情绪处理后，案主情绪得以宣泄，我问案主：“你如何对待你丈夫说你幼稚无知这件事？”

她说：“这是他的看法。他可以有他的看法。”

“你不会受他影响？”我问。

“不会受他影响。”她毫不迟疑地回答。

“确定？”我问。

“确定！”她充满自信地回答。

案例二

案主是位老板娘，三十多岁，有两个孩子，一个读小学，一个上幼儿园。咨询原因是大的那个孩子不愿去上学，这让她很恼火，她为此还打过孩子。她咨询的是孩子不愿上学怎么办。

我进一步问她担心什么，问出来的原因是怕孩子不上学没有前途，如果孩子上不好学，她就会是“一个无能的人”。

通过日常生活回溯发现，她的丈夫虽然是个老板，但只读了小学二年级。周围的人都说她的丈夫文化水平太低，否则会有更好的发展。这使她承受着很大的压力，并使她不接受丈夫的教育现状，进而把希望寄托在孩子的身上。

通过治疗性处理后，她的注意力回到了自己身上。

“你现在会怎么对待孩子不上幼儿园这件事？”我问。

“顺其自然。”她说。

顺其自然，很高的境界，不是我塞给她的方法，是她自己得出的结论。我免不了又和她确认一番，她确信自己能够做到，毫无疑惑。

敢于承认问题出在自己身上，不是句空话，它意味着自己喜好、勇气和智慧的突破。

真正的知，是觉察，是自性的光明，觉察我们受限于我们的思维（信念）和情绪。反之就是无知，就是无明，就是愚昧。敢于承认问题出在自己身上，发现问题出在自己身上，勇于进行内在探索，带给我们的将是生命的自主和自由，而不是自己不够好的自我厌恶和可怜。

从这个案例中，我们可以看出，父母或者养育者，稍微不注意，就会导致孩子对自己否定性的评价。这种否定性评价很容易成为影响孩子生命状态的限制性评价。父母是根源，是孩子的天地。父母对待孩子的方式，父母心里对孩子的真实评价，对孩子的自信有决定性的作用。

伤痛的了解和治疗，可以从每个人自身开始，也可以在他人的开启下自己来完成。开启会使事情变得容易很多。

当然，通过咨询得到这种状态不是一劳永逸的，但是方法是长期有效的。随着不间断性觉知的时间延长和深入，我们就可以逐步做到知行合一。

温故而知新

成人的焦虑释放以后，理性就出现了，问题很简单地就处理好了。但是在这之前，父母要走进学习的课堂，内心的挣扎不是那么简单的。

成人活在自己的经验中。这个经验，限制了自己，也限制了孩子。限制自己，表现为很多同样的问题周期性地出现，自己解决不了。限制孩子，就是想通过控制来解决孩子的问题。

如果没有觉察和反省，就很难走出旧有的窠臼，要培养出超越自己的孩子，几乎不可能。父母要突破，必须下大决心，义无反顾。毕竟子女教育是个大问题，人生的成长是个大问题，应该引起我们的重视。

手记14

家庭教育丢失的灵魂——成人的静定修养

按：古国治老师提倡的亲子教育宗旨是：以人为本，回归人性。以人为本，就是尊重、关爱生命。回归人性，就是认识并回归生命的源头，找到安身立命之本，让生命绽放更伟大的人性光芒。要完成这样的教育，成人的静定修养必须贯穿其中。在静定的状态里，我们可以轻松地完成对孩子的陪伴、情绪的倾听，觉察到孩子的感受和需求，也容易观察到来自我们内心的是非对错。在静定的状态里，回归生命的源头，认识到每个生命都有的共同本质，以共鸣的方式体会到真正的安全、平等和爱。

静定，就是不在胡思乱想中迷失而保持意识清醒，进而成为一种习惯。意识清醒则可以持续、清楚地了解身心内外的状态，了解生命活动的规律，回归生命的源头。

心很乱的时候，根本做不好事情，故需静。观察心念，观察身心内外一切现象，观而不随，就可以达到静。儿童教育如果没有头绪，首重观察。观察儿童和观察内心，是可以融合为一体的。

一、通过观察，可以放下自己的担心，让孩子的生命得以自主，让自己和孩子都很轻松

一开始，我们对孩子有很多担心，担心他们不懂事，担心他们受伤，

担心他们伤害别人……成人活在自己恐惧的经验里，很难更多地看到事实。如何突破呢？就是多观察一会儿。一开始和孩子在一起，我总是自以为是，想指手画脚。后来，因为要求自己多观察，所以就尽量不用语言和行为去干扰孩子的活动。当我沉住气不打扰孩子们活动的时候，我发现，很多我担心的事情并没有发生。比如，我以为学步的孩子摔倒会受伤，结果他们柔软的身体有“减震”效果，受伤的概率很小，反而是成人的惊诧会把恐惧的情景反应模式传递给孩子。当一个孩子拿着带刺的荆条在另一个孩子面前挥舞的时候，我担心会伤着人，但是没有发生。我以为孩子摔倒就会哭，但是我看到一个刚一岁的孩子学走路每摔倒一次就哈哈大笑。我看到一个孩子把卫生纸吃进嘴里，我以为他会吞进去，结果最后他自己吐出来了……我也看到孩子在吃卫生纸，大人惊呼着去阻止，结果这个孩子真的把卫生纸吞进去了——他本来是不想吞进去的，只是想用嘴、用他的口腔去感知这个卫生纸，由于害怕大人抢夺，索性吞了进去……

观察使我行动敏捷——对于一个刚刚蹒跚学步的孩子，用大声的惊叫来提示孩子注意安全是无效的。对孩子专注观察的同时，我们可以保持对环境安全的警觉，继而用更有效的镇定和敏捷的肢体动作，使他们远离伤害。我曾经多次在带孩子过小区里的马路时，听到从视野盲区传来的汽车声音，从而更好地保护了孩子们的安全。

我还观察到，不会说话的孩子，用视觉、听觉和触觉静静地感知着周围的世界，他们并不无聊，是大人多虑了。从此以后，带还没学会说话的孩子，我也很轻松。我看他的眼睛，观察他的注意力——当他的眼睛往那个方向看，我就顺着他的眼神走，抱着他接近那个目标就行了，也许他会继续看，也许他会用手触碰……同时我看到，很多成人在带不会说话的孩子时，从来不关注孩子的兴趣点，总是用抖动和喋喋不休的话语“逗”孩子，殊不知这种方式更多时候干扰了孩子本有的生命活动。

如果不会观察孩子，我们在孩子旁边就会沉不住气，也发现不了自己的浮躁，会急于教孩子，结果破坏了孩子本有的专注，剥夺了他们尝试和自动纠错的权利。

二、不在静定的状态，往往看不到事实

当观察到事实的时候，真理就出现了。相反，当观察不到事实的时候，谬误就发生了。在观察的状态里，我们可以看到事实，包括发生的事情、孩子的需求和孩子的心理感受。我们会根据看到的事实做出恰当的反应。

有一次，一个一岁多的孩子被一群四五岁的孩子好奇地围着，他们触摸这个小孩的头。“不许打他！”旁边这些孩子的爷爷奶奶慌忙地制止着。后来又有大孩子摸这个小孩子的头，“不许打他！”爷爷奶奶们又惊恐地阻止。反反复复好几次，成人的反应都是如此。我跟妻子说：“你看到没有，这些成人都视而不见，大孩子根本就没有打小孩子的意思。”

成人视若无睹的时候很多啊！所以，当我遇到一个孩子挑逗另一个孩子时，或者大孩子“打”小孩子时，我会说“他不喜欢你用这种方式跟他玩”或者“你这种跟他玩的方式他不懂”，很容易就制止了这种行为。或许，我是故意看不到事实，因为我更愿意用一种减少误判的方式解决问题。

即使观察成了我的习惯，我也相信自己看到的不一定就是事实。所以遇到孩子发生冲突时，我会问双方：“你是怎么想的？”我发现，询问的结果都是因为双方“我以为”的误判。当孩子们发现他们都在不同程度上有误判时，冲突就变得容易解决了。如果孩子被误解，可能导致孩子的愤怒，进而发生“你说我打人我就打了又怎样”的行为。很多时候，我发现自己的“我以为”也在误判孩子们冲突的原因，好险啊！幸好没说出口。因此，在处理儿童之间的冲突时，了解事实这一步骤太重要了。

我们很多时候以为孩子不懂做人的道理（道德感），就教他们，结果把孩子教坏了，这种事情太多。比如：大孩子要让小孩子，东西要分享……结果大孩子很难学会让小孩子。因为成人不知道，孩子天生更懂得公平。只有从公平入手，孩子才容易发展出谦让之心。而分享，是在孩子的物权能够得到保护的前提下自然发展出来的，而不是硬性规定他们分享就能促成的。

如果没有观察，成人在教育过程中就会犯很多“我以为”的错误，这

些错误是非常普遍的。比如，“给孩子需要的！”这句话里包含的对孩子意愿的尊重很容易懂，但如果不懂得自我观察，很多时候我们都给不到孩子需要的。恰恰相反，我们给的是我们需要而孩子不需要的。

三、通过观察，可以发现自己内在的不允许，这些不允许对亲子教育是无益的

几年前在上海，刚进一个小区的门，我对同行的朋友说：“孩子多数情况下是很快乐的，但是大人们不许他们快乐。”话音刚落，旁边几个孩子一进小区的门，就高兴地喊着“冲啊！”跑进小区，后面的大人说：“侬脑子有毛病啊！”真不知道谁的脑子有毛病。

最近一个家长跟我反映，她的孩子因为和同学发生冲突闹情绪，老师认为孩子冒犯了他，把孩子送到校长办公室。这是不允许人有情绪的表现。

我们的不允许，对儿童生命的成长很多时候是无益的。这些无益使我们远离“人是最重要的”这一宗旨。一个小孩打烂一个瓶子，结果妈妈疯狂地辱骂孩子。我的朋友走上前去，轻声地问这个母亲：“瓶子重要，还是人重要？”骂声戛然而止。成人最大的不允许，是不允许孩子犯错误。殊不知，犯错误是学习的重要形式。

孩子要玩水，不允许，害怕把衣服打湿了。

孩子要玩泥巴，不允许，害怕脏。

孩子要打赤脚，不允许，害怕着凉。

孩子要摘树叶，不允许，害怕被人说不珍惜环境。

减少对儿童不应该有的限制，可以让社会更加宽容。

四、静定中，做到对孩子关注而不打扰

当我们持续不间断地把注意力放在孩子身上，放掉我们的担心，放掉我们的陈见，放掉我们内在的限制，就可以做到对孩子关注而不打扰。由于持续的关注，我们可以找到与孩子心心相印的感觉，一种充满爱的感觉。这种心心相印的感觉，让我们能够真正体会到，作为生命的灵魂，孩

子和我们是平等的。有这种体验，我们才可能比较容易做到与孩子平等对话。借由观察与孩子们建立心灵感应般的连接，我们才能做到由衷地欣赏生命。

成人做真实的自己，真诚地对待孩子，这是教学相长的事情。对孩子真诚，成人只需要把自己看到事件时的感受，通过觉察呈现给孩子，让孩子自己去思考应该怎样对待成人的感受、观点和请求，而不应只是简单地要求孩子服从。

和孩子很难长时间玩到一块儿，我们会发现自己生活在一种自我的模式里，很难做到“乐群”，而过去我们就用这种方式否定孩子的属于他们自己的生活方式。

温故而知新

老子讲“万物并作，吾以观复”，是说各种现象都在同时发生，我用静观来对待这一切。治疗社会的人心浮躁，非观不可。观察可以让我们的心静下来。心静下来，则能显著提高观察的能力。

科学实验重视观察，蒙氏教育首重观察。没有观察，教育是盲目的。进入观察功能的稳定状态，就是静定修养。

诸葛亮是个有所建树的历史人物，他给儿子的《诫子书》第一句就是“夫君子之行，静以修身，俭以养德”，这也是他人生的经验。

手记15 陪孩子玩耍之父母成长

现代商业社会人们都很忙，没有时间陪孩子玩是很多家长都有的遗憾。

我自己是搞教育的，按理应该抽更多的时间来陪自己的孩子玩，我却没有做到。但即使在陪他们玩的有限时间里，我的成长也是显著的。一般人认为父母陪孩子玩有利于孩子的成长，是父母在做出牺牲。但是，如果持这种观点的话，那么父母就没有把握住孩子出生后自己又一次成长的机会。

我观察到我和我的孩子玩的时候不自然，这使我回溯起童年时期与之有关的生活经历。七岁的时候由于新建的高压输电电缆要通过我家屋顶，我家就迁建到一个没有邻居的地方，所以我和玩伴嬉戏打闹的时间比较少。成人以后，我身体动作不够敏捷，不喜欢热闹，喜欢独处，喜欢一个人出去旅游，在人多的环境会紧张，在公众面前表达会紧张到呼吸急促、胃痛。我家中姊妹多，经济贫困，所以孩子也要分担家务劳动，基本没有玩的时间。成人后，我很懒惰，凡是儿童时期被强迫做过的，成年以后都会讨厌或者兴趣不大、不持久。小时候，偶尔碰到小朋友，玩得正兴起的时候，妈妈来找了。记忆中妈妈总是很气愤，要拿小竹棍打的。当时真扫兴，次数多了以后，我就产生恐惧，每当玩得正投入时，总要分心看看妈妈是不是来了。所以我更愿意一个人玩，因为我爸妈不认为一个人能玩。我经常一个人赤着脚到森林里采蘑菇，捉甲壳虫，捉蜻蜓，把森林里的小树苗挖回来种在自家门口。成人以后，我仍然能够保持和自然的连接。由于看书做作业就可以不干活，所以我经常撒谎，把自己一个人关在房间里，打开书或者作业本，磨蹭着消磨时间。这些经历，对成人以后的我影响是很大的，如果谈起来，能罗列一大堆。

通过观察，我发现，作为一个孩子，只要让他自由发展，他是兴趣广泛的。比如说我观察到女儿现在就喜欢洗衣服，原因是外婆洗衣服时她喜欢去“捣乱”，外婆没有拒绝她。从一岁多开始就如此，所以她三岁多的时候搓衣服的动作就很老练，而且乐此不疲。我的一个阿姨长我一岁，十五岁就考上了四川大学。她说她喜欢洗衣服，累了或者心情不好就洗衣服，全用手洗，那过程简直是享受。我上大学的时候，她已经留校任教（十九岁），她甚至叫我把我的衣服全送给她洗。当时我很费解，世上连这种人都有。现在想起来，她说过她很小的时候姑姑带她，姑姑洗衣服她就在旁边玩。也许这种玩没被姑姑打扰，她得到了快乐以及培养了专注的品质，才养成了洗衣服的嗜好。

而我就不一样了，我七岁时家里人开始叫我洗衣服，自己的衣服和父母的衣服都要洗，所以成人以后，我虽然也洗衣服，但是洗衣服的时候不能乐在其中，所以没有兴趣。

以上缺点，自我接触到传统文化后，改变了一些，观察女儿后改得更彻底。我是在阅读了蒙台梭利关于儿童教育的书，再静静观察女儿的时候，发现了自己的心路历程，知道了怎么爱孩子，还知道了怎么爱周围的人。所以在带女儿和学生时，我尽量做到“己所不欲，勿施于人”。童年时期形成的缺点（在我看来，人格独立性的缺失和情趣缺失是最主要的缺点），长大后很难改的。假如一个人童年时期被压抑了，他成人以后，本该实现自己人生价值，但是多数时候会因为和童年时期的自己抗争而浪费机遇。有些抗争是有意义的，有些抗争是没有意义的，不管怎样，抗争总是伴随着焦虑。前两天南京农业大学的一位老师来看我们，我问她大学里90%的学生都有上网成瘾的趋势是真的吗，她说是的。这也是抗争的表现吧。

我现在办学秉持自由精神，也是在和童年时期的经历抗争：通过自我反省，放下了很多消极因素；通过传统文化静定的修养，放下了紧张和焦虑的心理情感反应模式。我的这种自我治疗性的反省，不是一般人能做到的。（此话虽有傲慢之嫌，但我想更坦白。）所以从婴幼儿开始，我就把孩子当成一个具有独立人格的人看待，尊重孩子的人格主体，减少了这种压力，因而也减少了紧张和焦虑。从个人而家庭而集体而社会——只要我不浮躁，社会浮躁就不会增加我的浮躁。

通过观察，我还发现，孩子更喜欢玩耍而不是学习。这与国内介绍的蒙台梭利理论不一样。（我一直觉得蒙台梭利最伟大的是她提出的教育理论，所以就不再拘泥于她老人家的实现方式。可惜国内都在实现能力方式上花了太多精力。其实理论通了，方式就可以多元化了。）在我看来，学习是有目标的，成人干预的成分比较多。而玩耍，是孩子和环境的全自主的本能互动。如果学习和玩耍都可以促进孩子智能和体能的发育，相对学习，玩耍的范围则更为宽广，会为孩子的未来储备更多的能量。学习的环境是人工的，而玩耍，涵盖人工和自然。

父母带孩子，是人生第二次成长的机会，和孩子一起成长的机会。这个成长的动机是出于对孩子的爱，是纯善的，因为爱而反省自己，改变自己，总结经验但不活在自己的经验里。父母给孩子创造的心境是孩子的天。天有多大，孩子的气度格局就有多大。不是父母对孩子的教育，而是父母带给孩子的感受，在教育中起着更大的作用。

放下成人的禁锢，和孩子玩，观察孩子，对孩子的行为做不到接纳则反求诸己，是真正爱孩子、爱自己的开始。

温故而知新

唐太宗李世民说：“以铜为镜，可以正衣冠；以史为镜，可以知兴替；以人为镜，可以明得失。”孩子就是父母的一面镜子，观察孩子，回溯自己的成长历史，可谓“以人为镜，可以明得失”。

回溯过去，我记忆中最早的画面大概是在五岁的时候，我看一个妈妈给她的孩子喂奶，因为太专注，那个妈妈笑着逗我说要给我喂奶，我则腼腆一笑。在观察过程中，我心中没有一丝杂念，那是对一个比我幼小的生命的好奇，现在看来，我当时是有对“人”这个生命完全的接纳能力的。等到初中阶段，我就害怕与不会讲话的小朋友玩了，见了会讲话的小朋友，我还是比较活跃的，总是“教”他们。等到大学阶段，我就没有兴趣和小朋友玩了。我的爱的能力，就是这样逐步消失的。我这里讲的爱的能力，是指接纳和陪伴的能力。

作为一个男性成人，我曾一度抱着不会说话的孩子不知所措，我已经外强中干到不能接受任何的柔弱。殊不知，接受柔弱，就是平等地对待快乐和悲伤，平等地对待欢笑和哭泣。柔弱，是人的生命生机畅达的标志。如果没有自我反省并进行疗愈、修复，我对孩子爱的水平，会永远和多数成人一样停留在“父母的责任”上。严格地说，履行责任不是爱，而是对爱的敷衍和搪塞，不是活泼的爱，而是僵硬的爱。

回头来看自己从事儿童教育，当时的抗争是有意义的，现在看来又未必，因为我更愿意在现实中创造而不是在现实中对抗。当时说放下了紧张和焦虑，但是现在看来并没有放下，也不愿意放下。没有了情绪变动，生活犹如一潭死水。人生需要一些痛苦才会前进，就如美食，真正的美食家各种味道都会品、会尝。

父母看不惯孩子的地方，很可能正是自己童年没有被满足、没有被允许的那部分需求。这与习惯的认知不一样，这是我们真正要反省的地方。

手记16 人际互动后面的起心动念

注：本文是本人吸收古国治老师一家人"如何爱"课程内容，麦基卓、黄焕祥的《懂得生命》和《懂得爱》两书中观点，凯蒂《一念之转》思想，加上自己实践心得而成，供参考。

一

在人际关系中，照料，主要指物质和生活上为别人安排，潜在的台词是：你无能，没有我，你是不行的。照料的对象为婴儿或者丧失生活能力的人。照料在这里是个偏义复词，偏重于料。照料如果是自己主动给出的，很多时候包含过度的热情和操控，别人并不需要，只是自己一厢情愿而已，其心态是要显示自己的价值或者满足自己的操控感。孩子通常因为无力抗拒大人的权威而接受太多的照料，继而成为父母包办溺爱的受害者，降低了自我价值感和成就感。

如果照料的同时，有少许尊重别人感觉的考虑，就可称为照顾。但是，很多人不是照顾，而是照料。如果按照字面意思讲，照顾中的"照"，是洞察的意思，"顾"是根据洞察到的内容回过头来采取行动。照顾，要审时度势，兼顾他人的生理和心理，这样的照顾，可以称为关心。

现实生活中，照顾和照料基本是等同的。

关心则是在尊重他人的基础上进行的，提供资讯，提供资源，让他人自己决定什么是他需要的东西。关心也可以只是了解对方的状态（比如感受）和各种可能性。

一个人需要关心，不需要同情。

同情，这个词已经等同于可怜了，可怜就是觉得对方很弱，自己比对方强。同情，是纡尊降贵的想法。“这个乞丐(与我相比)太穷了，很可怜!”都是比照自己的情况而产生的。同情他人的人未必懂得爱，只是觉得对方处于弱势而怜惜。同情他人，未必会被他人接受，而且接受的人，未必能够一直快乐和心生感激。接受者与给予者产生疏离感，原因是给予的人有优越感，或接受的人有压力。这个世界上，从普通心理角度看，每个人都喜欢清白感，并不愿意欠人家的，也不愿意处于弱势。所以，同情虽是出于好心，最后未必有好报。

任何时候要认识到，给予与接受是平等的。没有接受，给予就不能完成。

爱，有很多解释，我更倾向于爱是与你同在的。

清白感，是本能的自我防卫的机制。原因是觉得自己不够好，不配得到。我们来到这个世界上，不可能不欠人家的。只有内心真正强大的人，才会坦然接受别人的帮助或者向别人求助。如果接受了他人的帮助，不要因为歉疚感而躲开，不要躲避有恩于你的人，要面对。如何面对？有恩报恩。报不了，把歉疚感变成感激。

任何人都没有义务必须帮助我们，知道这一点，即使求助于人而被别人拒绝，我们也不会产生怨恨。当我们求助于别人时，提出的请求没有得到满足而产生怨恨，是因为我们把请求当成要求了。

同理心与同情相比，更理智而已，但是还有看低对方的心理。潜台词是：如果不是同理心，我就不会调整自己来适应他，否则他会受不了。

共鸣，是出于尊重。尊重一个人，比帮助一个人重要。尊重，是重视自己又重视他人，就是允许别人跟自己不一样。我们不同，但是可以互通有无，可以交流观点。把自己当人，把别人也当人，对别人的生命故事有好奇心，共鸣就产生了。子曰：和而不同。不同的观点和感受的交流，善于搭配，就可以和。比如，跳舞的和弹琴的，舞者可以根据琴声的韵律来安排自己的舞蹈，琴手也可以根据舞者的韵律来配乐。

二

我们不敢和他人分享我们的感受和观点，不敢讲真话，不敢对人真诚，是害怕伤害到他人。其实，我们不可能伤害到任何人，任何人也不可能伤害到我们。每个人受到他人非暴力的伤害，跟他对听到的话和看到的行为的解释有关。

做个比喻，甲有心脏病，乙打了甲一拳，甚至打之前知道甲有心脏病，结果乙一拳把甲打死了。验尸报告查明，是这一拳导致心脏病发作而死，那么虽然法律上规定杀人偿命，但是法官的判决是不负完全责任，因而不会判死刑。这种情况，按照世俗道德的观点，知道人家有心脏病还打人家，这个人太可恶了，罪加一等！但是法官不这样判。

如果没有内在的造成伤害自己的解释机制，我们就不能伤害到任何人，任何人也不能伤害到我们。我们可以用这样的道理，对自己做个彻底的审判。我们无罪，别人也无罪，我们只对自己负责。

我们都要为自己的情绪负责。如果是平等的，别人也要对他的情绪负责。当我们对自己的情绪负责，知道自己的感受是自己的心理模式造成的，我们防卫和攻击的可能性就降低甚至消失了。防卫和攻击，都是把自己受伤的内在情绪投射出去然后采取行动的。知道了要对自己的情绪负责后，余下的，就是和别人分享自己的观点和感受。因为我们都是人，具有社会属性，要与人相处，不是独来独往的。你不听，但是我要告诉你，这是我的观点和感受，但是我不会强迫你认同。

有一定理性的人，常会说："没什么，就是担心他受不了。"看似为别人担心，但是最终的担心还是怕被别人抛弃。我们常常因为低估他人的涵养而不敢讲真话，也因为不知道每个人都可以承担他生命中发生的一切而看低对方。我们可以把自己了解的事实和感受告诉别人，我们要做的，是放下对他人的担心，表达自己的观点和感受，承担自己的责任。放不下，就把担心变成祝福。

"你今天迟到了，我刚才是有意批评你。现在，我也想听听你迟到的原因。"允许自己说，也允许别人说。自己对自己负责，保持了解他人的兴趣，共鸣就开始了。

责备，是把自己的标准强加于他人身上。防卫，是认为别人伤害了自己的完美形象。自责，是认为自己伤害了自己的完美形象，严重者会造成难以摆脱的愧疚感乃至罪恶感。

责备他人不成，就成了受害者。“我妈妈不应该重男轻女，她只爱弟弟不爱我，使我的童年不幸福！”“别人不应该那样对我”，这句话正确吗？确定？我们能够控制别人怎么样对我们吗？“不应该”后面就是“应该”，“你不应该这样……你应该那样……”我们把这句话说出去，看看有没有人愿意听我们说？还有没有人愿意接受？放下我们的“不应该”——实质是“必须”，我们会有很多惊喜。

自责，是来自对自己的应该。学会放下对他人的应该和不应该，就学会了放下对自己的应该和不应该，愤怒、伤心、愧疚感和罪恶感就会消失。应该，是自己的需要而已。“我要的是支持，你给我批评，我不要。”把自己的需求跟别人讲明白。别人给不给，是别人的事情。

放下应该，行有不得，反求诸己，从自己对自己负责开始。

温故而知新

人际关系是心理健康的最重要的外在表现。对人际关系处处谨小慎微不好，经常磕磕碰碰也不好。知人之智始于自知之明。自知之明，都从自己的起心动念开始。

南怀瑾先生在《论语别裁》中说：“做天难做四月天，蚕要温和麦要寒。行人望晴农望雨，采桑娘子望阴天。”做人要八面玲珑是很困难的，做真实的自己最好。如何做真实的自己？这篇文章是个很好的参考。

手记 17 接纳，改变孩子的命运

按照孩子的天性，为孩子提供成长的环境，可以减少孩子的心理困扰，从而使孩子有更多的精力去体验他们的生命。每个生命来到这个世界，都是为了实现属于自己的心愿（欲望）。这个心愿，就是能够自由自在地体验生命的各种活动，当然这种自由是相对的，包括兼顾人类共生的社会规则。严格地说，这种生命体验的愿望都是出于虚假的自我。在自由体验生命的过程中，是否形成更多的“我执”呢？答案是肯定的。

心理科学研究证明，如果我们压抑孩子的自由体验，儿童期被压抑的欲望，将成为伴随孩子一辈子的生命背景噪音。这种背景噪音有点像能量强大的超声波，虽然是我们不能感知的，但是确实是存在的。压抑得越深，它的频率越高，越根深蒂固。好与坏都是相对的。对普通人来说，自我实现形成的显性我执，比被压抑形成的隐性我执更接近生命的实质。做个比喻，如果本有的智慧犹如无形的大海，那么健康的我执犹如通畅的管道系统，可以直接传递来自大海潮汐的能量。而被压抑的我执，犹如堵塞的管道系统，非但不能传达来自大海潮汐的能量，反而有爆裂的危险。

每个孩子都是天生其才，都有自己的种子特征。孩子的种子特征到底是什么呢？蒙氏的精神胚胎理论告诉我们，这是我们没有必要担忧的。每个孩子自从呱呱坠地的那天起，种子就发芽了。只要我们给予孩子爱和自由，那就有适合他成长的土地。我们越不压抑他，他自发利用阳光空气和水的能力就越强。当孩子这棵树遵循自然的规律结出成熟的果子，我们就知道他的种子是什么了。

我们太多不明究竟的家长，不但压抑孩子，使土地板结，遮挡着本该属于孩子的阳光和水，更有甚者，把自己的愿望直接嫁接在孩子的嫩芽上，使孩子活出的不是孩子自己。孩子到成年期，有些还等不到成年期，所有的排异反应就爆发了，这就是他们产生心理问题的最大原因。

毛泽东主席当年讲，哪里有压迫，哪里就有反抗。岂止阶级斗争如此，人际的心理冲突也是如此啊。

孩子的命运，就是未来社会的命运，这是句老得不能再老的话了。家庭教育的功利化造成的迷失面越大，社会的抱怨和仇恨就越多，不可不慎啊。

温故而知新

我把孩子被压抑后形成的潜在我执（小我），比喻为超声波噪音，很形象，看不见，但是力量强大。被压抑的，就是心理学上说的潜意识，它是我们生命中的暗礁，使我们防不胜防。

大人让孩子来实现自己的理想，来弥补自己人生的缺憾，用嫁接来形容，也很形象。嫁接犹如器官移植，不一定成功，即使成功，也会发生排异反应。

让生命成为他自己，是生命自我实现的最高境界。成人可以通过对孩子的支持，让孩子实现这一生命目标。

心理研究发现，父母一旦把孩子培养成了自己理想的模样，这样的孩子在潜意识里对父母就有很深的仇恨。父母这样做是不明智的，是费力不讨好的。

父母之于孩子，犹如土壤和气候之于苗木，土壤和气候变好了，苗木的长势一定喜人。

手记18 邻居家的一条狗

把家搬到离上黄水库很近的村子，是我一直以来的想法。因为我租借房屋的地方方圆五六里路范围内的环境最让我满意。那是个独立的小院，门前有条小河，河边有成排的大树。房东举家迁往上海，我则从上海迁到这个地方来，心灵有约似的。

初来乍到，和邻里聊天，混个脸熟。果然，小河边四五家人的子女，读书都很成功，很有出息。有在中科院当专家的，有在报社当记者的，有在会计师事务所工作的，有在政府机关当公务员的……每家都有汽车，家里都开着五金作坊。

路口邻居家有条小种的黑狗，有点像腊肠犬但耳朵没有腊肠犬那么大，神情忧郁，瘦骨嶙峋，胆子很小，偶尔在我家门口等着吃剩下的骨头之类。我从它眼里甚至看不出它急切的希望，它的眼睛也不敢和人相对。我妻子、女儿和岳母都本能地不喜欢这条狗，它来了就要被赶走。

我看到狗的忧郁，很不舒服，我知道这是我修养不够所致，所以遇到有油荤的剩饭剩菜，我总是给它端过去。这条狗什么都吃，从不挑剔，所以我怀疑主人很少喂它食物，它挨饿的时间肯定不少。要命的是，它生了五条小狗，都已经满月了，除了一只纯白色的，其余的都没有人要。主人说："都会拿到集市上去卖掉。"但是好长时间，我看到五条小狗追着这条狗，要吃奶，这条狗受不了，不愿意喂，情急之下，对着小狗又咬又吠。

“这条狗是我儿子花了三百元从集市上买回来的，当初以为是名狗，但是买回来一段时间以后才发现毛皮的颜色都是被染过的。”有天我抱着孩子坐在河边石条凳子上时，正端着饭碗的狗的主人对我说。狗的主人跟我说话时，那种上当受骗的情绪还在，而且完全迁怒到了狗身上。哦，我终于明白了，为什么这条狗是如此的忧郁。它被主人的儿子买回来，被发现上当受骗的主人的儿子抛弃，然后被新主人——儿子的父亲所收养。但是新主人内心并没有接纳它，它就这样好死不如赖活着。这条狗差不多有三岁了吧——狗本是对人很忠诚的，很多时候因为忠诚而丧失自己的尊严，但是它们照样很乐观。但是这条狗不一样，我没有看到它有高兴的时候，甚至我给它骨头，它也不会摇动自己的尾巴，吃东西时也不专心，总担心被人打似的。

“这条狗是我儿子花了三百元从集市上买回来的，当初以为是名狗，但是买回来一段时间以后才发现毛皮的颜色都是被染过的。”没多久，狗的主人又对我说这句话，好像他已经忘了曾经对我说过相同的话，上当受骗的语气一如从前。我只有倾听，我在想我是否可以通过倾听来处理他的情绪，然后告诉他，狗是被冤枉的。我知道这是妄想和奢望，如果我这样做，别人会认为我的脑袋有问题。或许我可以叫狗的主人干脆把狗杀了来结束狗的痛苦，但是狗的意见呢？狗真正的意见是什么呢？我不敢轻举妄动。

我跟老婆讲这条狗，希望能够给狗更多的关心。老婆很理解，几乎每次都把剩下的饭菜给狗端过去。我对女儿说：“这条狗你不喜欢，但不是它的错。”女儿似懂非懂。岳母看到这条狗来了，就对女儿说：“狗子又来了！”于是女儿立刻起身驱赶。在一旁的我只有沉默：我总不至于为了这条狗搞得自己家人不宁吧？

有个家长对我说：“我的孩子怎么了？既不像我，又不像她爸！”我的回答是：就是你的这句话，让孩子出不了头开不了窍！家长当时有所反思。父母都很优秀，但是这个孩子没有自己的主见，经常像傻大姐似的被同伴取笑。后来天赐良机，这个孩子在夏令营开窍了，变化很大。但是我内心只有默默的祈祷，终究不敢奢望家长有更深刻和长远的反思。有些事情，点到为止，比明确说明效果更好。

我们曾经疏导过一个自闭症的孩子，这个孩子被我们理解和尊重了，当时就在咖啡厅的厕所里号啕大哭，随后和我们做了较好的交流。孩子的母亲触动很大，准备着孩子后续的康复计划，回家跟丈夫商量时，丈夫说："治疗什么啊？就当我们家养了一条狗！"结果我们所有的愿望都搁浅了。想起这件事情，邻居的狗又算什么呢！

我把狗和人一起写，请原谅我的放肆和无知。在现实社会里，我承认动物和人的差异，但是在生命层面，狗和人有共同而平等的内容。皮格马利翁效应，除了希望，应该加上信任，或者更应该是放弃希望和信任后的宽容。因为希望乃至于信任，有可能变成对人现实状态的否认，不可不慎。

温故而知新

时隔五年，我已经没有把人与狗一起写的害怕和担心了。那个与父母不一样的孩子，陆陆续续参加我们的夏令营，已经变得品学兼优了，他妈妈成了我办教育的忠实支持者，她对孩子做到了无条件的爱和接纳，是少有的母亲啊！所以我又想起儒家的诚，想起卡尔·罗杰斯说的：如果不真诚，是没有用的。

写完这篇文章不到一个月，我就离开了潜山，离开了这个村庄。我把上海整个家的物件都搬到这里，又全部丢弃，让我的妻儿回老家去，待我打开一片天地再接他们过来。当时的心情，真是惶惶如丧家之犬。

我是一个成人，遇到了好的老师，治疗了我的心理疾患，又学了一点静定修养，人生还可以靠自己东山再起。而那些孩子呢？他们必须靠父母才能生存，如果他们不是依靠而是依附，结果又如何呢？如果他们不能像我一样遇到一位好老师，又会如何呢？

我是何等的幸运啊！你也一样，如果你看了这本教育的书，开始反省自己，你是幸运的，你的孩子也是幸运的。我希望你的孩子、你自己，如我一样，曾经困惑的人生可以焕发新的生机。

手记19 一个民间教育工作者的内心告白

按：作为一个民间教育多年的探索者，我不愿意好高骛远地喊口号，而是更愿意做些实事，希望我这个告白对大家有用。通过这几年的实践，我觉得，解决教育问题的钥匙，就是把人当人看，从家庭成员开始，从对待儿童的方式开始！

某一天下午，和一位家长用微信聊天，谈她孩子来儿童之家的问题。今早一醒来，很感慨，非常感谢和她的对话对我心灵的启发。我觉得很有必要把我内心的告白写出来，以昭示天下的父母，当然包括对教育感兴趣的人士。以下是这位家长和我的谈话。由于一些语句太短，所以做了些合并。有些文句也根据谈话的内容做了整合。

家长：哈哈，闵老师，我因为去过另外一个儿童之家，所以肯定会有一个比较。我本人非常认同您的理念。但是两家的感觉是您这儿是养农村宝宝，他们那儿是城市养育，不知道您是怎么看待这个问题的。他们那儿非常干净整洁，要求孩子吃饭前洗手，也有一个筛过沙子的沙坑。我直话直说您不要介意哈。因为那天去您那儿感觉不是很干净。

我：（儿童之家）因为现有的人文和地理环境，所以就成了现在这个样子。我们的家长都上过我们老师的课，多数是孩子来了以后才去上的，所以理念比较一致。脏固然不好，但怕脏也是一种退化。这也是我们教育上关于脏的哲学。我最近一篇关于《变形记》的博文也提到这个。敞开谈，最好。

家长：所以您特意营造这样的环境，是这样吗？

我：不是。我本来可以把它建得更好，但地盘不是我的。

家长：当时在回家的路上，我和老公就有讨论，他更倾向于那里（另外一个儿童之家），而我希望去您那儿。因为我觉得一个优秀的领导者非常重要。

我：我重实战。我们生养全人——人格健全的人，让孩子（的人格）从潜在的特质中培育出来。其实，我培养的是领袖特质，但不能提这个。天生的实诚比花招更重要，我要求自己在这方面下功夫，而不是对孩子提出要求。来了我这儿家长会有压力，我们要求给孩子释放更多的空间。我们对孩子没有什么要求，我觉得我们儿童之家，是做到了在孩子不伤害自己、不打扰他人的情况下，可以干他想干的事情。一般的儿童之家，还会加上第三条，就是不破坏环境。但是，我们是把儿童置于环境之上的。最近我们的孩子制订了一些规则，我觉得那是因为他们得到足够的尊重以后，他们开始尊重这个环境。

家长：因为您那边的小朋友我也很喜欢，我感觉出来就跟普通的孩子不一样，总体的素质非常高，让人很舒服。他那边的环境是经过精心打造的，有很多东西专门是为孩子定做的，有孩子专门用的洗漱台，等等。作为一个家长，说实话，希望整体的环境更舒适一点。

我：是的，我这儿的环境，我也不是很满意的。但愿你的孩子来的时候，环境能够改善。人性的环境就是人文环境，主要是人。确实是这样的，我们的硬环境是差了一点，更舒适的环境和我的教育理念是不矛盾的。目前条件就是这样了，但愿你能够看得到重点，离开儿童之家以后，你带回去了一个什么孩子。最后还是要落实到孩子身上。

家长：是的。但孩子的教育问题，家庭成员也有份参与，如果到时你的环境没有改变，但愿我的家庭成员能够理解我的选择。

回过头来听这一段录音，我发现，我和这位家长谈得坦诚。这是一个优秀的家长。即便是这样优秀的家长，她也不能全权决定来为孩子选择教育环境，所以我有一些感叹。

物质条件再好，总是有限的。教育给人奠定的精神底蕴，就是让一个人在条件有限的情况下，如何平和地与自己相处，如何与他人相处，如何与这个社会相处。任何时代任何人，在资源面前，总会觉得资源是短缺的。如何利用短缺的资源创造更多的财富，利人利己，这是社会经济学。但是如何利用短缺的资源获得自己内心的幸福，给别人带来幸福，这就是人生经济学。《大学》中“君子以财发身”，说的是利用物质条件提升自己的人格修养和道德水平；“小人以身发财”，说的是牺牲自己的道德品性以至堕落来获取财富。一个人获取财富很难，如何使用财富，更难。人如果富了，却没有走上富而贵的人生道路，就会被蔑视和仇视。经济两个字的原意是经世济民，就是如何安顿包括自己在内的世上的人。每个人的人生都是事业。获取物质上的资源，只是职业。“举而措天下之民，谓之事业”，《周易》中的这句话意思是关心和安顿他人的行为举止，才能叫事业。

有些人虽然富裕了，但生活中问题似乎越来越多，是什么原因呢？“富贵不能淫，贫贱不能移，威武不能屈。”是因为富而淫（放纵），贫而移（变节），威武而屈（经不起考验）。从这句话可以看出，人格明显是独立于贫富之上的。钱能解决的问题都不是问题，很多人有这个体验。不能解决的问题是什么？当然是人心理素养上的问题。

儿童时期人的人格底蕴很容易培养。比如在很多人眼里，孩子可能天生自私，但他们没有认识到孩子的需求很容易满足——越是年龄小的孩子欲望越接近于需求。基本需求得到尊重和满足以后，孩子很容易发展出更高的人格精神，比如分享，比如自主和担当，比如同情和同理。孩子自动发展自己精神力量的过程中的一些做法，与其说是自私，不如说是他对自己很真诚。只有对自己真诚的人，才对别人真诚。儒家讲“不诚则无物”，就是说，缺乏真诚，什么都靠不住。一个对自己都不真诚甚至不知道如何对自己真诚的人，很难说对别人真诚，即使他有善良的举动，都是伪善。伪善也许可取，但不可信赖。孩子是什么就是什么，在对自己和他人真诚这一点，我们成人需向孩子学习。

相对于物质，孩子更看重精神，一方面他看重父母如何对待他，一方面他又顾及自己的生存，天生的智能使他自然能综合考量这个问题，他了解他的局限——如果没有成人的照顾，他无法维持他生物性的生命。人虽然具有与生俱来的完善的精神潜质，但如果我们在精神上克扣他，他只有退缩到比动物还糟糕的层面。如果我们在物质和精神上都对孩子真诚地给予，孩子就会发展并稳固他真诚的品质。孩子的要求不高，只要父母真诚地对待他就行了。问题是，我们能够理解什么是真诚吗？如果我们不理解真诚，不确定自己是否真诚，我们很难给予孩子真诚。

我觉得，一个人首先在内心接纳了自己的不完美性，安顿了自己，能够理解任何人都是有缺点的人就是真诚的人。决定开始对自己真诚的父母，至少不会把太多的焦虑投射给自己的孩子。从这个层面看，我们可以通过内省，无限接近真诚，继而迁善改过。这种接近内心真诚的过程，就是成人自我教育的开始。

温故而知新

南怀瑾先生说，社会问题归根结底是人的问题，而人出现了问题，都是家庭教育不当导致。

社会问题，主要就是人际关系问题。人际关系问题，就是父母与孩子的关系问题的延伸。如果父母没有自己正确的人生观，父母没有要成为一个什么样的人的人生修养目标，是很难与子女建立健康的亲子关系的，是难以胜任子女教育的。

通常的情况是，父母如何对待我们，我们就如何对待自己的孩子，孩子就如何对待社会以及他们的孩子……我希望中国家长的教育能够跳出这个循环，所以，我呐喊。

手记 20

真正的教育，是要超越得失心的

按：本人受聘于宁波大唐儿童教育中心一段时间后，深感从事教育工作责任重大，如果教育的理念不被家长理解和支持很难有实质性的突破。于是在和家长接触过一段时间后，举办了一次座谈会。

各位家长：

你们好！

大唐读经私塾的郁老师在听了古国治老师的关于人性化教育课程以后，他觉得终于找到了教育的真谛。我也是这样的，受了古国治老师影响后，首先是自己受益了，家庭受益了，孩子受益了，然后投身于儿童教育。你们家长希望中心请当妈妈的人来当老师，他却请了我这位当爸爸的人来当老师，没有让你们失望吧！

我们家长是希望子女成才并且在教育方法上有自己新的想法才开始读经的，这很好。一个人要成才，性格健康最重要。什么样的性格才是健康的呢？就是《论语》里面讲的智、仁、勇，智者不惑，仁者不忧，勇者不惧。智者不惑，就是要保持孩子本有的灵光，本有的感觉，这样他就不会感到困惑。现代社会的心理问题，就是人生感到困惑了，不知道自己要什么，不要什么，难以选择，难以取舍。你看孩子，孩子要什么不要什么，他是很清楚的，因为他有天生的果断的判断。我们要相信孩子，要尊重孩子，把适合他年龄段的选择权留给孩子。比如，我们的孩子要买一双鞋，他不知自己买多少码的，他可能也不知道买当季的保暖的鞋，也不知道价钱，那么我们就在码数、保暖和价钱上给孩子以引导或者限制的前提下，让孩子自己买。买什么花样，完全由他自己决定。一个人能够自己决定，他就会承担责任和后果，就能学会不抱怨。“I will not complain”，意思是我不再抱怨，这是英国一家著名的管理培训咨询公司的名称，他们培训的内容与公司的名称相关。可见，不抱怨的品质是多么重要。但是不抱怨，不是从说教中培养的，而是从事实中体会得来的。孩子学会自己抉择，就敢于担当，今天的社会，敢于担当的人太少了。这是简单地讲智者不惑。

仁者不忧，从字面上看，是说有爱心的人就很乐观，不会得抑郁症。这种爱心，也不是靠道德的说教，而是溢出理论。什么是溢出理论呢？就是说孩子从小得到足够的爱，足够的尊重，足够的理解，足够的宽容。尊重、理解、宽容就是爱，足够以后，长大后就回馈给社会，这是他性格中来的，一点儿都不勉强。因为他性格很阳光，心情好，所以别人就会觉得他有爱心。他甚至很少勉强自己，这样的人，当然不会忧郁。还有一种说法，人格健全的人，就像一个杯子没有漏洞，只要给他爱，他就接收到了，他会有感觉，会感恩。但是人格不健全的人，他有漏洞，你给他的爱，社会给他的爱，他漏掉了，感觉不到，你让他怎么感恩呢？你让他怎么会因为得到别人的关爱而变得阳光呢？

勇者不惧，惧，就是惧怕。我们这儿，我不让他们叫我“老师”，而叫“老闵”。我这样做的目的，是让孩子自信。孩子以后是要跟大人打交道的，在大人面前不拘谨、不害怕、很自然，孩子就有自信。自信的本质就是自然，不是高昂的情绪。一个人在另一个人面前表现很轻松自然，也让别人感觉到轻松自然，这就是礼。礼之用，和为贵，这是礼貌、礼节的实质。六岁以前的孩子，喜欢看成人做什么而不是听成人说什么，这种对礼的实质的掌握，是从孩子和成人互动过程中感受到的，而不是从理论中学到的。当孩子有了智、仁、勇的品质以后，经典的作用只是给孩子发挥这种品质做最好的注解。当经典为孩子的发挥做了最好的注解，孩子掌握了经典，就会文质彬彬了。所以啊，品质在前，经典在后。

我们认为，关系比教育重要，有时也说信任比教育重要，其实是一回事。关系的实质就是信任，我们和孩子建立关系，更建立健康的阳光的关系，不是讨好和放纵。信任就是靠得住，信任是关系的实质。什么是靠得住呢？就是无条件给孩子爱和尊重。没有尊重的爱意味着控制。还有，我们认为学习的兴趣比学习的效果重要。当“教育”破坏“关系”时，要回到“关系”，因为大家都知道“亲于其师而行其道”，简单地说就是，孩子要喜欢这个老师才会跟这个老师学习。当“学习的兴趣”和“学习的效果”发生矛盾时，我们会回到“学习的兴趣”。其实最好是教育中有关系，关系中有教育，兴趣中有效果，效果中有兴趣。把几者高度统一起来，这样我们的老师和学生就可以变得轻松愉快。

我们收集了家长的意见，也会在课程内容方面做出调整。第一个方面，是让孩子认识字，这样可以培养孩子的阅读能力、自学能力，也许能减轻他们以后在学校学习的压力。但我们不走培养“神童”的道路，过早地开发孩子的知识能力会破坏孩子的感觉。比如说我上次在火车上碰到一对夫妻，妻子说“好热啊”。这时候丈夫说：“这个问题嘛，关键是要调整好自己的心态，心静自然凉。”结果妻子责骂丈夫。正确的做法是当妻子讲热时，丈夫可以说“脱一件衣服吧”，或者帮妻子去找乘务员把空调温度降下来。你们看，这就是道理学多了，脱离现实。即使过目成诵，没有创造力，没有与人相处的能力，又怎么行呢？第二个方面呢，我们会加上蒙台梭利方面的教程。蒙台梭利教育的核心是人性化的教育，这个我们已经知道，她的数学教学方法是一流的，我们会采用。第三个方面呢，我们也会适当培养孩子一些生活技能，比如把东西收好，等等。我要强调的是，一个人格健康的人，学习能力一定不会差到哪里去的。

由于我们给孩子尊重和自由，这段时间，你们的孩子回家，可能变得不听话，变得不循规蹈矩，变得逆反，但是你们的孩子一定是更快乐了，变得更有个性了，身体更健康了。希望你们能够理解，这是孩子转变的必经过程，希望你们给孩子更多成长的空间。谢谢！

温故而知新

这个讲话之后不到一年的时间，家长们陆续带他们的孩子离开了大唐。

重新阅读到对家长承诺教孩子东西这一段，感到肚子有些痉挛。按照我的教育理念，家长给我提的要求，我是无法满足的，因为当时孩子们还有很多压力没有释放掉，过去读经的副作用还没有消除。而我更需要的是，他们对我新教育理念的支持。面对家长，我当时是紧张的，是迫不得已才承诺让孩子们学知识的。

真正的教育，是要超越得失心的。这一点，我不够真诚。不真诚是没有用的。我应该告诉家长，心理的健康比知识更重要，他们当时只能在其中选其一。但是我没有。这也是我答应他们我留下来，而我真的留下来，他们却带走自己的孩子的原因吧！

手记21　闲话古老师课程中的一些理念

我们机构一行三人去拜访古国治老师。

古老师跟我们讲：“如果把我的课程当成教条，就会变成溺爱孩子。”

我对古老师说：“把在你课堂里学到的知识，反复体会（时常看讲义，实践、总结），恢复自己的感觉，然后就不再教条了。”古老师点头赞同。

古老师在课堂上让我和其他老师分享辅导孩子的案例。我虽然分享了，但是感觉有些为难。一是我处理孩子的问题，是凭自己的感觉判断。凭这种似乎没有根据的感觉而不是教育方法，是不是问题？二是处理时有技术层面的东西，但技术的后面是个庞大的知识系统，一时难以跟家长们说明。

我发现听了古老师的课程以后，很多过去对孩子严格要求的家长，出于对孩子的歉疚，开始放纵自己的孩子。比如，“孩子不会有错”“不要给建议”。这些都是教条主义，给纵容孩子和推脱自己的责任找借口而已。

当我们的感觉恢复以后，我们会发现，孩子有时要我们买玩具，只不过是要我们的爱。这种爱可以通过和孩子玩耍来解决，通过多拥抱孩子来解决，通过给孩子讲故事来解决，而不可以用物欲来代替。如果用物欲来补偿爱，很容易走入误区。可以不给孩子建议，但是必要的时候，可以给孩子更多的选择。比如孩子要买的东西太贵，可以规定一个价格，色彩、形状由他自己选。满足物欲也是爱的表现，是我们要考虑的，但不能替代非物欲的爱。

允许孩子犯错误，不是提倡孩子犯错误，不是支持孩子犯错误。允许，是孩子犯错误后成人的接纳。因为只有接纳，才能释放孩子和大人的情绪，才能明析原因，才能让孩子承担责任。孩子不会因为害怕惩罚而撒谎、辩解、掩盖，这样他才能达到在错误中学习的目的。这中间还要分清楚犯错误和探索的不同。比如培养孩子的动手能力，家长让孩子通过多种方式探索，最后自己找到达到目标或者解决问题的方法，当孩子犯错误时，家长是可以不处理的，可以称为视错。伤害自己、伤害他人、破坏物品之类的事情，可以判定为犯错误。

饮食上不给予孩子自由（让孩子自己吃而不是喂，让孩子自己决定吃什么，吃多少），就是强迫孩子吃下山珍海味，他都会营养不良的。比如我们不提倡吃工业化生产的零食，也会给孩子讲过多摄入这类零食的危害，但也不绝对禁止他们吃。我们儿童之家的孩子想吃什么，我们就让他吃个够，他自然就没有那么馋了。他需要吃什么，吃什么口味，都是他身体的需要。当他把想吃的东西吃个够、吃个遍，他自然就不会不知节制了，这是我们实践出来的经验。如果孩子吃某类零食吃出问题了，成人正好可以和孩子探讨对待这种食品的态度。

温故而知新

如果孩子的问题一直得不到解决，一定是方法错了。不但是解决问题的方法错了，而且爱孩子的方法也错了。采用错误的方法，爱得越深，伤得越重。

学习学习再学习！学是学知识，习是实践。孔子在《论语》中说："学而不思则罔，思而不学则殆。"只学习，不知所以然地硬套书本知识，是很危险的。只是自己思考，超不出自己过去经验的范围，个人是会困惑的。

古国治老师的教育，是让人觉悟，与以往的教育截然不同。

手记22　失败的中国帝王教育

我阅读《贞观政要》，看到唐太宗李世民如何教育儿子这一章，觉得很压抑，没法看下去。

南怀瑾先生在《原本大学微言》里谈到帝王的教育时说，帝王也是人，也有喜怒哀乐、七情六欲，但我们偏偏要以圣人的标准来要求他，要求太高，过于严厉，如此则导致帝王心理的变态。一个人要成圣成贤，第一需要真性情，第二需要善良，第三需要聪明。这恰恰是皇子们普遍缺失的人格特质。

从汉代以后，开国皇帝均出自草莽，受到的是朴素的民间教育，他们的生活经历丰富，识得民情，知道民风，也通达人情世故，同时又能文能武，所以治理国家都有一度的兴旺。但是开国皇帝的子孙们，就没有那么幸运了。和现在的教育一样，成功的父母并不一定就能教育出成功的子女。

我们可以想象，当一个皇子出世，父亲有很多情人，又忙于政事，大妈小妈们随时争风吃醋，只能和奶妈而不是和亲妈在一起，该玩耍的年龄却没有机会玩耍，也没有玩伴，只有书呆子老师枯燥地教读书，这样的日子怎么过啊？根本没有快乐可言。历代帝王少年时期过的是什么日子啊？！所以连康熙这样有作为的皇帝都感慨地说，幼年在“父母膝下，未得一日承欢”。

皇帝的儿子需要父爱，没有；需要母爱，没有；需要很好的老师，结果遇到的腐儒居多。少年时期，他们最需要的是玩伴和朋友，而不是老师。孟子说："人之忌，在好为人师。"以老师自居而不懂为师之道的人，都自以为是，常常引起皇子们的反感。

我认为唐太宗废承乾太子，原因是过度教育。

李承乾，唐太宗与长孙皇后的儿子，长孙皇后就是在唐太宗不堪魏征进谏而扬言要杀掉魏征时，用非常善巧的方法平息唐太宗怒气的人。李承乾出身皇家，母亲和父亲都是贤德之人，李承乾耳濡目染，受到的教育是很不错的。史书记载李承乾"性聪敏""特敏惠""丰姿峻嶷、仁孝纯深"，加上又是长子，所以在八岁时理所当然被立为太子。李承乾十二岁就可以断案，"能识大体"，与群臣对答很少差失。按理他本应顺利成长继承大统，但事实与之相反。需要历练的他得到的只有说教，喋喋不休的说教在他当了太子后更频繁了，他根本对付不了，很少有自己独立思考的空间，所以患了腿疾（估计是心理紧张导致腿抽筋了吧）。按照健康人格发展心理，也有可能只有托腿疾他才能给自己留下一些私人空间亦未可知。

按照唐太宗自己的说法，他本人十八岁之前都在民间生活，所以能够体察民情，他希望太子也能如此。唐太宗害怕自己的孩子脱离现实生活，所以特别注意规范教育。

但很有危机感的唐太宗，将皇家江山是否永固的重担压在了太子一人身上，而不是将父亲的爱——尊重和关心，倾注给太子。唐太宗害怕孩子不能治理好国家，害怕孩子行为不端被大臣诟病，所以对太子管教甚严。只要有如何加强太子教育的建议，唐太宗都予以采纳。他经常派有正义感的臣属去和太子交流。但是，"纸上得来终觉浅，绝知此事要躬行"，早期李纲、杜如晦等人，太子还是接受的，但到后期的孔颖达等人，腐儒气似乎太浓了点。至于张玄素，为什么惹得太子要派刺客杀他，我想也是事出有因的。一个人正义感过强，说明这个人可能爱心不够。我们也可以检点我们自己，我们教育孩子的时候，是带着爱心还是正义感？是带着亲情还是带着功利？

臣下投唐太宗所好，秉承皇帝的权威，对太子无端说教，频率过高，强度过大，矫枉过正。所谓过犹不及，这加深了李承乾的怨恨心理——人性是不喜欢被说教的啊。

臣下教育太子的动机也有问题，有时不近情理，连李承乾的乳母也说："太子已经长大成人，怎么适合多次当面指责呢？"孔颖达说："我是受了朝廷的恩惠才这样做，死而无憾。"孔颖达做教育的出发点，是为了自己的俸禄，同时他也少不了到唐太宗面前去告太子的状，如此太子不但心中不服，而且会强化其怨恨和逆反心理。

即使到后来李承乾患腿疾，这些老师们还不肯善罢甘休。

贞观十八年（644 年），太宗谓侍臣曰："古有胎教世子，朕则不暇。但近自建立太子，遇物必有诲谕。见其临食将饭，谓曰：'汝知饭乎？'对曰：'不知。'曰：'凡稼穑艰难，皆出人力，不夺其时，常有此饭。'见其乘马，又谓曰：'汝知马乎？'对曰：'不知。'曰：'能代人劳苦者也，以时消息，不尽其力，则可以常有马也。'见其乘舟，又谓曰：'汝知舟乎？'对曰：'不知。'曰：'舟所以比人君，水所以比黎庶，水能载舟，亦能覆舟。尔方为人主，可不畏惧！'见其休于曲木之下，又谓曰：'汝知此树乎？'对曰：'不知。'曰：'此木虽曲，得绳则正，为人君虽无道，受谏则圣，此傅说所言，可以自鉴。'"

阅读了《贞观政要》这段文字，可以想象，唐太宗见到太子就是一副要教育太子的样子：遇到吃饭，要讲一番大道理；遇到骑马，要讲一番大道理；遇到乘船，要讲一番大道理；看到一棵树，也要讲一番大道理。因为唐太宗平时忙于国事，没有时间和孩子相处，两人感情上已经比较疏远；见面时也不谈父子感情，却生硬地以皇帝的权威灌输一番，所以李承乾只好诚惶诚恐地说"不知道"，等着威严的父亲的训话赶快结束，所以父子之间的关系越来越疏远。

"水能载舟，亦能覆舟"的名言就是出自这段文字。把舟比喻成皇权，把水比成老百姓，是唐太宗治理国家的政治心得。但是如果讲教育，父母是水，子女是船，水能载舟亦能覆舟，我们是在载舟还是在覆舟？古国治先生把父母比喻成土壤，把子女比喻成苗木，他常常问："搞教育，我们是要整土还是要整苗？"这个比喻，这个设问，会给我们哪些具体实用的启发呢？

更有甚者，唐太宗杀死了儿子喜欢的名叫称心的女人，杀死了儿子喜欢的太常乐人。之后，儿子不上朝了，儿子哪还有心力上朝啊？这时候唐太宗的角色是什么？父亲？皇帝？只要我们被自己的角色困住，我们就会远离人之常情，远离人之常情就不正常。难怪李承乾要对多嘴的张玄素下杀手，甚至对父亲、兄弟下手。他内心的仇恨从哪里来？过度的教育，使他受到了严重的心理创伤。

从人性的角度来说，唐太宗对儿子的责任教育，都是伤害。真是爱得越深，伤得越重。遍阅《贞观之治》也没见唐太宗有过自责。李承乾谋反，该如何处置？群臣都不敢说话，因为按律当斩，只有侍臣来济站了出来，说："陛下上不失作慈父，下得尽天年，即为善矣。"于是唐太宗下令，将李承乾废为庶人，流放黔州，总算没有下令杀了自己的儿子。但李承乾流放到黔州没多久就死了，这一年，唐太宗作诗《秋日即目》，从诗中可以感受到这位父亲的难过：他爱他的孩子，但不知如何爱！

爽气浮丹阙，秋光澹紫宫。
衣碎荷疏影，花明菊点丛。
袍轻低草露，盖侧舞松风。
散岫飘云叶，迷路飞烟鸿。
砌冷兰凋佩，闺寒树陨桐。
别鹤栖琴里，离猿啼峡中。
落野飞星箭，弦虚半月弓。
芳菲夕雾起，暮色满房栊。

开国皇帝想把自己的经验传递给皇子，但几乎都以失败告终。皇子最好的教育就是走出深宫，走出妇人（佣人）之手，获得他自己的生命体验。历代不乏年少时出走皇宫的皇子接位后，都颇有建树，比如齐桓公、汉文帝、汉宣帝、唐宣宗等，其中以齐桓公最有代表性。

齐桓公也落过难，知道自己很多缺点，并于管仲面前一一陈述，管仲都不以为意。可以看出，对自己缺点清楚同时能够接纳自己缺点的人，是宽容的。对自己宽容，才能对别人宽容。否则，齐桓公不会原谅管仲的一箭之仇而起用管仲。齐桓公对自己很宽容，管仲对齐桓公也很宽容，所以齐桓公可以把国政托付给管仲。齐桓公能够九合诸侯，成为春秋霸主，绝非偶然。

良师益友，贤妻良母，人生得一，足以成功，这是对于平民而言。唐太宗个人能力太强了，越俎代庖，屏蔽了儿子的社交圈，李承乾即使遇齐了，恐怕也难有出头之日。

用师者王，用友者霸，用徒者亡。一个从小没有选择权利、没有朋友只有讨好他的太监，老师都是假道学的太子，怎么能够开出内圣外王的格局？李承乾不能用师，反而被师用，一个不能用师反而被师用的人，如何能够用友？如何能够用徒？所以只有夭亡了。呜呼哀哉！

是做好一个人，而不是做一个好人。从亲情关系的角度看，君君、臣臣、父父、子子的顺序应该倒过来，同时加上人人二字，即人人、子子、父父、臣臣、君君。即是说，做人成功了，角色自然就成功了，角色扮演得成功，只是真实做人的意外收获。孩子需要爱和尊重才能成长，没有尊重的爱意味着控制。把人当人看，是孩子最需要的爱，你给出的是这样的爱吗？

得志或不得志的家长，在子女面前，都容易扮演帝王的角色，很权威，在中国尤甚。有的家长，想给孩子更多的尊重和信任，但是很不放心，因为骨子里他们还是权威的，还是相信权威在教育中的有效性。近年来有的家长又错误理解西方的自由教育，认为自由就是让孩子不守规则、不承担责任。对孩子的教育这件如此重要的事情，难道我们不需要拿出专门的时间、人力、财力和物力来做一个彻底反省、系统学习和全面梳理吗？

温故而知新

这篇文章，是因为前篇引用了李世民“以人为镜，可以明得失”的说法，所以排列在这里。李世民是站在帝王的角度，以成人为镜；我们则是为人父母，以儿童为镜，反观自己，就可以知道自己人格上的缺失。

中国古代帝王的家庭内讧，多与政治权谋有关。帝王之家，感情是从属于权力的。儒家开出的“修身、齐家、治国、平天下”的帝王之术的解药并未奏效，倒是让很多普通百姓家庭受益。如果了解中国历史就会发现，很多大家族由于没有过深涉猎国家的权力斗争，所以可以长盛不衰，使古老的中华民族和中华文明至今屹立在世界的东方。其中的成败得失，是需要总结的。

家庭教育包括成人的自我教育和提升，站在一个成人的角度看，这种自我教育靠自觉，而不是靠政府推动，我们应该走在政府的前面。家庭搞好了，明显能提高国家的幸福指数，这是经济发展所不能取代的。社会的问题，制度的问题，归根结底是人的问题。

家庭教育，是需要学习的。家庭教育是爱的教育。不会爱自己的孩子，不会爱自己的家人，就不会爱自己的家，不爱家就不会爱自己的社区，就不会爱自己所在的城市，爱国就可能会显得空洞。

地球已经是一个村子，对祖国的爱和依恋，如果没有对家人感情的思念，就没有根基。如果在家庭中找不到感情的安慰，无论我们去过多少地方，我们仍然是这个村子里的流浪儿。

手记 23　如何做到不担心孩子的学习

在教育孩子的过程中，很多时候，我们的担心都是没有用的，虽然事后发现我们的担心是对的。犯错误是儿童学习过程中不可缺少的部分，我们只能在事情发生以后做有限的总结和弥补，这是务实的做法。孩子总在不停地尝试、犯错和调整之中，成人在孩子尝试前后不当的干预（往往是讲过多的“有先见之明”的道理），反而会影响孩子事后总结的情绪和智力。与其如此，不如明确地把总结的任务交给孩子，虽非万全之策，但不失为没有办法的办法。试着放手，耐心地观察完整个事件，让孩子全程承担他的责任，让孩子直接面对来自各方面的批评、指责、否定……如果这些责任绕过孩子跑到自己这儿来了，就把这个“球”传给孩子。如果孩子不接这个“球”，可以和孩子协商如何分工接住这个“球”。如此循环往复几次，孩子就会变得能够承担责任，但这中间要就事论事，没有批评指责。通过几次责任承担的实践，你就会发现孩子的自我调整以及承担责任的能力是超群的。

孩子犯错误乃至犯错误后不完全的总结，都是孩子生命的体验权，不可剥夺。轻视另一个生命的担当能力，这是成人自视高明犯下的错误。当孩子犯错误的时候，不说“你看吧，我说的是对的吧？”“我说的，你不相信”，最多说一句“事情到了这一步，你很难受……”就是对孩子的支持了。看到孩子犯错误后的惶恐，看到孩子在掩饰自己的错误，在辩解……

你不以高明自居，就是对孩子的支持，因为他明白你了解了他犯错后的心理状态。只要孩子穿越了自己受挫的情绪，孩子自己知道该怎么办。

直白地说，学习是孩子的事。学得好不好，也是孩子的事。可以跟孩子明讲，自己对他是有升学期望的（明智一点，可以把自己的要求变成内心对孩子的祝福）。父母要明白孩子不是来弥补自己的人生遗憾的。为孩子提供读书的经济和精神支持是父母的事，是父母的义务和责任。处理得好，共赢。处理不好，两败俱伤。开始让孩子承担责任，父母往往狠不下心，但是长痛不如短痛。责任明确，不是狠，是有意义的严，是爱。

比如让家长头疼的孩子写作业问题，如果从责任划分来看，父母是无需管孩子的作业的。刚实行责任划分的时候，如果孩子没有责任心，老师把孩子的作业问题，或者在学校表现出的问题向家长反馈。家长完全可以把这个问题推给孩子，家长甚至可以对孩子表达，孩子必须自己承担在学校惹的麻烦带来的后果。

不会爱自己，就不会爱孩子。尊重自己的立场和感觉，就是爱自己的开始。第一步就是不用承担孩子应该承担的东西，比如学习任务。我们必须要看到，因为我们多情的承担之后，会产生更多的烦恼（通常是被家长放大了的焦虑情绪），我们行为粗糙地向孩子投射了这种焦虑情绪，最后这个烦恼还是传递给了孩子。第二步，当我们无法理智地去约束孩子的行为时，我们要独自把这种隐藏在我们心里的情绪挖掘出来——找个独立的空间，静静地和这种情绪在一起，或者充分感受、观察这种情绪。当这种情绪消失或者变得淡薄的时候，我们的感觉和立场自然就出来了。也可以通过说事实、说感受的方法来释放自己的情绪。诸如“孩子学习任务很重、压力很大，我帮不上孩子的忙，我感到很难过！”等。刚开始自我关爱时，我们面对孩子，只能自爱而不能兼爱，没关系，只要顾上一头，就该知足了！

我们要承担教育孩子的责任，我们必须担当起我们主导的作用。这个主导，就是首先要尊重自己的立场和感觉，和孩子划清各自的责任界线，做真实的自己。不管孩子对与错，只要我们应对的方法正确就行。除去我们家长的权威作风以及成人在孩子面前的“知识丰富”的优越感，我们会发现，所谓教育，就是以真实的自己与孩子互动——到时还不知道谁教育谁呢！这些道理，须实践方知。

温故而知新

成人向孩子灌输知识的背后，多半是焦虑。当把这些知识传递给孩子的时候，焦虑也传给了他们。

孩子要学习的内容很多，孩子成长的过程就是学习的过程。成人有自己的经验，倘若活在自己的经验里走不出去，固执于自己的经验，想把自己的经验传递给孩子，那么积极作用不大，副作用很大。

温故而知新，目的不是囿于自己的经验，而是要走出自己的经验。不要以为曾经如此就永远如此。想让孩子超过自己，就得扩大自己的气度和格局，把生命的体验权交给孩子。

学习能力包括试错和总结的过程。“纸上得来终觉浅，绝知此事要躬行。”如果孩子的体验基础不够，还没有学会自我总结，还没有学会询问他人的意见，成人的灌输就是盲目的。

手记 24　学生怕老师的原因是什么

有位母亲带孩子（我们观察到这个孩子在夏令营中，表情比较木讷，面部肌肉有些紧张，情感不够丰富）来，说："我的孩子在学校里怕老师，不想和老师交流。"我感觉这位母亲是个比较有力道的人，也感觉到在一旁的孩子很紧张。

"是从小你对孩子太严厉了呗，你的孩子肯定很听话。"我说。

"是的，我从'1'数到'3'，刚数到'1'，孩子就行动了。"她笑了，孩子的面部表情也放松了。她顺势摸了一下孩子的头，孩子就笑了，真是立竿见影。

作为孩子的母亲，应该任何时候都是孩子的依靠，而不是让孩子感到害怕，感到权威，感到压抑。母，就是生命可以回归的地方；亲，就是可靠，就是无条件地靠得住。

很多家长对幼儿阶段孩子怕自己、听话很是得意。但到了小学阶段，当孩子和自己缺乏沟通，对很多问题不置可否，常常以"随便"回应，或者消极地服从时，家长很郁闷，甚至大光其火。这些都是孩子怕家长而服从家长的原因造成。因为怕，孩子就会缺乏安全感。当他力量增强后，就会反抗，就会背地里捣乱。孩子青春期的叛逆由此而来。等他为人父母之后，他也会用力量来控制他的孩子，而不会用亲情和智慧来哺育。

这种由于孩子怕家长，进而害怕大人比如怕老师的现象，不是个别的，而是普遍的。它影响家庭成员之间的相互支持、相互信任，也影响孩子成人后的人际交往能力，影响他对社会、对人生的看法。

孩子怕老师，除了家庭的原因，还有可能是老师经常用权力来管理学生、老师不够慈爱、对孩子的指责太多，等等。古语云："亲于其师而行其道"，如果孩子觉得老师不够亲切，他很有可能不喜欢老师的这门功课，更不要说向这位老师学做人了。

你说这个社会，母亲都让人恐惧，还有什么不让人恐惧呢？缺少安全感的社会，就会让人很紧张，很浮躁。

温故而知新

在我的儿童之家，孩子们都叫我"老闵"，我不让他们叫我"老师"。我过去做销售工作，用了很多精力来克服拜访客户的紧张，所以，我觉得人际关系能力是生存和发展最重要的能力。孩子在父母面前、在成人面前是有压力的，是有隔阂的。我叫孩子们称呼我"老闵"，是想打破成人与儿童之间的"隔阂"，使他们从小不怕成人，长大也就不怕与人打交道。如果因为我是老师或者年龄上的原因让孩子们尊敬我，我会感到惭愧的，我不需要这种表面的尊敬。如果我的行为举止值得他们尊敬，那是他们的事情。我更愿意做真实的自己而不是赢得他们的尊敬。可喜的是，孩子们因此很喜欢我，我能感受到他们对我的爱。

安全感是一切的基础。可以这么说，如果孩子没了安全感，就没有了美好的品德。因为很多不理性的行为，都是孩子在感到恐惧时做出的。

如果孩子怕父母，很有可能就会怕老师，怕老师就会直接影响学习的兴趣。

父母可以在有感觉的时候，经常跟孩子说“我爱你”“我支持你”“我们是一伙儿的”，来让孩子确定父母是爱他的。

父母怎么对孩子，孩子就怎么看待成人，就怎么看待社会上的人，怎么对待社会上的人。所以，所谓的社会适应性，是个伪命题。社会适应性，是子女与养育者关系的多面性表现。

手记25　电脑游戏这个洪水猛兽

一个自幼居住在深山里的小沙弥，从懂事起就没有见过女人。成人后老和尚让他下山办事。临下山时，老和尚担心小沙弥为女色所染，把女人描述成“老虎”，百般交代小和尚遇到“老虎”要退避三舍，说老虎很凶，会吃人。待小沙弥回来时，老和尚问小沙弥出山的见闻，小和尚说：“你说的‘老虎’，最好看！”老和尚无语。

如今的网络游戏就被视为吃人的老虎，被众多的父母从小朋友身边赶得远远的，但是等到上大学成人时，孩子还是被老虎“吃”了。据我一位在普通大学当老师的朋友讲，80%~90%的学生有网瘾趋势，这是很严重的社会问题。有网瘾趋势的，常常补考、留级、退学，这固然很危险，但是大学里自杀的，精神崩溃的，据说又都是没有网瘾的。按照“网瘾”的诊断标准，应该包含人际关系障碍，但这种人际关系障碍究竟是谁造成的呢？我们通过实践发现，尊重孩子，让孩子自主、自由地安排上网时间，孩子无一例外都表现出良好的人际关系能力，与成人或者同伴合作性明显增强；再辅以真实、接纳和同感的人际原则，孩子都在与人际关系密切的自主活动中，找到了比电脑游戏更多的成就感，虽然还上网，但是离病态的“网瘾”越来越远。

请看几段能自由玩电脑游戏的人的讲话。

一个十三岁的女孩说：

如果不让孩子玩电脑游戏，那么孩子的游戏瘾会越来越强，说不定还会导致每天脑子里全都是游戏，空余时间都在谈游戏，更加影响学习。在以前的学校里，很多住宿的学生晚上都会熬夜玩游戏，导致第二天早上无法集中精神上课，都在打瞌睡。我建议自由时间让孩子自己安排，想玩就玩，这样游戏的欲望会慢慢淡去。就像我这样，一开始我是听弟弟他们说《洛克王国》(电脑游戏)，后来申请了 QQ 玩《洛克王国》和《QQ 农场》。一开始是天天玩，大概玩了两个星期，就变成几天玩一次。后来只是用电脑看电影，现在看电影也觉得无聊，大部分时间都在学习野外生存技能，对电脑没有那么多兴趣了。我大概用了一个多月，但是也要看人的。

（我的建议：让孩子多玩几个月，让他对玩电脑习以为常，这样玩电脑的欲望会慢慢淡去，像我一样，就没有太多兴趣玩电脑了。）

一个十岁的男孩说：

以前老妈不让我玩，老妈不在家我就玩，老妈出去买东西我就玩，老妈回来一敲门我就关掉。妈妈去上海、金华买东西，做事情，我说不想去，就在家玩了一天电脑，他们一敲门我就马上关掉。甚至妈妈在洗澡的时候我都偷偷地玩，把声音关掉玩。

去年 10 月左右，老爸老妈让我随便玩，我就拼命玩拼命玩。一开始拼命玩游戏，过了几天就没意思了，就拼命在电脑上看动画片，大概看了两个多星期，也没意思啦。然后就去找邻居的小朋友玩，他们在的时候我就找他们玩；他们不在的时候就自己出去逛一逛，骑一骑自行车。

以前没有让我玩游戏的时候，有钱就疯狂买 MIMI 卡玩游戏，或者买 Q 币玩 QQ 游戏。妈妈不让我玩游戏之前，我一有零花钱就去买游戏卡。妈妈让我不要买，我就要买、就要买。但是不敢充钱，因为妈妈会骂。后来老爸老妈让我随便玩，我就疯狂地买，疯狂地充钱。现在我对游戏没有什么兴趣了，虽然潜山的电脑房全天开放，但是还是没什么意思，不想玩了就把电脑关了，在校区走来走去。

（我的建议是：希望家长不要强制不让孩子玩电脑。因为不让孩子玩的话，他就会拼命想玩，你越不让他玩他就偏要玩，你就阻止不了他啦。）

一个十一岁的孩子说：

以前不让玩游戏，觉得玩得不够，现在来到潜山，变成游戏战队的队长，玩得太多了，太没意思了。本来我只是娱乐的，打赛尔号的boss只是偶然的，现在却变成了任务，必须要打败boss，很无聊。

除了赛尔号，现在玩其他的游戏，类似的也是这样的，大同小异，都很无聊的。

（我的建议：电脑随便玩，不要逼着小孩不玩游戏，电脑想怎么用就怎么用。）

一位三十岁的男士说：

我是家里的独子。在我之前，母亲怀了四个孩子都没有成功，轮到我，七个月就早产了，生下来身体很虚弱。中年得子的父母对我百般呵护，只要我能活下来，就是他们的最大心愿了。我很小的时候父母就给我买了电脑，那时候只要有新的游戏出来，父母就给我买来玩，到后来上初中时，我就不感兴趣了。到现在，我从来不玩游戏，喜欢做事情。

在帅真之家我们不反对打游戏，但要在放学以后（注：我们在初期曾不定期允许孩子带游戏机在上学时间玩，主要是之前家长不允许孩子玩电子游戏）。孩子的成长体验有两种，一种是家长给孩子爱的亲情体验，是基于平等对话的爱；一种是社会体验。儿童之家侧重于孩子社会关系的体验，即他们的群体相处能力，发展出来就是健康的人际关系能力，它涵盖生活、工作和广义的学习三个方面。我们更倾向于满足孩子玩电脑的需求由家庭完成。

类似玩电脑的需求在满足后就会一直消失吗？不会的。人再怎么发展，也要吃饭、睡觉，基本的娱乐也是如此。要求常常是循环往复的，有些会往高层次发展，有些是可以替代性发展。比如，只要随时有机会可以玩电脑，这个玩电脑的人就更可能会把兴趣转移到其他方面。

需求背后的精神层面是人性需要被尊重。

孩子的需求被满足了，他的人格就会自然完善吗？不是的。必须依靠成人提供的环境，包括成人的人格素养，也即通过成人与孩子的互动和干预来完成。

游戏这个东西，玩够了，自然就不想玩了。

成年人和孩子不是生活在一个世界的，成年人活在理性的世界中，没有道理就无法生存下去。孩子活在感性的世界里，生活在兴趣和探索的世界里，如果能量没有有效释放，需求没有得到满足，他们就会纠结这件事，导致缺少系统的觉察力和思考能力。成人和孩子如何实现有效的沟通？成人必须回到孩子的角度来看问题。

温故而知新

自从读书开始，我们喜欢看小说、看电影、看电视，父母都是一路担心。现在，这些以前担心的，都不足以让父母再担心了，但新的担心总是层出不穷。有道是，人生不满百，常怀千岁忧。孩子有能力自己找乐子，我们就没有必要把我们的焦虑转移给他们，否则他们会失去快乐生活的能力。

儿孙自有儿孙福，不与儿孙做牛马。如果从精神层面讲，成人再怎么替孩子担忧，都不能代替孩子自己追求和奋斗得来的幸福。

玩物丧志，没错，但是上瘾的原因，却是人性的博弈：家长的权威控制和孩子的反控制，导致了心理纠结，这种纠结，就是瘾的源头。

无限制地满足会导致贪得无厌，是成人的假想。实际的情况是，我们无限制满足了孩子的需求后，孩子很快就从单一的嗜好中解脱出来了。

手记26 关于儿童暴力

儿童暴力，有其内在原因。干预儿童暴力的过程，先侧重于发展安全感，然后再激发和引导道德感。在发展安全感方面，我们甚至把人的重要性置于环境之上。安全感起始于对成人的信赖，包括成人不断给予孩子的理解和尊重的量的积累，然后内化为孩子的自信。也就是说，孩子天生的恐惧感被成人化解了。

孩子由于自我保护的本能，社会化学习没有完成，有时会诉诸暴力。如果成人认为非暴力是文明的、值得提倡的，暴力是野蛮的、不允许的，从小就向孩子灌输这些教条，那培养的不是文明人，而是懦夫，是书呆子。如此，我们培养的“文明”将成为野蛮的牺牲品。在不否定孩子使用包括暴力在内的手段进行自我保护的同时，我们介入孩子之间的暴力冲突，要启发他们用更有效、更文明的沟通方式来化解冲突，孩子才会乐意成人的介入。

我观察到，孩子处理冲突的方式有几种。①本能地通过哭喊、尖叫或者抓、打、咬来捍卫自己的边界（包括身体和物权）。②通过语言主张自己的边界（这是我的，你没有经过我同意！）。③通过公平感来捍卫自己的边界。④通过理解、宽容来化解冲突，从而创造健康的人际关系模式。

这种方式发展的顺序，也是从低级向高级发展的。孩子的安全底蕴越好，高级方式就越稳定。如果高级方式没有用武之地，他就会选择低级方式。

一个安全感不够的孩子，更多地停留在低级处理方式阶段，是很难发展出高级方式的。我们要理解其合理性，采取宽容的态度，大而化小，淡化他内心的恐惧。他可以在这样的人文环境下，自动地发展出自己的高级方式。

温故而知新

问题本来可以通过沟通就能解决却又诉诸暴力，实质上是缺乏安全感导致的。一个人的安全感在儿童时期是最容易培养的。

通常一个有足够安全感的人，内心是强大的，有能力避免暴力但又不惧怕暴力。

手记27 关于多动症的观点

从报纸上看到很多治疗多动症的广告，说倘若一个孩子爱活动，上课又不能专心学习，家长要当心他是多动症！呵呵，我也说要当心，当心广告是个大陷阱啊！因为医学上虽然发明了“多动症”这个疾病名称，但并没有彻底治愈多动症的良方。

根据蒙台梭利的研究，孩子的智力发育总是和全身特别是手的活动有密切的关联，孩子的学习方式以动态为主。孩子不能专注于做某件事情，很可能是由于他在发育时期想活动时受到限制或打扰所致。

因为成人不理解活动才是孩子理想的成长条件，不容易有儿童探索活动敏感期的概念，所以成人不能容忍孩子的“乱动”，从而导致孩子在发育时期的活动受限。长期受到成人压抑、在家里不敢“多动”的孩子，突然在学校里“多动”起来了，家长应该为此高兴：孩子心理压抑通过“多动”释放出来了，就不会继续发展为影响成人期的心理暗礁。

要治疗孩子的多动，家长就应该学习蒙台梭利关于儿童敏感期的理论，而不是把孩子交给医生。有可能，药物或者技术手段治疗后，孩子的多动消失了，但是孩子的灵气从此也就没有了，整个发展就停滞了，还会留下心理的“痨病”，妨碍成人期的心理健康，不可不谨慎啊！

有心理医生讲，自从发明了“抑郁症”这个名词，抑郁症就开始流行。有道理！“多动症”这个名词，有陷阱。治疗多动症的广告，亦然。

孩子的神经系统处于发育阶段，如果过多限制会导致孩子有心理问题，就会影响他们的神经系统发育，甚至产生病变。

很多孩子因为行动受限而缺乏运动，得了“感统失调症”。感统失调，就是孩子运动协调能力差，多运动就好了，越不限制孩子的活动，越能够预防这种疾病。

温故而知新

不能简单地把教育问题当成医学问题。

有时候，父母不让孩子活动的原因是怕脏，脏固然不好，但是怕脏是一种退化。大人的洁癖更是一种心理问题，不能因为自己的心疾限制孩子的活动。

有时候，父母不让孩子玩水，一是怕他感冒，二是怕弄湿衣服，三是怕把家里弄湿，四是出于安全的考虑。

一个活动不受限制的孩子，不太容易患感冒，即使得了感冒，也会很快就好。而且感冒是免疫系统的一次演习，是身体本身的需要，只要孩子精神状态好，就可以用观察的方式让孩子挺过去。如果温度过高，孩子没有汗却烦躁不安，可以用抓脊、泡脚、藿香正气水敷肚脐的方式降温。反之，如果孩子的活动受限或负面情绪不被允许——比如不准哭，不准生气，不准大叫，孩子是容易感冒的。我自己的孩子，由于得到足够的爱，加上我处理感冒很淡定，他经常不把感冒当回事，精神状态也不受感冒的影响，偶尔感冒，也很快就好了。

孩子不接触泥土、不玩水，就缺少灵气，因为玩水、玩沙、玩泥土、玩石块都是他感觉器官发育的需要。人需要吃饭，感觉器官也需要接触东西，道理是一样的。

父母首先要树立人比衣服重要的观念，可以在孩子玩耍时给他穿上比较经济的衣着。至于玩水，可以选择在浴缸、洗手间进行。如果冬天天冷，也可以让孩子玩水——让他感受什么是冷，孩子受不了冷，自己会停下来。让孩子感知冷、暖、热，也是必要的。有了这些基本的感知体验和基本认识以后，孩子就学会了如何照顾自己，继而学会和父母交流相关内容。

孩子的衣服不能穿太多，因为穿太多会影响运动的灵活性，如果孩子背上有汗，要及时脱衣服，把背上的汗擦干。如果孩子拒绝加衣服，要尊重孩子的意见。通常情况是，如果环境温度低，孩子的身体要等会儿才会感觉到冷，感觉到冷，孩子自己会要求加衣服的。孩子是活在当下的，如果没有数次挨冻的经验，他就没有提前穿衣防寒的认识。对于还没学会说话的孩子，可以通过触摸身体冷暖的方式决定给他加减衣服。

至于安全，如果是开水之类的可能烫伤孩子的东西，可以把一杯开水倒进玻璃杯，让孩子触碰杯壁，感受烫意味着什么。

孩子运动得越多，他的安全掌控能力就越强。通常父母没有必要随时保护孩子。比如，我经常问儿童之家的孩子："需要我保护吗？"孩子如果对自己的安全没有把握，他会让我保护的。（保护的姿势是要把手伸到孩子可能落下的位置，如果等孩子落下再出手，可能就来不及了。）我也经常问孩子："你对安全有把握吗？没有把握就不要爬！"这样就可以建立孩子对安全的预见性。没有把握的事，孩子一般是不会去做的。孩子的运动能力本身就包括安全掌控能力。

孩子除了缺少运动不能发展出安全掌控感外，情绪也容易导致安全问题，这是成人要注意的地方。情绪没有处理好就不要运动，这是一个原则。

手记 28　拯救“被捆绑的儿子”

有一年春节，我在孩子外婆家静坐，无意间看到电视台的节目《被捆绑的儿子》。节目讲述一个孩子四岁时进幼儿园突然开始打人，然后一发不可收拾，结果被自己的父亲捆绑了十四年，很悲惨。看到这里，我根本没法再坐下去，决定做些事情。

我想，这个孩子四岁前，可能被父母严重地压抑了，父母对他使用暴力比较频繁。到了幼儿园，突然到了一个安全的环境，他发现可以攻击自己的同伴而不被老师打，所以对同学的攻击频繁发生。这时候老师并没有发现其中的奥秘，只是单纯地向孩子的父母投诉。父母只单纯地用愤怒、用暴力来惩罚、来阻止儿子的行为，殊不知这在心理学上叫“负强化”。儿子不但没有停止攻击同学的行为，反而变本加厉，后来父亲甚至因为儿子打人闯祸数次想把儿子活埋了。天啊，孩子在这样的环境如何成长啊？在父母的心中，这个孩子早就遭到了遗弃，哪里还有什么爱？

最后，这个孩子被诊断为癫痫，要做手术才能好，为此我也十分担心。我觉得孩子的脑部的器质性病变，是由于自由长期被禁锢导致的心理失衡引起的。要改变孩子的这种状况，必须从孩子的心理入手，而不是通过做手术。如果父母不向孩子道歉，不给孩子爱，孩子永远没有救了。

我想，我是没有能力来帮这个孩子的，必须向古国治老师求助。春节后，我跟古老师说起这件事，请古老师帮忙，古老师说可以。

于是我开始行动起来，我希望为孩子的父母提供免费的古老师亲子课的学习机会。我通过电视台找到了孩子父亲的电话，这时候，这位父亲已经从成都回贵州老家了。我打通电话，把我对孩子的看法讲了，他在电话那头沉默了很久，说：“我会考虑你的方法。”

但是，从此以后，我再也没有联系上这个父亲，因为接电话的总不是他，总说他不在。

几个月过去了，我帮助“被捆绑的儿子”的热情渐渐冷落下来。我想，在中国有多少孩子在人格建构期受到来自父母的压抑，从而在成年期出现各种心理困扰？这个被捆绑的孩子，无法挣脱他父母绳子和铁链的捆绑，更无法挣脱自己心灵的捆绑！这类孩子长大了，可以走出家庭的环境，但是，他们能够走出家庭带给他们的心理阴影吗？

温故而知新

我呼吁天下的父母们，要尊重我们的孩子，就像尊重我们的客人一样，不要训斥或打骂孩子！不要打着为了孩子的招牌背井离乡去打工，这样孩子会有被父母遗弃的感觉。孩子感觉被父母遗弃了，就会缺乏安全感，就会敌视这个世界，这类孩子以后的人生会很痛苦。

如果孩子从父母那里得到了足够的爱，孩子长大了就会爱这个世界。

如果用粗暴的方式对待孩子，孩子的情绪没有处理好，严重的话，会导致癫痫、抽搐等疾病。

身心是互相影响的，在我的经验中，孩子的情绪处理得好，他就不容易生病，反之则容易生病。

手记 29　如何处理孩子哭闹的问题

父母常面临孩子因为和同伴之间发生争执，或者因愿望得不到满足，或者因为受伤、病痛而哭泣的状况。这些事处理得好，既可以加强孩子和父母之间的感情，又可以完善孩子的自我成长。

首先声明，父母做这些事情必须源于爱，回归到自己的感觉和感受，而不是心理技术。我的经验，对待孩子以尊重和真诚是唯一能够帮助孩子成长的方法，任何技巧都会弄巧成拙。

一、孩子是人，是可以哭的，哭泣是一个正常的人表达感情的方式

如果你面对孩子哭闹很恼火，说明你内心是不允许孩子哭的。因为你不能制止孩子哭闹，所以你觉得自己无能、自己没有用，常常会以大发雷霆来制止孩子的哭泣，这是自己的问题，与孩子的哭闹没有关系。看到孩子哭闹直到发火，这中间成人的心理过程是很快的，一般人很难有这种觉察。

首先要允许孩子哭，其次是要承认我们有时是无能的，允许自己无能。孩子在家长面前哭，表明孩子是安全的、健康的，可以用哭泣表达自己的情感。孩子自己承担悲伤也是分内的事情，这是他生命的组成部分。孩子的哭泣，是一种自我疗愈。成人常常需要花费成千上万元学习的心理释放技术，孩子自己不用学习，本来就会，而且比成人掌握得好。

二、孩子哭泣时，需要父母的陪伴

孩子哭了，最重要的不是处理事情本身，而是对孩子的情绪认同。很多时候情绪处理好了，孩子就不再坚持自己的不恰当要求。

父母要知道孩子哭泣（包括负面情绪）背后的原因。“他把东西抢走了，你很伤心。”“他这样对你，你很难过。”“弟弟哭了，你没有打他，爷爷说你打了，你很委屈。”“今天真倒霉，出门就摔了一跤，摔痛了哈，我看看是哪里伤着了。”……你的表达需要尽量准确地描述孩子的情绪，父母最好蹲下来跟孩子说话，看着孩子的眼睛，要有眼神交流。

如果父母有感觉，也可以表达自己的感受，比如：“妈妈没有保护好你，妈妈很难过。”如果没有，就抱着自己的孩子，用“心贴心”的方式感受孩子的情绪。如果孩子情绪激烈要赶父母走，父母应明确地告诉孩子：“你很难受，我要在这儿陪你。”大一点的孩子，可以在情绪缓和以后给他独处的空间。

三、对孩子说“不”

原则上，人是最重要的，情绪是最重要的，孩子的快乐是最重要的，要给孩子这样的感觉。尊重孩子，就是知道孩子毕竟是孩子。相比之下，外在物品相对不重要，父母对这一点要有清醒的认识。在不伤害自己、不伤害他人、不破坏物品的前提下，尽量满足孩子的需求，但是父母不要委屈自己，不要委曲求全。

当孩子的要求超出了父母的接受能力，可以对孩子说：“你的要求得不到满足，你很伤心，你可以哭。”这个时候，父母也可以用“心贴心”的方式静默地拥抱孩子，感受他的情绪。除非救急，千万不要用替代或者转移注意力的方式来中断孩子的情绪释放，否则孩子的情感释放模式（逆商）可能会扭曲。

有时候孩子可能用谈判的方式进一步提出他的要求，如果这种方式父母在感觉上可以接受，就要满足，否则就不要跟着孩子的逻辑思路走。因为父母很多时候思路是跟不上孩子的，这样会很被动。

如果孩子哭闹，父母嫌烦就妥协了去满足孩子的需求，孩子可能很快就学会用哭闹来控制父母。哭就得到的模式是不健康的，应该制止。

四、可能引起孩子哭闹的其他原因

除上述原因外，孩子可能在一个地方玩入迷了，父母想走，孩子不走。这个时候，父母可以跟孩子讲：“再玩十五分钟，我们就走。”时间要明确，切忌“再玩一会儿”等模糊概念。如果时间紧急，父母也可以立刻抱着孩子走。如果这时候孩子哭了，要允许，不要因为孩子哭泣而训斥打骂。

引起哭泣最多的，可能是孩子和同伴分享物品的问题。父母不要先入为主地认为主人要让客人、年龄大的孩子要让年龄小的孩子，这些不灵活的价值观会造成孩子人格成长的混乱。别人的东西，要经过别人的同意才能享用，自己的东西要自己愿意才可与别人分享，公用的东西以先来后到的顺序排队使用。如果孩子能够按照这一原则自己处理好他和同伴之间的事情，父母就不要介入，即使孩子们处理得不理想，也请父母不要轻易介入。

如果孩子们没有按照这个原则处理发生了冲突，父母要直接回到倾听孩子情绪的阶段，等孩子情绪平静以后问孩子自己的想法，然后父母再按照上述原则和其他的孩子交涉。

孩子的大方不是教出来的。当一个孩子的物权得到足够的尊重，内在有足够的安全感，他会处理好分享这件事情的。小一点的孩子，可以告诉他：“借给他玩一下，他会还给你的。”低龄阶段的孩子没有“借还”的概念，需要成人帮助他们建立，最好在孩子能够接受的时限内建立这种借还的体验，孩子就可能愿意把自己的东西借给别人用。

如果用强势的方法培养出孩子“大方”的习惯，孩子可能变得很“假”。这种假，会害了孩子一辈子。

五、关于礼貌问题

一个正常的孩子，礼貌敏感期到六周岁才能来到。

父母常常出于虚荣要孩子对成人礼貌，否则觉得自己很没有面子，这是父母的问题，不是孩子的问题。如果父母在其他成人和孩子面前有礼貌，孩子自己就学会了，不用教的。

如果有人对你的孩子好，孩子不会答谢，你可以表达自己的感激，比如："你对我的孩子这么好，谢谢你。""谢谢你善待我的孩子。""谢谢你关心我的孩子。""谢谢你关心他。""哦，你这么迁就他，谢谢你哈。"你不要难为情。很多时候，他对孩子好，是出于对你的尊重，你应当承担这种答谢的任务，这样也可以促进成人之间的关系。孩子不但从中学到了礼貌(孩子的表现一般是滞后的)，也会从父母以外的成人那里得到更多的关爱。

温故而知新

该文几乎是面面俱到的"育儿需知"，呵呵。爱孩子，满足他的需求，就是注重他的感受，陪伴他的情绪。其他的物质，都是围绕这一感情原则来配置。

如果父母能看懂孩子情绪背后的原因，处理好孩子的情绪，教育在家里就做完了。孩子进入学校、进入社会后，只是展现家庭的教育成果而已。

但前提是父母在处理儿童情绪之前，要会处理自己的情绪，这是需要学习的。

手记30　寄语生二孩的家长

二孩政策开放以后，很多有条件的家长想生第二胎。

之前看到一则网络新闻说，重庆一小学生在电梯里摔打一位一岁半的小孩后，把这个小孩从二十五楼扔了下去。感慨之余，作为两个孩子的父亲，我想写几段话给家长们，特别是想生二孩的家长。

为什么大恨小？错误的教育观念要承担主要的责任。如果你想生老二，就明确告诉老大，你想多要一个孩子。不要询问老大的意见，也不要以让老大"不觉得孤独"之名行事，否则显得虚伪，但要通过倾听让老大放下他的担忧。

告诉老大，父母会公平地对待老大，不会因为老二忽视老大。老二生下后，告诉老大，老二需要照顾，不然会有生命危险，并对因此造成的对老大的忽视道歉。如果老大认为老二要和自己分财产，告诉老大，财产是父母的，父母有决定权，不会轻易承诺如何分配财产的问题。

如果老大和老二发生冲突，绝对不要让老大让着老二，老大自愿让了老二，表明这是老大自己决定的，不是父母主张的。大让小的道德原则，意味着大的见着小的就会吃亏，就会受伤害，这是父母造成兄弟姐妹怨恨的根源。当然，大欺小也有失公平。没经过老大的同意，老二不能动老大的东西，反之亦然。

兄弟姐妹之间自然会有爱，不用提倡也不用反对，让其自然发展。分清了你的我的，才能真正明白什么是大家的。支持了健康的私，就是维持了公。孩子要的是公平感，不是形式上的公平。父母也要有主见，不要被老大要求的形式上的公平所左右（绑架）。孩子的需求，可以个性化满足，但不一定百分百平衡。比如给老二买了奶瓶就非得给老大买文具，否则害怕老大会闹意见，让父母下不了台，这就是绑架。

中国人口老龄化的问题已非常严重，对独生子女过度的关注和干扰，已造成独生子女严重的人格问题，希望借二孩政策有所缓解。更希望家长掌握这些爱的原则，不要再增加新的问题了。

向二孩父母致敬！

温故而知新

父母如何拿捏孩子之间的冲突和竞争，是最难的，所以尽量少当“警察”和“法官”，多当“医生”。当“医生”，就是在子女之间的冲突发生后，单独倾听，不评判。关系的核心是二元的。如果二元关系没有处理好，三元的关系是很难处理的。关于这一点，父母要向孩子承认自己处理不好这些事情，孩子就会谅解父母的。有谅解父母的能力，自然就会有谅解兄弟姐妹的能力。

记住，孩子有很强的谅解父母的能力，父母可以借这种天然的能力发展出孩子谅解他人的能力。如果父母批评孩子，孩子会丧失谅解自己的能力，不能谅解自己，也就不能谅解他人。

我自己的两个孩子，小的时候和外婆在一起，总是冲突不断。和我在一起，很难发生冲突。因为他们知道我不会掉进他们的游戏中。有时候他们也知道自己在玩游戏，但由于掌握不好这个度，会在最激烈的时候迷失了，求助大人为他们做主。大人这个时候不要卷入太深，可以倾听，了解情况，提出自己的看法，但不要强制执行。否则，会伤害和孩子的感情，同时也不利于子女之间的团结。

手记31　当孩子在家玩自来水时

我问一位我们机构里当了妈妈的老师："如果一位妈妈不允许孩子在家玩自来水，会是什么原因呢？"

她回答说："如果天冷的话，害怕孩子衣服打湿（患）感冒。孩子会把屋子搞得很乱，收拾起来麻烦。"她略一停顿，说："总之，是怕麻烦。"

麻烦——屋子重要还是人重要？害怕洗打湿的衣服——衣服重要还是人重要？怕孩子冻着——孩子怕冻吗？孩子连冷热都不知道吗？我们不是要培养孩子不怕吃苦的精神吗？这不是现成的吗？生病——担忧害怕给这个生命带来的困扰会不会反而降低他对疾病的抵抗力……罢！罢！罢！为了捍卫孩子的利益，我已经开罪了太多的父母——这也是不人性的。问题是，我这真的是人性吗？还有太多太多的话想跟天下的父母说。我保持沉默，把我想说的话，写成了文字。

怕麻烦所隐藏的，是对另一个生命的发展缺乏担当。

我是一个人，然后是个爸爸，然后是一个专业的儿童教育工作者。对于孩子在家里玩自来水的事情，我是可以彻底放开的。育儿路上，我为了捍卫自己孩子玩水的权利，和周围的人发生过不少冲突。现在我固执己见的强度不如以往，因为我的固执已经无需争论和冲突来实现。有一次，通过对我女儿的观察，我发现我过去的固执是值得的。

那次我们四个大男人聚会，当时只有六岁的女儿充当"茶艺师"，那份从容淡定，那份温馨，我感觉真美！我觉得她具有茶艺师的底蕴，而我自己，即使到了我最尊敬的老师家里，都不敢泡茶，觉得非常紧张。这几年来，都是老师泡茶给我喝，想起来真是惭愧。也许，我要通过专业的茶道训练才能给我的老师泡茶——这根本不可能，我没这个兴趣。写到这里，我觉得，我应该向我的孩子学习，下次到老师家里给老师泡茶，就在那里学习泡茶的技能，呵呵。还是回到我的采访现场，后面再讲述女儿玩水的故事。

“如果要说疾病，最主要是孩子情绪压抑问题导致。如果能疏导孩子的情绪，孩子就会变得很健康。我们有经验，这你是知道的。如果真的让孩子玩水玩够，孩子玩水的频率反而会降低。因为随时有得玩，孩子就不会稀罕。你所说的麻烦，就可以减少。”我说。同时我告诉她，和她交流这个问题，是想写这篇与水有关的文章。

“是的。”她说。

我转身回到书桌前，继续写这篇文章。

在孩子的外婆家，我五岁的女儿可早起和她的外婆一起洗自己的一些衣物，比如她的袜子和短裤。她会凭兴趣做些农活，比如去掉蔬菜上老黄的叶子并整理好，然后外公把这些菜拿到集市上去卖。她洗的碗也很干净，她甚至可以一个人出色地照顾老年痴呆的老人——她的外曾祖母。如果提出要求，她可以做得更多更好。但是，我们都没有刻意训练她这些品质和能力，虽然这些品质和能力还不够稳固和成熟，但是我可以看到她贤妻良母般的未来。这些都不是教出来的，而是在一个允许孩子自由探索的环境中成长出来的。

村子的老人，一方面看不惯我女儿在泥土里打滚，一方面又要他们的孙辈们向我的女儿学习她的“懂事”，他们能学习得到吗？

比如，洗衣服洗碗，这算是勤劳的品质吧，是怎么发展出来的呢？在家里，她从小可以无限制地玩自来水，几乎每次都会把袖子打湿——如果衣服湿得不严重，我们会在她结束玩水后再给她换。她可以在雨里疯跑感受雨点打在脸上的感觉，雨后她可以随意地用脚去踩踏地上的积水。鞋子和裤腿湿了，换呗。冬天，她可以用手到池塘里捞冰，她会用手心去接房檐下雪融化后滴下的水滴，上半身的衣服都会溅湿……我觉得，是这些经历让她与水建立了很好的连接和体验。如果有一天她开始做家务，这些潜在的体验都会让她一接触到水就感觉到很快乐——她至少不反感水，所以也不反感与水相关的劳作。

今天看到一篇复旦大学黄玉峰教授关于教育的文章，他讲教育是让一个人的人性自由发展进而升华，是与孩子的吃喝玩乐息息相关的。按照蒙台梭利人性化教育的三个原则，孩子在不伤害自己、不打扰他人、不破坏环境的前提下，可以不受限制地做他想做的事情。这三个原则，我们为人父母的，做到了多少呢？即使是我这个专业的教育工作者，都必须通过一路打拼来为孩子打折扣地提供这样的环境，其他人就可想而知了。我们常常为了确保环境的整洁而禁止孩子的各种活动，从而禁锢了孩子生命和人格的发展，其实这是一个把物质看得比生命还重要的集体迷失。作为一个觉悟者，为孩子提供这样的一个环境，势必会受到习惯势力的阻止。但是，这会不会又是一个借口呢？如果我们有为孩子提供一个自由发展的空间的意识，在家庭中见缝插针地做一些事情，即使受到攻击和非难，也是值得的——只要有这样一个人这样对待过孩子，这个孩子就会感受到真正的爱，这个孩子就有希望。

不过，由于习惯势力实在强大，所以，我在其他父母面前不太提倡这种人性自由发展的做法，我只是提倡父母要保护孩子的权益，同时也要在孩子面前要保护自己的权益。

蒙氏感官教育理论告诉我们，只有先通过充分的感官体验，概念性的知识才有生命力。知识发展的次第是：感官（感觉）—感受—概念—思维—逻辑，这个次第的完成是自动的，主要是通过孩子探索环境来自动实现的，是有个体差异的。成人认识不到这种规律，就会拔苗助长。如果我们认识到这种规律，就会发现，在儿童教育中我们能够做的很少，我们只是提供环境而已，这样反而可以因此变得更为轻松。

每年的中小学生夏令营，我都会找有水的地方，让孩子们去戏水——

很多孩子已经跟环境失去连接，电子游戏消耗了他们大部分的注意力，他们对周围的人、事和物都失去了兴趣，只有水能唤醒他们与环境的感知本能。他们与水连接起来，立刻变得活泼、兴奋，因此可以释放很多压抑。这种潜移默化的释放，即使是心理咨询师也无法帮助他们完成，这是一个人本有的智能。借助物理环境的释放，在我们提供的另外一个人性化的环境里，他们的感知力迅速提升。他们逐渐能够表达自己的情绪和看法，小小年纪的他们甚至和我们一群成人讨论他们的自我人格健康问题、人生幸福问题——这些问题的深度和看法的睿智，有时候是我这个专业人士所不及的！我只有由衷地赞叹、欣赏和佩服！夏令营过后，很多“表现平常”的孩子的父母给我们老师打来电话，说孩子变得乐观开朗、善解人意了。我告诉家长们，我做得很少，我只是让这些孩子们能够感觉到：这个世界上，还有这样一批成年人能够这样对待他们。我们实现这个感觉恢复的方法，就是允许孩子做他们自己想做的事情。不伤害自己和打扰他人是刚性的规则；不破坏环境，是弹性的规则。为此，我常常因污染的床单、损坏的灯具、肮脏的房间地面向酒店的工作人员道歉或者赔偿。

这些孩子们，刚开始会迅速“退化”——似乎什么规则都不懂。其实这种退化是一种释放，更是一种感官、感受体验的回归和矫正，然后是孩子们在这个基础上的超越。我观察到，几乎所有的高明的心理辅导技术，孩子们自己都会。只要我们懂得孩子，孩子们自我疗愈的能力是一流的。这一点，我们成人反而要向孩子学习。

生命的组成大部分是水。抗拒水，就是抗拒生命本身。学龄前的孩子还会对所有的水感兴趣。学龄后的孩子，对玩自来水可能已经不感兴趣，但还保留着对溪流和江河大海的兴趣。而成人，可能只有口渴时才对水感兴趣。水对人身心健康的调适作用，是随着年龄增加而递减的。但是，在不伤害自己、不打扰他人、酌情考虑环境的前提下，干自己想干的事情来疗愈身心，是对每个年龄阶段的人都有效的。

还记得海伦·凯勒说出的第一个英语单词吗？“water！”那是一种表达，更像是内心的呼唤！阳光、空气和水，无论是物理的现实还是精神的譬喻，这是每个人内心的需要。

仁者乐山，智者乐水。孩子比我们更了解他们生命发展的各阶段需要什么，孩子是智者。

温故而知新

我经常把我女儿做家务的事情讲给别的父母听，但是他们仍然很木讷。儿童的自由探索是因，由此发展出勤奋、专注的品质是果。不在因上找原因、下功夫，而在果上提要求，正如俗语言："逼着牯（公）牛下崽。"

孩子身上有很多天然的美德，由于成人的"文明"和功利看不到，也就磨灭了，但成人反而去抱怨孩子。

对于儿童天性中的美德，用成人的标准去要求他们，很多时候是一种"病"。

成人要治疗这种"病"，可以先在家里为孩子设立一个可以玩水的场所。

手记32 闲话《变形记之横漂生活》

《变形记》系列是湖南卫视的儿童教育节目，记录的内容是把“不听话”的城里孩子和乡下孩子互换生活一周所发生的事情，节目很感人。这说明环境特别是人文环境，在教育中的作用很大。只要环境变了，人就会变，青少年特别明显。除了经济条件的差别，这种变化主要是由于成人对他们客气、热情、适度的尊重，而非刻意的“说教”带来的。

《变形记之横漂生活》记录的是三亚富家子弟盛运煌和横店影视城群众演员家庭里的杨嘉诚互换一周学习生活的内容。

南怀瑾先生“把家里人当外人，把外人当家里人”的理念，可以诠释剧情的有效性。尊重父母，尊重孩子，尊重家里任何人，但不失亲情，教育就发生了。

孟子“父子不责善”“易子而教”的教育理念，说明虽然亲情是紧密联系的，但是落实到每个具体的人，是有其心理边界的。父母可以秉持“还是由你自己决定，我们说的仅供参考”来实现这一边界。

我想，让观众流泪的，是节目中人物真情流露、心态开放的情感互动。人际关系最有价值的东西，在节目中只是潜在的暗流，并没有上升到理性的价值观阶段。人世间的终极意义，就是对生命的关爱。

“学生就是学知识！”这是节目中成人对青少年普遍的观点，是对青少年狭隘的“角色”要求。学校学习是一个人的部分功能，仅仅用这个死的功能角色禁锢孩子，是不人性的。人是灵动的、多功能的，不论年龄多大，不论三十六行中的哪一行，首先是一个人，然后才是他的角色。从角色去塑造一个人，是无源之水、无根之树，只要一个人心理健康，其在生活中的角色就不会差到哪里去，因为那是自然的流露，是固本培元的水到渠成。

在《变形记之横漂生活》中我们看到，富家子弟盛运煌怕脏，洗碗的时候手甚至不敢碰抹布。到后来，打工族新爸爸带他去捉泥鳅。公子哥在新爸爸的鼓励下终于赤脚踩到田间淤泥的排水沟里捉到了泥鳅，得到了巨大的成就感。之后，他们开始打泥浆战，继而到小河里洗去脸上的污泥。“那一刻，我们的隔阂消失了！”新爸爸事后回忆泥浆战时说。这位爸爸是节目人物中最有魅力的，我很佩服。

脏固然不好，怕脏是一种退化。这是林语堂在《中国人》中讲的一句话，因为当时的老外说中国人脏，他就如此辩驳，确实有道理。怕脏是一种文明病。

经常玩泥巴、不怕脏的孩子有灵气，在这个片段里得到充分的展示。在教育中，如何给孩子们创造不怕脏、“让自己变得很脏”的机会，是让孩子突破心理舒适区的好方法。

悲哀的是，一开始，老师只看到盛运煌学习功能的缺失，看不到他是一个完整的人。人是最重要的，人的感受是最重要的。这就是以人为本，这就是爱。人格是怎么发展出来的？是亲情、友情通过平等、真诚和接纳的渠道浇灌出来的。

如果老师再进一步反思，把镜头前对孩子的尊重、妥协一以贯之，那么在节目中“变形”的效果就会稳固。其实这种做法不是变形，而是复原，是松解扭曲的心灵。

另一方面，杨嘉诚则享受了富爸爸提供的物质文明生活，潜海看海底世界、看别墅群，以及经历了私立贵族学校同学的保守和他相对开放的个性之间的冲突。经历这一切后，他内心涌动的只是“让爸爸妈妈过上好生活”。但愿这个好生活，不仅仅是物质的，还有他纯真感情的自我肯定。

也许一周时间太短，也许只是揭露现象，节目中人物潜在的问题并没有得到聚焦。比如，父母以包办方式为孩子设计前程，成人“不哭了，不哭了”普遍不允许真情流露的情感取向缺失，盛运煌对自己发型的过于在乎，寄宿制学校班长对杨嘉诚莫名其妙地发火、攻击以及杨嘉诚遭受的委屈，家庭中兄弟姐妹的争宠问题……没有得到深刻揭露，这些都是当今教育必须面对和解决的问题。

其实，这些问题背后的原因，都是因为父母给出的爱不正确。《变形记》对孩子的问题揭露得比较多，对于父母的问题基本上没有揭露，这很正常。如果是揭露父母的问题，估计没有多少父母愿意送孩子去参加这个节目。

温故而知新

把家里人当外人，就是提升家庭成员之间的尊重意识，划清心理责任边界。把外人当成家里人，就是缩小心理边界，增进亲密感和信任感。尊重孩子，就是允许孩子与自己不同，允许孩子与别的孩子不同，这就是尊重差异。用我的口头禅来说，就是尊重一个人比帮助一个人更重要。

在一个中国家庭里，孩子的情绪几乎是不被接纳的，这是中国的父母普遍存在的心理学素养欠缺导致的。所以，对于情绪接纳的处理，无论是父母还是老师，这方面提升的空间都还很大。

手记33　秋千上的哲学

儿童之家门口有个沙坑，沙坑里有两个秋千。秋千是小区的公共设施，但是我们儿童之家的两个女孩子总是近水楼台先得月，早早地占着秋千，当小区里的大人们带着自己的孩子想玩秋千时，我们的孩子是不会轻易让出秋千的。

遇到这种情况，我总是退避三舍，远远地看着这一幕。

多数大人等待一阵自会焦急上火，他们越是焦急上火，这两个孩子越是不让。在失去耐心后，大人们往往带着自己的孩子骂骂咧咧地离开。"你们这些老师，怎么教的这些孩子啊？"我保持沉默，孩子们则始终玩她们的秋千，不受影响。

"小妹妹，你很好啊，你考试都是一百分！你让我们的小妹妹玩玩秋千吧。"一次，等秋千的大人对其中的一个女孩说。女孩离开了秋千，让给了说话的这个大人。

"她表扬你，说的都是假话，你高兴吗?"我问这个女孩。

"我才不高兴呢!"她说。哦，我想，她让，可能是因为大人讲的话虽然虚伪，但对她还比较友好！

"你们玩得太久了，秋千又不是你们家的。"另一次，等秋千的大人这样说，语气严厉，她们也让了。

讲的语气不好，孩子们觉得她有道理，所以也让。

“你们这些坏孩子！野孩子！老是占着秋千不让，太不像话了！”又有一次，一位女士开始骂人。

“我们就是要玩！就是不让！”两个女孩联手对付她，以牙还牙，毫无惧色。

那位女士脸色铁青，压抑着自己的怒气。

我当时想，接下来，她可能要训斥或者推搡我们儿童之家的孩子。

我想好了台词，等着她一旦在我们的小孩面前失态，就用这样的话来保护她们。

但是她终究没有发作。我觉得她很受伤，但是我不能去安抚她，更不想以“法官”或者“警察”的身份让孩子们让。我觉得，这是孩子们应该自己面对的事情，她们应该自己面对；大人们应该自己面对的事情，也应该由他们自己去面对。

“我等得太久了！你们老玩！”又一次，一个大人生气地说。

“你等到死，我们还在玩。”孩子们这样说。

我觉得孩子们说的话过火，我希望这个大人能训斥她们的过分，但是这个大人没有了下文。

我观察到，也有为数不多的大人，带着自己的孩子耐心、平静地等待，我们的孩子玩了一阵子，总会让开。

有一天，秋千空着，一个成人带着孩子走向沙坑，我们的两个孩子迅速跑向沙坑，提前占领了秋千。

这个家长骂骂咧咧地带着孩子离开了秋千，走向离沙坑不远的中心广场。那儿有很多家长带着孩子在玩，她愤愤不平地对这些家长说秋千的事，引起了家长们的共鸣，她们提议到物业公司投诉这件事情。

我等着。可过了很久，物业公司的人并没有来找我们协调这件事情。

我想，等物业公司的人来找我们协调这件事情时，我就请物业公司召集家长们开会，让我们儿童之家的孩子来旁听。我想阐述的观点是这样的：

1. 秋千空着的时候，我们的孩子是可以玩的。

2. 当我们的孩子在玩秋千时，家长可以让自己的孩子去和我们的孩子沟通。比如，可以这样对我们的孩子说："姐姐，秋千可以让我玩一下吗？"我希望其他孩子可以通过尊重来换得我们孩子的谦让。

3. 或者，家长可以通过排队的方式来等待秋千。如果我们的孩子不让，家长可以代为争取，比如可以这样说："小朋友，再玩 × 分钟就让我们玩了，好吗？"如果还不让，可以这样说："秋千是公家的，大家应该都有机会玩。再玩五分钟就让我们玩，好吗？"一旦我们的孩子让开，可以说声'谢谢'。如果我们的孩子不让，大人可以强制停止我们的孩子玩秋千，但是不能失态，不能侮辱谩骂我们的孩子，更不能使用暴力。

开协调会的话，事情可能会闹大。但是我更愿意我们的孩子通过旁听接受事实的教育而不是我的说教。我想用事实来告诉我们的孩子，我是愿意为保护他们而面对压力的。这样他们就会理解我公正的立场。

生活中，貌似强大和真正强大的人能透过施压得到他们想要的东西。我希望我们的孩子是后者（真正强大），我希望更多的成人乃至于他们的孩子都是后者。

温故而知新

成人对待儿童的方式，多数时候都是错误的，因为成人没有能力和儿童平等对话。过去读书是为了明理，明白做人的道理，现在都不明。事情，事是事实，情是情绪，把事理搞清楚了，人情就处理好了。人情与事理，是不二的。

也许我对成人的要求太高了，但成人提升的空间确实很大。

手记 34　成人的评判对儿童教育的影响

这些日子总是在观察孩子，向孩子学习，所以我心里的感触很多，尤其是关于评判。

孩子的世界是很干净的，但是我们成人总是要给出很多评判，这些评判让很多孩子不能健康长大。

孩子生出来后的几个月，当他把第一个抓到的东西塞进嘴里的时候，听到的第一个字就是“脏”。因为这个“脏”字，孩子受到很多限制。东西脏自然是不能咬的，地上脏自然是不能坐的，沙很脏自然是不能玩的……限制了孩子的身体，就是限制了孩子的智力。对孩子而言，没有脏的概念，他们心里眼里只有快乐，只有自己想要吃的东西，只有自己想要做的事情。大人怕的其实也不仅是脏，而是怕洗衣服，怕自己面子上不好看。

现在，当孩子零食掉在地上然后从地上捡东西吃的时候，我们不会阻止。我也学着孩子把地上的东西捡起来吃，心里没有障碍，感觉很好。但是有成年人在的时候，我就不敢这样做，因为怕人家心里有评判。在这一点上，我不如孩子。

还有一个词是“欺负”，在孩子小的时候，家长似乎总是很害怕自家孩子被欺负。尤其年龄大的打年龄小的孩子时，家长的反应尤为强烈。孩子在一起玩儿的时候总是会发生冲突的，或吵架或打架，他们就是在冲突中学会如何相处的。如果大人没有评判，他们就会不断地调整自己的行为，建立起和他人之间的友谊来，而且他长大了也不会害怕冲突。但是这个“欺负”的评判，会导致很多家长过度地保护孩子，甚至把孩子从伙伴中带走，想给孩子一个安全的环境。孩子小的时候没有学会和伙伴们相处，长大了他就不会懂得怎么去和别人合作，结婚了也不会懂得怎么和伴侣合作。

在孩子的能力方面，成年人也是诸多评判的，时常会听到成年人说小孩子笨、傻、懒。对于孩子来说，他们自然是能力不够，我们成年人轻而易举就能完成得很好的东西，他们无论怎么努力都做不好，但这种能力不足只和他们的年龄有关。如果时常得到我们这样的评判，他们的自信心就会受到打击，真的就会变得很笨，他们用这样的方式来实现我们的“预言”。当他们进入学校学习，家长高频率地使用这个词语时，孩子在家长这样评判的语言中渐渐眼神呆滞。当孩子为一件事情做不好而感到沮丧时，把孩子沮丧的情绪处理好，孩子不久又会满怀信心去尝试。

像孩子的大小便便在裤子里了，家长总是很难接受，更不会用好心情来处理好这件事。这样做，对孩子的自信心也会产生打击。其实想想，为什么我们自己身体里出来的东西自己却不能接受呢？如果没有评判，那它不过是有些难闻的气味罢了。

生活中，家长对孩子真的是无处不评判！孩子的东西没有收拾，我们会责备说他乱放东西，还会责备说：“到处都是你的东西。”孩子犯了错，我们会说：“你怎么搞的？”孩子不愿意分享，就说孩子小气。孩子的不当（其实往往只是成年人眼中的不当）行为，总是被称为“调皮”，更重一些的就被称为“顽劣”。

我们给孩子的声音太多，孩子就不能倾听自己内心的声音，就不能成为自己，而成为别人眼中的自己。长大了他就不是为自己活着，而是为面子活着。虚荣就是别人认为我们好，我们才快乐。

从孩子想要独立开始，就会有跌倒之类的意外事情发生。一旦发生事情，很少看到家长平静地面对，通常都是先发出一声尖叫。对于孩子来说，这种惊慌失措会增强孩子的恐惧，有些甚至会造成他们终生的心理阴影。比如有些孩子落一次水之后再也不敢下水游泳，有些孩子被狗咬过之后可能会终生怕狗，这些无不与家长不停地表达出来的担心有很大的关系。前些日子，我们带孩子外出，我哥哥的女儿在经过游泳池（里面没有水）的时候不慎掉下去了。当时我走在前面，只听到后面一声尖叫，我的心一下子悬起来，感觉头脑“嗡”的一声，马上回过头来，看见侄女只是掉下去，并没有受伤。侄女是个心理素质好的孩子，但也因此感到惶恐，大声地哭起来了。我想，她哭更多是因为这一声尖叫，我也因为那一声尖叫，过了很久心才平静下来。

在一家搞怪玩具店，有一个小孩发现了一件衣服，上面有用橡胶做成的女人的乳房，那个小孩刚拿起来，他妈妈就如同触电一般把那件衣服从他手里抢过来扔掉了。因为内心有评判，她才会有这样的行为，这是我去年亲眼所见的事情。这个妈妈否定儿童对身体器官的好奇，性心理也有问题。

人们都以为那些“露阴癖”是变态，其实他们是因为控制不了自己的行为才这样，他们也为此感到很痛苦。如果追溯到童年的话，他们都是在性上受到过很深的伤害的人。在这些人当中，就有在小的时候因为玩自己的生殖器官或是做性游戏时被大人打过的人。

我女儿在三岁的时候，有一天，放学之后，很好奇地问起我男孩子的“小鸡鸡”这个问题。我告诉她，每个男孩子都有“小鸡鸡”，这是男孩和女孩的区别，这叫作生殖器官，和她的手脚一样只是身体的器官，不同之处只在于功能不同。女儿从此心中坦然，现在她到了青春期，性心理很健康，和男生的关系非常好，并没有早恋的行为。

我们在评判之中否定了性，其实也就否定了我们的生命，因为我们的生命就来源于性。很多人面对性都有罪恶感，这份罪恶感来自哪里，不就是小的时候成年人的评判吗？

在小的时候，孩子是很自卑的，他们的自信要靠在他们周围的成年人来树立。

（作者：闵洁）

温故而知新

这是我妹妹闵洁的一篇文章。从中可以看出，评判让大人看不到事实。只有发现事实，真理才会出现。评判导致的问题，就有如此严重。

评判加控制，绑架了儿童的价值观、人生观。使孩子无法做他自己，这会影响孩子人生的幸福，影响他成人后的方方面面，家长的责任重大啊！

手记35　儿童之家的课程表被废除了

我一直很喜欢《窗边的小豆豆》这本书里的理念，像传统学校一样上课，但孩子们在课下的自由度很高，负担很轻，孩子们都能被老师倾听、为老师所尊重。其实孩子们本身是很喜欢学习的，只是我们成年人的急功近利导致孩子们心理负担过重，破坏了他们学习的兴趣。我们要做的是在保护好孩子们的学习兴趣的基础上，让他们学到他们想要学习的知识。

在开学之前，我是有安排课程表的，当时是打算如果上课就只上十分钟时间（因为孩子的注意力集中时间是很短的），如果是绘画和手工课就不限时间。在我以往的经验中，这样安排效果挺好的。孩子们因为和我的关系好，所以学习起来也是很认真的，没有抵触情绪。

开学了，因为和孩子们还没有建立起关系，又因为有新来的孩子，要做好他们情绪的交流，所以暂时没有上课。后来想要上课的时候，觉得自己总是插不进去，因为他们随时都有自己的活动。

从开学到现在，我只给他们上了一节音乐课，以后再想让他们规规矩矩地坐着上课，恐怕没有人愿意来了。其实这是因为他们的年龄未到，他们不喜欢这样的形式，而他们的父母之前则存在着无意识的控制。他们在独立自主没有足够经验之前，和成人的合作性是难以发展出来的。

我们的课程表终于作废了。

但是我们欣喜地看到孩子们很会安排他们的生活。首先是看到他们对剪纸很感兴趣，每天我们的教室里都铺满了他们剪下来的纸，我们一个孩子一周所用掉的纸相当于一个孩子在传统机构一学期所用掉的纸。他们锻炼了自己的手的精细动作，也为他们将来写字做好了准备。

绘画的课程就看孩子的年龄段了，因为孩子到了五岁时有一个绘画敏感期，所以通常大孩子非常喜欢绘画，而小的孩子就不大喜欢。对于这个我们也不干涉，想画画的孩子可以随意取用纸张，不想画画的孩子我们也不提醒。有时带孩子到外面玩的时候，我们也带上纸张和画笔，让他们去画实物。他们还真画得有板有眼的，还能详细地说明自己画的是什么。

（作者：闵洁）

温故而知新

儿童是灵动的，如果让他们自己做主，他们总能在环境里找到他们感兴趣的东西，他们的这种兴趣是即兴的。作为教育者，是要在儿童即兴且需要老师的时候，参与其中，而不是按照自己的意志僵化地安排儿童的时间。而多数家长的生活、思维方式，已经程序化，说白了，就是僵化。如果儿童之家的老师再僵化，就成了双重的僵化。

儿童需要自由活动，成人需要静定修养。

手记36　浅谈孩子的安全控制

写这篇文章的原因，是因为这样的一件事：一个微信公众平台的文章说在天津的一个商场，一个妈妈在商场的负一楼购物，爸爸带着两个孩子在四楼，两个孩子一个五岁，一个两岁多。五岁的孩子不小心翻越栏杆跌落到负一楼，情急之中，父亲在孩子跌落的一瞬间本能地去拉孩子，结果手里抱着的两岁多的孩子也跌落了下去。

不管文章说的是真是假，孩子的安全问题确实是需要我们父母重视的。但文中说要追究父亲的法律责任，我是不同意的。如果父母被追究监护责任，会加重全社会的父母监护孩子时诚惶诚恐的心理，反而对孩子的安全心理机制不利。在我们的社会里，已经存在着由于父母过度担心孩子的安全而导致孩子活动能力严重缺失的问题，这已经严重危及孩子的身心健康。解决这个问题的方法是普及安全知识，以及针对父母焦虑情结进行心理辅导，而不是在法律上追究父母的责任。

首先，我们要相信父母都是愿意学习的，愿意成长的，只是没有这个机会和条件。其次，我们要知道，孩子的运动能力是包括其安全预见能力和风险管控能力的。孩子运动能力的不足，粗略分析，有以下原因。

一、剖宫产导致孩子运动能力先天不足

这个问题，留给医学界去解决。医学必须从社会、心理和生物模式三

个方面综合考虑问题，否则医学会走向偏颇。

二、父母剥夺孩子在相对安全环境的运动权

多数父母在孩子出生到学会走路之前，剥夺了孩子的爬行权。等孩子学会行走，又剥夺了孩子户外活动的权利，比如在草坪上，在沙堆里，在泥土地里。孩子在安全环境下的运动权都被剥夺，更不要说在非安全环境下了。每个人都有自我保护的本能，但本能必须得到实践，才能形成技术层面的实际能力。否则运动能力自然下降。

这里面家长有可能存在的认识误区：衣服的整洁和孩子肢体的干净比孩子运动能力重要，说白了，物比人重要。父母带着这样的潜在观念，会严重削弱孩子的自我存在感，而孩子的自我存在感是孩子心理发展的另一个维度。

父母可以把孩子带到草坪上，或者泥土地里，在确保环境安全的前提下，让刚刚脱离搀扶的孩子自己行走，培养他们前倾跌倒时本能的保护能力：孩子在跌倒时，会把头昂起，同时把手伸到胸前，这样可以保护头部和躯干。这个动作是必须学会的，否则以后孩子会出现更高概率的、更严重的意外伤害。

孩子的身体比较柔软，在草地跌倒，不会轻易受到伤害，如果在低龄阶段没学会本能保护反应，年龄越大，付出的代价越大。孩子在开放环境获得的运动能力越早，其安全管控和预见能力越强。

这里要特别说明的是，孩子学步跌倒时，成人应该允许孩子哭泣，而不是采取“打”障碍物的方式来安抚孩子，这是一个愚蠢的举动。再说一遍，通过打障碍物来安抚孩子跌倒后的情绪，是愚蠢的行为。如果家里有人这样做了，父母必须勇敢地站出来表示不同的意见。自己走路不小心跌倒了，把原因归咎于障碍物，会导致孩子以后不愿承担责任的心理，甚至把自己的失败理所当然地归咎于他人。

孩子跌倒后有挫折感，父母可以通过拥抱孩子和轻拍孩子背部的肢体动作化解孩子的挫折感。

关于孩子吞噬物品的问题。一是不要剥夺孩子在口腔敏感期通过嘴唇、口腔认识物品的权利，二是一旦发现物体进入孩子的口腔，成人不要惊恐地制止，也不要抢夺，这样反而会导致孩子把口腔内的物品吞入食道。成人的惊恐、反应过度，会让孩子认为成人想“抢夺”属于他的物品，所以索性吞进肚子里让成人抢夺不到。成人发现这种情况时，应平静地要求孩子吐出进入口腔的物品，孩子通常会配合得很好。为避免万无一失，成人可以通过吃糖的方式，示范孩子如何学会“吐出来”的动作。甚至可以在孩子刚能进食的阶段，让他学会吐出口腔内食物的技能，这个技能会让孩子以后很容易执行“吐出来”的指令。

三、父母对于孩子走路时自然的跌倒，表现过于惊恐

这个惊恐会传递给孩子，形成孩子对跌倒的情感认知模式，因而影响他们对自己运动能力的自信。运动伴随惊恐而非专注，自然增加意外伤害的概率。

从孩子的心理来看，父母表现出的惊恐，就是对他本人的否定。很多时候，孩子跌倒了并没有立刻产生挫折感，而是感知到父母的惊恐以后，才开始产生挫折感甚至哭泣，因为他认为父母的惊恐是对他的失望。我看到过多例学步孩子跌倒时哈哈大笑的场景，究其原因是父母非常放松。我也看到过很多次稍微年长的孩子主动跌倒的现象，究其原因是父母对孩子的活动放宽了限制。

孩子跌倒，是正常的现象，跌倒不一定导致伤害。对正常现象恐惧，会增加他们意外伤害的概率。

运动中的安全预见能力被恐惧遮盖后，孩子本身的安全预见能力就表现不出来了。运动能力和安全预见能力是不可分割的整体，成人在孩子运动时把自己的恐惧心理传给孩子，几次以后，孩子的整体运动能力，就因“恐惧”的认知模式削弱了。

孩子会主动提高运动难度，所以，除了孩子学迈步，成人很多时候没有必要鼓励孩子运动。正确的处理方法是，让孩子自己决定是否运动，加强保护，但不要以“勇敢”激励孩子。比如，在孩子爬高时，可以提醒孩子：“你没有把握就不要爬。”家长让孩子在循序渐进、渐有把握的前提下，自然提升他的运动难度。说白了，家长对锻炼孩子的运动能力，不要因噎废食，也不要拔苗助长。

剥夺低龄孩子的运动权，已经导致大量中国孩子“感统失调”。当下，为纠正“感统失调”采取的强迫孩子的“感统训练”，又导致孩子的心理受到伤害，这是一件非常让人痛心的事。纠正“感统失调”的最佳方法，是放开对孩子的活动限制。

四、父母对孩子要诚实，不能欺骗

如果父母不欺骗孩子，当父母告诫孩子远离危险时，孩子是会服从的。比如让孩子触摸盛入开水后的容器，孩子以后自然会远离高温物体。反之，孩子不会听从。即使是父母善意的谎言，也是不可以的。

五、对不合作的孩子，必须采取紧急避险原则

紧急避险原则就是用强制措施把孩子带离危险环境。这个过程中，孩子是有情绪的，这个情绪需要被允许、接纳、倾听、处理和宣泄。成人对孩子情绪的接纳，是人性化的爱的觉醒。

情绪的压抑和残留，是导致孩子逆反心态的真正原因。对孩子采取强制措施后要告诉孩子这样做是保护他，允许他有情绪。家长没必要再去指责和过多说教了，这个度要把握好。

六、父母要懂得如何爱孩子、尊重孩子，人性化对待孩子

不人性化对待孩子，将使孩子产生心理创伤。这种心理创伤，积累到一定程度，就会导致意外伤害。

比如，我们看到一个孩子被人贩子偷走贩卖失踪了，背后可能是父母多次威胁孩子说：“我不要你了。”孩子意欲自杀，也可能他已经经历“生不如死”的人生体验，或者他想获得父母的关注，或者他想让吵架的父母

因为他的死亡而停止……这些都是本人的直觉和经验，我还没有条件进行科学统计得出以上结论。否定孩子的情绪表达，中断孩子的自我心理疗愈过程，无疑会增加孩子意外伤害的概率。总之，尊重生命，相信生命自动成长的能力，比过度保护孩子更为重要。

我们儿童之家，孩子是“散养”的，运动环境变化多，但他们有“专业”的安全保护意识。我们有把握的时候，对孩子们的自由活动放得比较开。我当过急救医生，搞过户外运动，接受过国家登山队的安全训练，所以我对安全有一种专业的直觉。即便如此，即使我从来不敢掉以轻心，我们儿童之家的孩子、我办的夏令营中的孩子，还是出现过一些意外的身体外伤。虽然各位家长宽容大度，但我对自己还是不满意，因为有些外伤是可以避免的。

一般来说，孩子安全管理有以下几个原则：

1. 措施有效。

2. 双重保护。

3. 不超越管理成员设定的规则。

4. 相信直觉。

5. 不鼓励冒险。

6. 重视孩子的情绪。

7. 避免乐极生悲。

8. 不侥幸。

9. 掌握一定的急救知识。

儿童篇

手记1 孩子抠鼻孔、要东西

公交车上，一个爸爸抱着一个两周岁不到的孩子，孩子老是要抠爸爸的鼻孔，爸爸头朝后仰躲避着。

我用手指着孩子爸爸的衣服上的一个小口袋说："来，这儿有个洞，抠这个洞。"

孩子立刻用手抠爸爸衣服上的小口袋了。

隔了一会儿，孩子又想从爸爸手里挣脱出来。

"这是车上，下去很危险！"爸爸不断跟孩子这样解释，孩子就是不听。

我对孩子爸爸说："你让他下来吧，看他想干什么。"

孩子下来后，拉着爸爸的手，不断踩着座椅旁的一个台阶，反复上下，脸上露出愉快的表情。

这个孩子发现了新奇的事想去探索，爸爸却因内心的恐惧禁锢了孩子的探索。

地铁站月台上，一个小女孩在售货机边撕心裂肺地哭泣，她要买售货机里的东西，而爷爷不允许。

"家里都有，家里很多！"爷爷这样安慰着孩子，但是孩子仍然在哭。

从售货机里"买东西"，对孩子来说是一种工作，把东西从售货机里

“弄”出来，孩子会有成就感，整个过程是很有趣的。

我立刻跟孩子的爷爷讲了这个道理。孩子的爷爷说：“这里的东西很贵！”

由于时间短暂，孩子的爷爷未必明白我提醒他的真正意义。

如果不压抑这个孩子的探索动机，她以后兴许会改进自动售货机呢！压抑久了，孩子会生病的……这个时候，孩子突然发出病态的咳嗽声。

这个孩子的咳嗽声，到现在还清楚地印在我的脑海里。

温故而知新

如果不对孩子进行观察，教育就是盲目的。很多活动是孩子成长过程中自身发展的需要，我们成人却想当然地认为是幼稚的、错误的。我们传统文化的核心就是观，一是观察外边的人、事、物，二是观察自己的身心状况。蒙台梭利的根本学问也是来自对孩子的观察。关注而不打扰，是观察孩子的最高境界。关注孩子，就是爱孩子，因为人需要被关注，需要被看到。对大人而言是如此，孩子更是如此。关注而不打扰，首先把自己放在孩子助手的位置，然后才是接受孩子的邀请成为他的玩伴。

一个聪明人，会用耳朵听，用眼睛看，用心去感受。不用眼睛、耳朵，就是想当然，想当然就是自以为是。观察以后，我们会发现，孩子有很多地方比成人高明。

孩子所有的活动，对于生命成长，都是有意义的。如果家长有“人是最重要的”观念，就会减少因为害怕损坏物品而导致的对孩子活动的限制。如果孩子破坏属于你的东西，你就反复申明：“这是我的！这是我的！这是我的！”

如果孩子乱动别人的东西，你就反复申明：“这是别人的东西，你不能动！要经过别人同意才行！”这是为孩子建立物权意识，不能用批评指责的方式去阻止。

如果孩子已经把别人的东西拿到手了，大人可以拿着这个东西的另一部分，反复强调这个东西的物权，让孩子自己放弃，不用强行掰开孩子的手。这样，孩子会很快学会尊重他人的物权。

手记之 小孩打人怎么办

有一次，我准备帮助一个年龄在十二岁左右的孩子。据说，这个孩子很顽劣，经常打人，还有其他缺点。

在和这个孩子接触之前，我去见我的老师古国治先生。

“古老师，我准备骂不还口打不还手，以此证明我是爱他的，用爱来感动他。”我对古老师说，我对自己的忍让能力有些自信。

“如果你真正尊重他的话，要和他对打。”古老师说。我立刻就明白了：尊重，比爱还要重要。

不过，向古老师讨教后好一段时间，我都没有时间去和这个孩子接触，当时才两周岁的女儿却打起人来了。太极拳的行家都知道，孩子打人看似无力，但由于很放松，有“松劲”，打在身上，有鞭击效果。而且我家孩子在别人抱她的时候，打的是人的脸。被打的大人开始是嬉笑的表情，被打重了以后，是愤怒而呆滞的表情。被打的大人一呵斥，女儿就开始大哭，这让我的家人很烦恼，我就用古老师教的方法来解决。

女儿一开始打我，我就和女儿对打，女儿果真立刻停止了打人动作。这里要说明的是，我还击女儿，没有发怒，面部没有笑容，比较认真，力量虽然在女儿可以接受的范围，对女儿来说，也是不轻的。我一边回击，一边说：“你打别人，别人也会打你的。”女儿似懂非懂。

女儿从此不打我了，但是副作用来了——女儿和我不像以前那样亲了。

我花了一些功夫，和女儿拉近了关系，但是在我抱她时，女儿又打我的耳光。我对女儿说："爸爸本来是可以还击你的，因为爸爸爱你，所以不还击你，爸爸原谅你，家里的其他人也一样。"这次女儿懂了。

女儿这以后就不再打人了。

我分析了一下我女儿打人的动机，很复杂。

1. 感受到大脑指挥手的快乐，是一种体验。

2. 对大人的反应感到好奇。

3. 和大人表示亲昵。

4. 通过打人时的愤怒发泄过去因打人遭呵斥造成的压抑情绪。

温故而知新

解决孩子打人这个问题，关键是大人要控制自己的情绪，处变不惊，这样，孩子的打人行为就不会因为大人过激的反应而强化。

孩子喜欢玩和大人打闹的游戏，这有利于孩子的发育。大人把手伸出去和孩子对打，这样可以避免被孩子伤着。如果孩子打得太重了，可以在孩子身上试验，告诉孩子如何是轻了，如何是重了，几次后孩子就可以掌握轻重。

手记3 女儿狂吃巧克力

记得女儿两岁零两个月的时候，她对巧克力就像着了魔一样。

终于有一天，女儿的外婆受不了了，对女儿大加训斥，女儿哭得很凶，还要抢外婆手中的巧克力盒子。外婆愤怒之中，把这件事交给我。

我很平静地从岳母手中接过巧克力盒子，把哭闹的女儿叫到自己身边。

“你要吃巧克力可以，但是你要告诉我，你今天要吃几个？”我问她。

“两个。”女儿对数字还没有概念，这段时间，当她表达与数量有关的内容时，总是说“两个”。

“好的，两个。但是你要说话算话哦！”女儿由于急切想得到巧克力，就同意了。

“这就是两个。要说话算话哦！”我看着女儿首肯的表情，把两个巧克力交到女儿手中。第一天，女儿没有再向我要巧克力。

第二天，女儿又向我要巧克力。

“你要吃几个？”我问。

“两个。”女儿说。

我说：“好的。还是说话算话，拉钩！拉钩就是要说话算话！”我第一次教女儿拉钩。

结果，女儿这一天吃了两个巧克力后，再也没来问我要。

第三天，女儿又来向我要巧克力。

“几个?”我问。

“两个。”她答。

到下午的时候，女儿突然对我说：“爸爸，我要吃巧克力!”我用眼睛看着女儿，意味深长地一笑，女儿眼珠子狡黠地一转，跑开了。

第四天，女儿又来要巧克力。

“几个?”我问。

“两个。”她答。

“今天我把巧克力盒子给你，你想吃多少就吃多少。”女儿高兴地接过巧克力盒子。在一旁的外婆不理解了，“这几天不是好好的吗？一天吃两个，怎么又把盒子都给她了?”岳母问我。

“我不是要控制女儿吃多少个，是要她学会制订协议。”我回答我的岳母。结果这一天，女儿大概只吃了五六个巧克力。

六个月过去了，女儿自己虽然能够打开冰箱了，但竟然可以连续好几天都不去动冰箱里的巧克力。

我对待女儿吃零食，不论是巧克力，还是其他垃圾食品，都不控制她，让她自己决定。有些食品，对身体不一定好，我不主动买，但是她要，又在我经济能力能够负担的范围，我从不拒绝她，她到现在都没有对哪种单一的食品成瘾。

要知道，在孩子的眼里，整个世界都是供他吃和玩的。孩子用吃来认识这个世界，用吃来构建自我。如果我们把尊重孩子放在首位，孩子是不会形成暴饮暴食的坏习惯的。

孩子对某种食品的长期偏爱，多数情况是因为当孩子还在重复品味和认识某种食品时，大人打断了他的这种味觉探索，使他的探索受阻。与其说孩子嗜好某种食品，还不如说孩子在艰难地挣扎着构建他的自我。孩子太可怜了，什么都需要大人施舍！有的抗争，会延续一辈子。不只是食品，孩子所有的探索都和自我人格形成有关，我们一定要提高警觉。

像我的孩子，我是准备一开始就把巧克力盒子全给她的。但是外婆坚定地认为糖吃多了对身体有害，我也无法强制实施我的主张，因为我认为，家庭伦理与孩子的教育要协调。外婆没有用尊重的方式对待孩子，当孩子用哭来抗争时，外婆就缴械投降，会放弃自己的主张，在这样拉锯的对立中，双方筋疲力尽。

尊重一个人，比帮助一个人更重要，孩子也不例外。

温故而知新

孩子的吃，是和他的人格构建联系在一起的。其实在孩子得到食品的过程中，马斯洛提出的五个需求是同时存在的，是一个不可分割的整体。孩子得不到他需要的，心理需求得不到满足，会让他产生各种心理黑洞，这会影响他的一生。

家长可以尽量满足孩子的需求。如果家长不想满足，或者因为力不从心，或者因为经济原因，可以拒绝孩子的需求，但要告知孩子是什么原因。这个时候，家长要允许孩子生气、哭闹，因为这是孩子受挫的必然反应。既拒绝孩子的需求，又不允许孩子闹情绪，是不符合常理的。

家长也不要以交换的方式来满足孩子的需求。

属于孩子自己的东西，包括食品、玩具，都可以交给孩子自己保管，孩子拥有之后，没几次就能学会节制。如果孩子出现浪费现象，家长可以适当监管。如果出现孩子玩食品，也适当许可，然后告诉孩子："这是用来吃的，不是用来玩的。"

孩子对什么东西上瘾，基本上和大人的控制有关，在控制与反控制的过程中，孩子就上瘾了。

手记4 “好东西要和别人分享”的误区

我的表姐告诉我，最近小朋友都不和她的孩子玩了，我问她最近有没有发生什么事情，她说有。原来，有一天，她的孩子把自己的东西送了一部分给他的朋友吃，自己余下的那部分很快吃完了。他向朋友要，朋友不给，他就去抢，结果朋友打了他。孩子哭着去找外婆，外婆知道这件事情后，就骂：“你傻瓜！谁叫你给他吃？他打你，活该！”孩子挨了骂以后，从此就不愿意给自己的朋友东西吃了。

她知道后，就对孩子说：“孩子，好东西要和别人分享！”但孩子总是不听，在和朋友玩耍时，也会随时防范其他孩子，表现很拘谨。

我问我的表姐：“第一，好东西要和别人分享，你有钱，你和我分享吗？”

“那不该分享，又该怎样呢？”表姐知道自己的话欠周密。

“好东西，要高兴和别人分享才分享。”我说。

“第二，你认为你的孩子把东西给别人再要回来是对的吗？”

“我原来这样认为，你一问，我发现不对！”

“东西给别人就是别人的了，没有权利再去要回来，你可以去要，别人是可以不给你的。”我说。

“第三，至于你的母亲，就错得更远了。你的孩子是个男孩，你母亲这样奚落他，让他以后怎么面对这类事？请客送礼的自主权都没有。”

表姐说："原来教育孩子这么复杂。"

我说："是的。但是把复杂的事情搞清楚，就简单了。"

温故而知新

父母可以偶尔提一提分享的事情，但要尊重自己孩子的意愿。如果父母想招待其他孩子，可以自己准备一点儿东西，并告诉孩子："我只用来招待其他小朋友的，但你也可以吃。"或者给孩子买东西时就讲清楚，父母也可以用买的东西来招待其他人。至于玩具、书籍什么的，最好由孩子自己完全支配，自己决定是否跟其他小朋友共享。

如果因为你的孩子拒绝分享导致了你的尴尬，家长可以直接跟那个得不到分享的孩子或者孩子的家长说"抱歉"。不过，被拒绝产生挫折感的孩子，通常是不需要成人的同情的，因为这个同情是廉价的，另外，每个孩子都可以自己处理自己的挫折感。

孩子到了幼儿园会和其他孩子分享，多数时候都是为了和其他小朋友建立交情。孩子有可能用自己很贵的东西换回一件便宜的东西。家长为了避免这样的行为，可以告诉孩子这件东西不能和其他孩子交换。如果孩子和其他孩子交换了，家长不可以将东西讨回来。因为孩子的东西孩子有支配权，这种支配权的体验也是孩子需要的。孩子可能为自己的行为后悔，但经过多次交换以后，孩子就学会了。交换，也需要学习的。

手记5 “乖孩子”让我心痛

蒙台梭利讲了这样一个故事：一个小孩看着外婆在花园里用水管给花浇水，小孩很想玩，外婆看出来了，就说：“你可以来试一下，来吧！”

“我家佣人说不能玩水。”小孩欲动又止后对外婆说。

“她现在不在啊！”外婆对小孩说。

小孩想了一下，依然说：“还是不能玩水。”

蒙台梭利感叹，家里佣人不在，但是小孩早已成了佣人的奴隶了。

无独有偶，我有一个亲戚，说我的小孩太调皮，对我的教育方法更是不赞同。她由于没有事情，也在小区里帮一对有高学历的夫妇带孩子，她常常在我面前夸她带的这个小孩多么听话。

有一天，我亲戚带这个小男孩到我家里玩。我女儿拿出我的功夫茶杯子倒水玩，小男孩惊诧地对我亲戚说：“她玩水，水是不能玩的！”

蒙台梭利的感叹，在我身边重现了，哎。再看这个小孩，脸上是阴暗的，没有由内而外的愉悦……

温故而知新

生命是自主的，一个人最重要的能力就是做决定的能力。一个孩子越早越多地自己做决定，他就越自信、自重。越早学会做决定，也预示着他以后人生的困惑越少。如果一个小孩因为听话而停止了他的探索和体验，那说明父母的话有如录音般控制了他。生命应该是活泼的、灵动的，不是呆板的。被控制的孩子长大以后，也会控制他人，他会讨好权威，害怕权威，依附权威。

我们平时的“乖，听话”里，是不是有对孩子的控制意图呢？如果“乖”是指合作，那必须是建立在尊重的基础上。

当孩子有自己做决定的意图而对安全无害时，家长就应该同意，这样的孩子以后就有主见。父母包办孩子的决定，是错误的行为。

手记6 多花时间陪陪自己的孩子

昨天和一个朋友谈起孩子教育的问题。她的孩子已经十八岁，她以前“为了孩子”一心扑在工作上，到现在才发现孩子和她的疏离感，她感到后悔。

父母和孩子相处时间的长短、陪伴的质量，决定了孩子与父母感情的深浅，而感情又决定了孩子与家长的合作性。比如我有两个孩子，很健康，很阳光，但因为他们很少和自己的爷爷奶奶待在一起，所以说不上有感情。

中国的传统文化提倡孩子“三年无免于父母之怀”，就是孩子生下来，想要父母抱的时候父母就要抱。现代工业社会，父母没有做到这一点，是应该感到愧疚的。

父母不应该怕抱孩子，父母越是怕抱孩子，孩子越是要父母抱。父母和孩子一起行走时，最好不要着急，让孩子充分享受路途，这样孩子要父母抱的概率会小些。父母实在抱不动孩子，可以背着，背着要轻松很多，不要担心不雅。想想我们父母的那个年代，不都是把孩子背在背上干活？孩子则在背上通过观察学到了不少东西。

当孩子要走路的时候，就要给他机会，不要担心累着他，因为运动发展他的大脑。

西方现代心理学家甚至提倡父母要拿六年的时间陪伴自己的孩子，可能我们都做不到，但是如果我们把孩子教育的重要性等同于我们的工作或者生意，我们一定会有更多时间陪他们。

温故而知新

如果父母很忙，陪孩子玩可以采用“3+3+30”的原则。

“3+3”就是父母和孩子肢体接触3分钟（包括拥抱），交谈3分钟，最好听孩子讲。父母可以问“今天心情好不好”“今天有什么高兴的事”“听说你把XX事做成功了，你是怎么做到的”“今天你出去玩了，都怎么玩的啊”。最好采取开放性的问题，这样孩子有更多的表达机会。

“30”就是告诉孩子，你决定陪他30分钟，这期间全部听他的。

手记7　从自然农耕领悟儿童教育

有一个朋友原来是一位职业经理人，搞自然农耕有几年的时间了。后来还租了近百亩土地，种水稻。我在网上看到这则消息，就和我的同事专门去拜访他。

他的农场，在某森林公园北面四公里的地方。我前一天晚上决定去农场，第二天早晨就下雨。我临时借了一辆车，花了差不多三个小时才到了他的农场附近。我给他打电话，他开着他的三轮车来领路。

他搞自然农耕，不是为了避世，而是真正想实践自己的理念，真让我佩服。我去找他，有几个原因。一是他在这个圈子里很有名，很多人都跟我提起过他。二是他在上海搞了个主妇联盟，本来邀请我去开会谈谈教育的问题，但是由于工作忙，我缺席了。三是我想为我们上海的学生找个学农的地方。

两杯茶下肚，就要说吃饭的问题了，他叫我们自己包饺子，附近连个小饭馆也没有，我们也就不客气了。我平时是个懒人，很少自己下厨，到了他的自然农场，只好入乡随俗了。不管自己的饺子包得怎样，也不向其他三个人请教，反正把饺子馅儿包在皮里了事，折腾半小时，总算把饺子包好了。等饺子端上来，一吃，哇！味道好极了，我吃到了生平最好吃的饺子！朋友说，饺子馅的材料是有机的，是我们来之前一个做饺子的行家调的味，难怪如此！

吃过饭，我们打着伞，和他去逛他的农场。

我问他：“你的水稻，不施化肥，用什么肥料呢？”

他说：“用菜籽饼。”

“肥力和化肥比起来如何？”我问。

“要差一点儿，但是我只施一次，化肥要施好几次。我是等到秧苗彻底活正了以后才施，这样秧苗吸收才没有问题。”我觉得从长势上看，朋友施菜籽饼的田，和旁边别人施化肥的相比，基本没有什么差别。

“我平均一两天就要到田间来看看，种庄稼也要用心的。你看这个田，是一个朋友认养的，从开始到现在，他就没有来看过，所以比起旁边同样的地，它的长势就是差。”我一看，果然如此。

“要施肥，就要除草。”他说。

“不施肥，就不除草？”我问。

“真的。你看这个田，是日本一家公司从我这儿订购的，要求不施肥，包括动物肥和植物肥，田里野草很少。因为施肥的话，草抢肥的能力比水稻强，草就长得快。”我一看，果然田里连野草都看不到一根。

“你这种不施肥的田，产量会不会太低？”我有些担心。

“大概是正常产量的七八成，不会差太多的。如果你不施肥的话，病虫害基本上没有。”

“哦！有这等事！”我和我的同事齐声惊叹，“是不是这种不施肥的水稻叶子太硬，虫子吃起来口感不好，所以选施化肥的那种叶子茂盛的去吃？”

“也许是吧！”朋友笑着回答，“这样种水稻，真不费神，栽上后我就根本没有管过。”

“应该说你管过的，你一直有信心。”我说。

“是的，我相信它们。”朋友淡淡地应承着。

“你这样种水稻，周围的农民怎么看得惯？”我问。

“哎哟！周围的农民根本不能理解。过一段时间来跟我说，要施肥了。过一段时间又来跟我说，要打药杀虫了。过一段时间跟我说，要除草了。‘热心’得不亦乐乎。还好，我过去有些经验，不然要受他们影响的。”

从稻田回来的路上，我一直在沉思。我很佩服我朋友，从一个标准的职业经理人，变成了一个彻头彻尾的农夫，一个人带着老婆，在这个寂寞冷清的地方，实践自己的自然农耕理念，心甘情愿，心无旁骛。今天这个社会，有想法的人太多了，但是能够放下既得的经济利益，抛开失败的恐惧，以这种大无畏的精神实践自己理想的人，不多。和朋友交流一阵子，我感到他的精神已经不是种水稻这么简单了，我决定向他订购他种的水稻，向吃上这些水稻的朋友传播他的精神。

我本来是要来和他交流我的教育经验的，但是听了他种水稻的感悟，还能说什么呢！我从他的话中受益匪浅，他种水稻的方法，和教育是通的。反观今天众多外出打工的父母，他们让留守在家的孩子失去了精神依托（相当于把水稻从田里连根拔起），却相信打工挣来的钱（化肥）可以弥补不足（替代土壤）……

打工生活的艰辛，让这些父母感到恐惧：孩子只有读书搞到文凭才可以找到工作。有理想，一定有自己的工作。有工作，不一定有自己的理想。唯大英雄方能本色，如果我们让孩子受教育的目的是出于恐惧，那我们很难培养出本色的孩子……我朋友并不富有，如果他担心产量，他的自然法农耕早就泡汤了。

温故而知新

小松（杜荀鹤）

自小刺头深草里，而今渐觉出蓬蒿。

时人不识凌云木，直待凌云始道高。

草（无名氏）

雨后山中蔓草荣，沿溪漫谷可怜生。

寻常岂藉栽培力，自得天机自长成。

这是南怀瑾先生讲教育时引用的两首诗，第一首是讲孩子的潜质的。父母要看到孩子的潜质，看重孩子的潜质，而不是孩子的缺点。充分信任孩子，孩子就会充分发展他的天赋，最后成才。

第二首诗是讲如果充分信任孩子，让孩子自己做决定，他可以自己寻找他的发展机会。而不顾孩子的天赋，人为地想把孩子培养为理想的样子，可能得不偿失。

通过多年的实践，我发现这种观点是对的，在教育中是行得通的。按照这个原则，我让很多有缺点、看似一般的孩子，都发展出了他们的天赋，他们因而变得优秀。

手记 8 处理孩子之间争执的一些原则

一、问问当事人的意见

豆子打了康康，康康“搬救兵”来找我。

“豆子，你打康康了？”我问，但他表情严肃，不回答我。

“你要我和他‘讲道理’吗？”我问还在伤心的康康。

“不用。”康康说。

我听康康的，不再继续追问这件事。

调节两个人的矛盾，诸如如何调解，谁来调解，能征得孩子们的同意最好。有时我们不一定意识得到。这就是人本主义心理学的原则：以当事人为中心。

二、你是想原谅他还是维护他

豆子使劲地关小木屋的门，发出很大的噪音。

“豆子，声音太大了，吵到我了。”我对他说。

“是啊，好吵啊！”同在小木屋里的齐豫发表他的意见。豆子突然伸手往齐豫的眉心一抓，齐豫哭了。我说：“你抓人了。”豆子沉默一阵，突然想从窗子翻出去逃走。

“你不能走，你抓人了！”我说，这时候齐豫还在哭。

“老闵，他怎么了？”迟迟听到哭声，走过来问。

“他抓了齐豫这个地方。他想走，我不让他走。你说怎么办?”我指着齐豫眉心这个位置，问迟迟。

“有没有出血啊?”迟迟问。

“没有。但是他痛。”我说。

“也看不到抓的印子啊。”迟迟说。

“你是想维护豆子?”我问他。他脸色一暗，走开了。

“老闵，放开我！老闵，放开我!”豆子大哭。

“老闵，怎么了?”小雨和另外两个孩子听到哭声又来看。

“他打人了。现在不是跟你们解释的时候。请离开这个地方。”我说完后，小雨等人离开了。

“你打人了，你说怎么办?”我问在我手臂里挣扎的豆子。“我不打了！我跟他说‘对不起’。”豆子一边哭，一边挣扎着回答我。我立刻放开他。

“对不起。”他带着哭腔对齐豫说。

“他说得好难听哦!”齐豫不屑的样子。

“他的道歉是真诚的，你说他好难听。”我说。豆子趁机离开小木屋，一溜烟到小木屋外面他妈妈那儿寻求安慰了。

“老闵拉我!”接下来豆子又向我妻子告状。

“老闵，怎么回事啊?”我妻子问。

“他拉着我……”豆子刚说就被我打断了。

“你还要说？打人了，还好意思吗?”我这一说，豆子立刻就不说了。

人生如戏，都在迫害者、受害者、拯救者之间转换。

豆子抓齐豫的原因，是因为我说吵，他感到我在批评他，心里气，齐豫再跟着我说，被豆子理解为附和，所以就把气撒在齐豫身上。

我主持公道，但在豆子眼里，我是“迫害者”的身份，他则是受害者。他抓齐豫，他变成了迫害者，齐豫成了受害者。而迟迟和我说话，对豆子来说，迟迟充当着拯救者的角色。

如果以这三种角色来解决问题，倒是可以让其他孩子加入进来解决这个问题。但是那个时候，豆子内心的伤痛还未疗愈，他需要通过哭泣来疗愈伤痛。

三、还手打人也难受

中中打了康康，康康哭，我抱着康康走到中中身边。

“他先打我！”中中跟我解释，有些惶恐。

“他打你，你还手打了人还是难受。今后他如果（打你）不重的话，你可以吼他两声。”我说。中中点头。

温故而知新

最近，遇到一个三胞胎妈妈，她说，东西给其中的一个，另外两个就闹意见。直到有一天她对三个孩子说：“妈妈的东西在没有给你们之前是妈妈的，妈妈有权决定把东西给谁。”然后三个孩子就不再为公平的事情和妈妈纠缠。

这个案例也可以供幼儿园老师、多子女家长参考。只要每个孩子都有单独“被决定”的机会，要到自己需要的东西，孩子就会从狭隘的公平需求中走出来。

孩子如果违反了上述原则，要对孩子说“不”，如果孩子因此闹情绪了，哭了，要用倾听孩子的方式来释放孩子的挫折感。

处理事情，分为事实、情和理三个部分。一般的成人，只讲理，看不到儿童背后的情绪，也看不清事实，还有就是把自己对事实的评判当标准。事情发生了，事情本身并不重要，重要的是处理好人的情绪。情绪处理好，事情就处理好了。

手记9
关于孩子尿裤子、尿床以及大便失禁的事情

一

大概在我女儿两岁半的时候，有一天她破纪录地尿湿了七条裤子。

她先喝了两瓶冰红茶饮料（我把孩子从老家接到身边以后，同意孩子喝饮料），连续尿湿了四条裤子。妻子有些着急，在床上给她换第五条裤子的时候，我在旁边观察。我发现每次女儿把尿湿的裤子脱下来的时候，光着屁股在床上跳着玩，很开心。她不愿意穿裤子，在床上躲避妻子的“捉拿”。

妻子好不容易哄女儿穿上裤子。“不要再尿裤子了”，妻子压着性子对女儿说。女儿穿上裤子后在床上跳着，突然停下来对妈妈说：“妈妈，我裤子又湿了。”这个时候妻子终于生气了，训斥女儿：“你怎么搞的嘛！”我对她说：“我来。”妻子于是在旁边看我怎样处理这件事情。

我对女儿说：“没关系，爸爸准许你尿裤子，快来，把裤子换上。”

女儿仍然在躲避，我对女儿说：“你是觉得光着屁股很舒服吧？玩吧，没关系。”我说过这句话后，女儿很快就不玩了，要我帮忙穿裤子。我给女儿穿上裤子，她从床边爬下来，突然在床沿停下来，脸上掠过一丝惊恐，对我说：“我裤子又湿了。”我对女儿说：“没事，爸爸爱你，不会骂你。”我从衣橱里找来所有的裤子，然后对钻在被窝里的女儿说：“你玩吧，我

等你。”我妻子在旁边有点按捺不住了，我对妻子说：“尿湿裤子有什么呢，她再尿裤子，我去街上给她批发一打来。”

女儿在床上玩一阵子后，又让我穿裤子。裤子穿上后，妻子去抱她，女儿突然说：“我裤子湿了。”妻子猛地放下女儿，愤怒地走开，女儿大哭。我立刻对女儿说：“没事，妈妈爱你的，你尿湿的裤子太多了，惹妈妈生气了，快点把裤子穿上，去找妈妈。”女儿很快把裤子穿上，我把女儿抱到客厅里递给妻子，说：“叫‘妈妈’，妈妈爱你的。”女儿哭着扑进妻子的怀中，妻子脸色也由阴转晴，让孩子在自己怀里哭，什么也没说，女儿很快就停止了哭泣。

从那以后，女儿再也没有故意尿裤子。小孩子没有尿意的时候，往往不会提前小便，一旦有尿感，排尿都很急，所以每次我女儿告诉我她要小便时，都会急切地大叫：“我要小便！小便！”我在听到求助后，赶快过去帮忙，一边帮她脱裤子一边对她说：“屏住！”几次以后，她就知道什么是“屏住”了，很好玩的。

到女儿三岁半的时候，偶尔尿床或者尿湿裤子，我都告诉她说“没关系”，也不去用什么方法分散她的注意力。家中其他人对女儿尿裤子不满意，女儿有时会有压力，我就对女儿说：“没关系，你还小。”前不久，女儿学会了自己小便，对我说：“爸爸，我长大了，会自己小便了！”口气中透露出成就感。

孩子的成长，就是一个自我探索、体验、决策的过程。孩子脱下尿湿了的裤子以后，有种解脱感。皮肤直接和空气接触，是触觉成长的需要。我认为，孩子有权利把小便尿在裤子里。把小便尿在裤子里，孩子只是偶尔为之，毕竟不舒服。即使你允许孩子这样做，他也不会养成陋习。孩子在自我人格构建期（特点就是很多事即使做不好他也要自己做，不要别人命令或者代替）的表现，大人切忌不要认为孩子是在和我们作对。

孩子会试探大人对他的爱，我们成人要经得起考验。

二

还有一个在读经私塾里读经的孩子，在私塾里老尿床，回到家里就好了。

大一点的孩子，尿床多是由于心理压力得不到释放造成的。这个孩子跟我讲，老师对他很严厉，背不了经，要打手心。他自己又调皮，同学们都排斥他。他现在对读经深恶痛绝。经过我们辅导后，他再次有了兴趣，可惜由于受到过伤害，他父母对私塾心存顾虑，把孩子送到常规幼儿园了。

亲于其师而行其道，读经也是如此，所有的教育都是如此。尊重孩子，就是要允许孩子和我们不一样。

老师要在教育过程中随时省察自己和孩子之间的关系，如果和孩子的关系没有到位（老师爱孩子，孩子认同老师），教育是不能开始的。即使开始了，也是没有效果的。即使有效果，都是孩子对大人的顺从和容忍，这种顺从和容忍，终究会发展为逆反。心理辅导讲先跟后带，跟不上（不理解，不认同，不能感同身受）孩子的情感，就不能引导孩子。所以在我们的教育俱乐部里，要求孩子在学校里不叫我们“老师”而是直接叫我们的名字，目的就是让孩子在和我们的交往过程中体会到，他们在人格上是和我们平等的。这样可以减少他们在我们面前感受到的压力，成人以后不会有与人交往的压力。这种做法在很多人看来，是大逆不道的，但是我们的做法让这些孩子不害怕成人和陌生人，在成人面前从容淡定，他们甚至能够在父母闹矛盾时处理父母的情绪。

一个从容淡定的孩子，该有活力的时候就有活力，即使不和成人打招呼，也会受人喜欢的。

三

我还见过一个小学五年级的孩子，右眼睑上有范围较大的皮下静脉淤青，经常在大庭广众之下发脾气，脾气火暴。不仅如此，从一年级开始，他就大便失禁，同学嘲笑他，他不在乎，甚至把屎抓出来臭同学。顺便说一下，我接触过两例眼睑上有静脉淤青的孩子，他们脾气都很大。

这个孩子来我们夏令营的第二天，就出现大便失禁、抓屎臭同学的事情，这种情况我们此前根本不了解。我们先观察，没有给予任何处理。老师等到和这个孩子建立比较牢靠的关系后，才在他与同学发生冲突时，实施了心理干预。每次孩子释放情绪的时间都在一小时以上，对老师又打又踢又咬，但是老师都保持了平静，只是陪伴孩子，没有做任何的说教。孩子释放情绪时，每次都会出大量又黏又臭的汗，他甚至筋疲力竭地在老师怀里睡着了。

这样几次处理后，这个孩子开始关心他人，开始顾及别人的感受了，更让人惊奇的是，这个孩子眼睑上的淤青也神奇地消失了。夏令营快结束时，我给孩子的妈妈发短信："你孩子大便失禁的事从此一去不复返了。"后来他妈妈告诉我们，孩子也不在公众场合发脾气了，老师同学都接纳他了。我们做了回访，十个月来，孩子再也没有大便失禁过，和同学相处融洽。

温故而知新

情绪的彻底释放，能够疗愈孩子易被激怒的行为。事情发生了，情绪处理是最重要的，等孩子处理好自己的情绪，他自然有能力处理好事情。

情绪得到解读、理解、表达、释放、宣泄，人的理性就出现了，这是人性的规律。通过转移注意力的方式中止孩子的情绪表达，往往是出于对情绪本能的排斥，是一时之计，长远来看，对孩子的心理健康不利。

教育即生活，生活即教育。父母怎么对待孩子的吃喝拉撒睡，就是怎么对待孩子。教育不是怎么教他，而是怎么对他。

手记10 理智和情感高度统一的时机

有一段时间，只要有成人来儿童之家，孩子们多数时候以恶作剧的方式引起来访客人的注意。比如脱大人的帽子（昨天古老师来儿童之家，就遭此殊遇），甚至骂人“神经病”。我知道这是他们得到的爱不够，要引别人关注。但是这种挑逗甚至是挑衅的行为，要有效制止。有效制止，就是等到和孩子们关系牢不可破的时候，通过每次的制止，使孩子们自觉停止那些行为。这时候制止，不会让我和孩子们的感情被透支。

所以，有一次，三个孩子拿喷嘴糖喷洒和我在生活区谈话的客人，其中一个女孩把糖液喷到了客人的脸上。我对孩子们说：“你们这样对待我的客人，我不开心。”孩子们嬉笑着逃进了学习区。客人走后，我去学习区巡视，三个孩子看到我来了，就跑进教室，甚至钻到桌子底下，等我来抓他们。但是我没有，转身走回了生活区。我一进生活区，孩子们就来喷我，喷了就立刻逃跑进学习区，我跟进学习区，他们又开始他们快乐的逃亡游戏。我说：“游戏可以玩，但是当别人不喜欢玩的时候，就要停下来。”我说完，孩子们仍然在狂喜之中，我就接着说：“我不喜欢玩，要是再喷我，我就没收你们的喷瓶，不会退给你们的。”说完话，我走进生活区，结果孩子们又追上来了，其中一个男孩朝我喷了一下，三个人转身逃跑，我追上男孩，抢走了他的喷瓶，他大哭。我走到哪里，他就号啕着跟到哪里。孩子哭得太伤心了，我把他带到卧室，他仍然大哭，跺脚。等孩子平息了，我问他："你心情好些了吗？"他点头。我说："你要道歉。"他真诚地说："对不起。"我说："瓶子我不退给你了！"孩子听到了这句话后，又开始大哭。哭了一阵，孩子说："我不要瓶子了！不要了！"但是我听得出孩子受到的伤害。孩子就是孩子，当我再次拿出瓶子，对孩子说："你想要吗？"他说："我要。"我问他："把瓶子给你，我不舒服。不给你，我也不舒服。你说怎么办？"孩子愣在那儿，回答不出来。我说："你等着，我去找邵老师来评理，看她说怎么办，行吗？"他点头。

找来小邵老师，小邵老师也说瓶子不退了，唉，小邵老师也救不了我。小邵老师走了，我说："给你，我觉得我说话不算话，难受。不给你，我觉得我太狠心，难受。这样吧，你把撒在学习区地板上的积木归位到箱子里，我就把瓶子还给你。"他愉快地答应了。

老实说，这不是个轻松的活，足足有半箱积木撒在近20平方米的地板上，但他做得很专注，没有情绪。我回到生活区，小邵老师正和两个女孩在桌椅搭建的城堡里聊天，轻松地谈着骂"神经病"的问题。我对两个女孩说："要是你们两个有良心的话，就该去帮助 ××× 把积木收起来。"我觉得这两个女孩虽然在我警告后没有喷洒的行为，但是同谋。两个女孩起身去了学习区，但很快回来了。"闵老师，我们只帮他捡了一点点。""嗯。"我平静地回应着。刚才我处理男孩的态度她们已经看到了，够了。

小男孩捡完积木叫我，我说："我很满意，我把瓶子退给你！"我把瓶子退给他，他却不声不响地拿起扫帚扫起地板来。他要我帮他拿着他的喷瓶。我说："我不帮你拿，拿着这个瓶子我难受。"我帮他把瓶子揣进衣服口袋里。

我知道孩子要用这种方式来弥补他的过失，他很爱我，需要我肯定，需要我表扬。我叫妻子来看，我说："你看呢，××× 在扫地！"妻子起身去看，并且说了赞美的话。

"邵老师，你看 ××× 开始扫地了！"小邵老师去看了，给予了赞美。

"阿姨，你看 ××× 在扫地！"生活阿姨刚进门，就被我拉到现场，阿姨也给予了赞美。

我看到地板扫得比较干净了，就对小男孩说："辛苦你了！谢谢你！你去玩吧！"我从他手中接过扫帚，把地板打扫干净，回到生活区。

"你为什么说很满意啊？"小男孩突然跑到我跟前，用稚嫩的声音问我。

"你遵守自己的承诺了呀，说话算话了呀！"我回答。

"那你为什么对我说'谢谢'啊？"他问。

"因为没叫你扫地板你主动扫了呀。"我回答，小男孩满意地走了。上次和他上蒙氏课程，我说"请"的时候，他曾对我说："闵老师，你怎么这么客气呀？"

那天快放学的时候，其中一个女孩骂我妻子。"神经"两个字刚出口，小女孩马上觉察到了，所以"病"的声音就含在嘴里了。我妻子说："不能骂别人是'神经病'。"

"那'神经'呢？"小女孩问。

"也不可以。"妻子回答。

"那'神'呢？"小女孩问。

"也不可以。我不是神。"妻子也幽默了下，小女孩和妻子都没有笑，她们都很认真，但是气氛轻松平和。

正说着，××× 男孩不经意间把糖纸扔在地上，马上就捡了起来。

要的就是这种觉察。有觉察，自然举止明智。

温故而知新

这是在我把一个读经私塾改革成一个人本主义儿童之家过程中发生的事。很多读经私塾把教材当成教育，以为背诵了经典就可以成圣、成贤人，这是一个大妄想。

"人能弘道，非道弘人"，意思是说人格健康的人，才能进一步发挥文化的作用，让他人受益，而不是文字资料就能造就一个人的健康人格。

孩子要成长，必须经历他们的敏感期，释放他们被压抑的情绪，疗愈受伤的心灵，然后他们的灵气才会无碍地绽放。

和孩子们斗智斗勇、以德服人，让我提升不少。想起来，要感谢这些孩子，感谢这些孩子的家长们，是他们让我得到了成长。

当时，总体上孩子们积压的负面情绪已经释放得差不多了，不再害怕成人或者陌生人，有足够的安全感，所以即使他们自己的行为受阻时，情绪的发泄都很流畅。这种发泄更多的是回到了他们的内在的觉察，对成人只是挑逗而不是攻击。孩子们理智和情感的高度统一，离不开成人带给他们的觉察。

一旦被压抑和伤害，疗愈起来，是多么不容易啊！又一次同样地感叹！现在我找到的方法，是让父母觉察到这种伤害，直接跟孩子道歉，这比老师来做这项工作效果不知要强多少倍！所以，父母的觉悟，才是教育的灵魂。

手记 11 我的“蜜蜂”飞走了

“老闵，你去给我买东西吃！”A 小孩叫我。我立刻有些不舒服，有被命令的感觉，还有说不出的感觉。这说不出的感觉是什么？

我昨天才帮 A 和其他小朋友举办了一场招待会，今天他说得有些理所当然。

“不行！”我说，“你需要吃的和穿的，就该找你的爸爸妈妈。我是儿童之家的老师，如果你向你的爸爸妈妈要吃的穿的，他们不给你，那我会给你。”

“呜呜！我不想吃东西了！”孩子哭着跑开了，到一个无人教室去了，这是他自己会的，没人教他。哦，我想明白了原因。这个孩子从我这儿得到爱，觉得我比他爸爸妈妈还好。但是，我不想僭越，情感的重心应该回归到父母那儿。

我去看他，他扑进我怀里。“如果你饿了，我会煮饭给你吃！”他接受了，重重地点着头。好像他能够理解，我对他的爱，有可能超过他父母，但是我不能做得太过火，他能够理解。

“我要吃蛋炒饭！”他提要求。我就开始做。

“不做了，我就吃白饭好了！”他开始吃中午剩下的冷饭，我也不管，感受着他对我的体谅。

这个时候，B 过来对我说：“老闵，我想去丽江小超市，给我点钱。”

我说：“你的钱呢？”

“丢了！”B说。

“那你借吧！”我说。

“我也要借！”A说。

A和B借了三块钱，因为他们要吃的雪糕是一元五角一个的。他们不太明白，为什么今天借了三块钱，明天要各向老师还一元五角。在去超市的路上，我摘下三张树叶，把其中的一张分成一半，然后又合起来，他们终于明白了一元钱可以分成两个五角。

A和B吃着雪糕，一左一右地靠着我坐在水池边的栏杆上，突然，一只蜜蜂飞了过来。

“啊呀，我怕，我怕！”A惊恐地叫着。

“别动它，否则它会蜇你！”我很镇静，蜜蜂甚至碰着我的头发了。

“为什么啊？”大概我的平静影响了A，他这个时候还能提出问题。

“你打它，它以为你要伤害它，它就蜇你！它不会主动蜇人。”我说。

“哎呀，又来了！又来了！”这次，蜜蜂在离他额头只有一厘米的空中盘旋，他的额头、眼眶，甚至整个脸都皱了起来，和蜜蜂对峙着。

“你看你这儿，有什么东西啊？”我突然指着A胸前这个区域说。

“这叫‘恐惧’，是情绪。这个来了，所以才觉得蜜蜂很可怕！”

“嗯，嗯！”他还真懂了！

“蜜蜂还可怕吗？”我问他，蜜蜂还在他头上盘旋。

“不怕了！‘蜜蜂’飞走了！”嗨，孩子真有让情绪“见光死”的观照功夫！他给恐惧贴了个很可爱的标签“蜜蜂”！高啊！明明蜜蜂还在他头顶盘旋。

“他的‘蜜蜂’飞走了，你懂吗？”我问旁边的B。

“我不懂！”B有些莫名其妙。

“你还怕狗吗？”我问A。他每次遇到大狗，都惊慌失措，反应剧烈。

“不怕了！”他说。

“为什么啊？”我问。

“我的‘蜜蜂’飞走了!”他狡黠地笑，我也笑，因他的“心领神会”。

“刚才我不给你买东西，你的‘蜜蜂’就来了，你懂吗?”我再次启发。

“嗯。我懂!”他肯定地回答。

快放学的时候，B 的妈妈打来电话说自己忙，会让 B 的舅舅来接他。

“你妈妈打来电话，说你舅舅来接你。”我对 B 说。

“为什么啊?”B 问。

“你妈妈忙呗!”我回答，看到他脸上露出明显的失望的情绪。

“这儿，你的‘蜜蜂’来了。”我说，指着他胸前这块儿。

“嗯，是的。”他回答，脸上的失望神情瞬间消失了。

温故而知新

一个人如果处理好情绪，他的理性就出现了，包括与人的合作性。通过“观照”，让孩子觉得来自内部的情绪影响了自己对外在事物的判断，这可以说是儿童教育中的创举。

孩子更多的是凭他们的感觉而不是头脑在生活，他们对生活是非常专注和投入的，但是，他们也有他们的恐惧。一个懂得觉察的成人把觉察带到他们中间，使他们对情绪产生新的认识，他们就不再恐惧。

让孩子完整地经历事情，调整自己的情绪，是另一种常用的方法。这是孩子本来就会的，只不过经常被成人打断，使他们的调整受阻终止。情绪的调整受阻终止，会让孩子留下心结和心理创伤。如果孩子对情绪的调整已经受阻，成人应该引导、帮助他们获得成功。这样，孩子就会觉得自己得到了支持，他们的生命就会达到一个新的高度。这个过程，也是一个疗愈过程。

对于情绪，有表达、观察、发泄、释放、接纳等多种方式。如果父母帮助孩子获得情绪处理的能力，他们就会从对情绪本能的排斥中走出来，真正勇敢地面对自己。这样，孩子才会建立牢固的内在安全感和自信。

一个人的成熟，表现在他有娴熟处理情绪的能力。而父母自身的情绪处理能力，相当多的人是欠缺的。这是父母成长的重点。

手记 12　陪伴的心声

按：春节前夕，小雨爸爸对我说："我发现我要做的就是陪伴。"找到这种状态，他心安了好多天。春节后，发生了几件事情，他这句话就在我心里发酵了，对我非常有帮助。我上 QQ 群和他讲心里话，同时也把这些话说给群里的家长和朋友们听。本文主要的文字来自聊天，略加改动。

小雨爸，我的叙述，和你说的陪伴有关系。

这几天，我对陪伴有了更深的理解。开学的前几天，轩妞暂时来不了，小多多妈妈也帮小多多请假一个月，我有些受挫。我的第一反应是感慨，做教育太难了，家长的要求我们无法一一满足。后来，我发现受挫的原因，来自我的控制欲，来自我的贪欲。

我也和我妹妹大闵做了交流。想让大家认同我的教育方法，就得拿事实出来说话。如果父母从中真正受益，那他们就会把孩子交给我们。春节前的这个学期，总体就是这样，我看到家长会上大家的热情和主动，很开心。大家也在这个平台上帮助了我以及我的团队。我也为我不推着大家走，而大家自己走感到明智。轩妞父母、小多多妈妈，在我看来都是骨干分子。

昨天小多多妈妈来请假的时候，我说："（小多多的教育）被打断了。"是的，是被打断了。小多多刚开始来的时候，经常请假，所以进步不明显，孩子不快乐，经常生病。来儿童之家刚开心两天又被家长接走了。后来我跟小多多妈妈放出“狠话”：“要来就来，不来就不来。不要三天打鱼两天晒网的。”所以上学期小多多来得很连贯，进步就很明显。但是与他这个年龄应有的稳定健康的人格还有距离，所以小多多还不足以抵抗外界的干扰。

我的立场，让小多多妈妈很不安。我说：“我不是和你们家长‘抢’孩子，孩子刚在这儿好一点儿，又中断了。”我甚至说她带孩子还存在不足。结果她跟我说了一大堆请假的理由，甚至还说请假的这个月交学费给我，结果我怄火地重申了我的话。事实上孩子状态不好了，我们又要重新给予特别的呵护、治疗，不仅仅是关注。重复的“纠偏”让我们感觉到有些倦怠。教育是点滴的积累，从量变到质变，还要对孩子没有企图，好难！

通过今天早晨的反省，我发现，其实我是在和父母抢孩子。我有教育的目标，意味着我有控制欲。把孩子培养为有健康人格的人，应该是我的见识，不是我的目标。后来大闵看见我有情绪，她建议我去做内在空间清理，看看情绪的根源。我通过观心和反省已认识到问题的所在。在家长和孩子面前，我是有想做老师的企图，我的教育目标就是控制，控制不了，自己就觉得受挫了。其实我和家长的定位应该是朋友，彼此陪伴。我不小心成了大家误认为的“老师”，是因为大家借鉴了我的一些经验。我是镜子，甚至是一面有缺点的镜子。镜子会反光，是优点也是缺点。其实，别人也是我的镜子，平等平等。

我对教育的“责任心”可能开始会感召人，但是最后也会给大家带来压力。

再讲讲对孩子的事。有一天小雨的状态不是很好，大闵叫他做一件什么事，好像是把东西归位吧，他双手叉腰故作生气状。这是他惯用的方式，大闵说：“你这样的话，以后你叫我做什么，我也不干。”结果他就生气了，我和张老师就去弥补，迅速补位。结果他说肚子痛，让我和张老师轮流抱，我们就抱了他。他说肚子痛，我给他揉肚子。我是当过医生的，发现他的肚子很柔软，柔软的肚子表明他可能没有病。但是我不想戳穿什么，把假的当真的。小雨一下午很长的时间里都保持沉默，陷入沉思。

大闵有些自责地说：“这样就生气这么久，以后到了学校，别人轻轻说一下，他可就更受不了了。”我们的教育宗旨就是让孩子有足够强大而健康的自我来应对外界的变化。我觉得大闵说得对，但是看到她的自责，我心有不安。

我跟大闵说：“我们小的时候，父母呵责我们以后，是不允许我们生气的。我们让他生气，陪着他，已经很不错了。”通过观心我发现：一个人不能承受自责所带来的情绪时就会难受或者责备他人，能克服自责所带来负面情绪的人很少。我能担当，通过自责让自己进步，很多人做不到。通过自责，然后反省，找到原因，以后不再犯错，会让自己很坦然。

后来我看到大闵主动问小雨：“你想做什么？”我跟大闵说：“（太主动）没有必要，我看他没有不懂提要求这方面的障碍。我们要做的就是陪伴孩子。你看孩子，有大人陪伴的时候，好像没有作用，但是大人一旦离开，他们就会哭。我们的陪伴，是用心，不在形式上。你想主动，这里面是对人的信心不足。亲，就是陪伴。亲的繁体字右边有一个‘见’字，亲，就是让孩子看得见人，要让孩子看得见我们，就要陪伴着他。亲，就是无条件地靠得住，我们知道批评、指责、惩罚、威胁是无效的，所以我们不用这些方法。不用这些方法，我们就没辙了。没辙就没辙，真正尊重孩子，只有妥协。”

我们的妥协意味着尊重、平等、接纳，意味着自由，意味着人是最重要的，意味着人的感受是最重要的。只要我们主观上没有错，就会内心坦然。就如孔子讲“内省不疚，夫何忧何惧”，就是说，我们内心反省没有愧疚，我们就不再怕什么，即使这个儿童之家关门了，也真的没有什么。

这样反省，让我很舒服。应孩子的邀请，我暂时停止聊天，回到孩子中间，和他们嬉戏，感到很自在。

搞教育，从最初的与童年抗争方式，到受使命感驱使，到自我完善，每一个阶段我都找到了动力。现在找到的，是自在。

陪伴，这是小雨爸爸告诉我的。我觉得最好的陪伴，就是活在当下，陪伴着自己。

说到活在当下，那年春节期间我发现了一个最大的问题，就是我要做到活在当下很难。

我对着《当下的力量》反省，发现我的佛法不彻底。确切地说，是我学佛法的动机不纯粹。长久以来，我们读了小学上初中，上了初中要进重点高中，进了重点高中想上大学，读完了大学想发大财……都是想通过未来救赎我们的现在。包括学佛法，我们也是想通过学佛把未来生活改变得更好。这种苟且的心不死的话，就无法活在当下。我发现我就是这样的人。这是最强大的小我，这个小我不除，人生不得安宁。小我是有生命力的，活在当下，找出情绪的原因，小我就会死亡。小我害怕死亡，它把恐惧传递给我们，我们以为是我们自己的，我们上当了。小我就像有生命力的魔鬼，在我们没有觉察的时候，就以思维的方式来捣乱，在我们身体里留下负面情绪的垃圾。我们再把这种情绪投射出去，就和外面争斗起来。小我只是工具，用过就放下。放下小我是自在，执着小我是起用。活在当下是目的，幸福生活也是目的，所有东西都是目的，都不是手段，都离不开当下。只要你知道你是在什么状态，你可以归宿于当下。

反省到这儿，我发现要活在当下，也是一种强迫，不自然。《六祖坛经》里明明说"何期自性本自具足"，我怎么没有感到具足呢？原来知足，不在心外，而在心内。当我把注意力放在知而不是知的对象上，我的心就安。当我把注意力放在知的对象比如情绪上，我就会有不满意，就不安。知本身就是足，什么都骗不了它，一分钱都不花，还有什么满意呢？把注意力放在知上，就是知止，知止而后有定。这个定，是我们每个人先天就有的，是不生不灭的，是真定。

只有真理才能彻底地一劳永逸地安自己的心，真定就是真理。物欲满足的心安，只是暂时的。立足于知，把自己变成知，让身体和思维做有意义的事情，不因外在的得失而烦恼，就可以心物两全了。

通过这个反省，我几乎找到了忧郁的根子，并给予拔除，心中自然时时升起快乐。以后要做的，就是不要染污自己这颗心。

这对我很重要，我首先得安心自处，不给别人增添忧愁，然后成为快乐的源泉，不经意地把快乐传递给别人。

再说对孩子的教育问题，我想把武志红的书全部买来看，已经买了好几本，收获很大。他文字功底很好，同样一句话，说法到位，容易引起共鸣。但是心理学的各种学说，分得太细以后，难以把握，最后可以像佛法一样归结到起心动念。心理学的各种学说就如我们的各种想法，太多的想法会让我们六神无主。《周易》里面讲，动则十有九凶。那到底动还是不动呢？我的观点是，动就动了呗，承担后果就行，如果承担不了就反省。我觉得发现贪欲是最难的，但也是最有效的。发现外在结果，明白内在原因，这就是不昧因果。这种明白因果后的放下，是智慧的自在。

心理咨询师李雪在博客中说：看到了就是治疗。我们通过看，越过思维来明白孩子，这个时候我们用的是我们的洞察力。看到了，懂了，就是真陪伴，而且是彼此陪伴。我们看到孩子了，懂孩子了，甚至不用语言，也可以为孩子提供感情支持。亲，彼此支持都看得见，就都靠得住了。

不用思维而把孩子看懂，就是禅宗讲的“不于其中起分别，是故此处最吉祥”。没有分别心的爱，不动而动，就是大吉大利。

小雨爸爸，这就是你的“陪伴”二字在我这儿的发酵和发挥，我非常受益，自己陪伴自己，谢谢你给我带来的灵感。

写完这篇文章，孩子们来邀请我玩，我又去了，我中断手里的工作，没有被打扰的感觉，和他们玩起来，也是自在快乐的。

温故而知新

现在看来，也许我放下了要改变父母的想法，随缘了，孩子的教育就没法做了。

教育的困难在这里：消费者是孩子，但购买者和决策者都是成人，而成人的选择都是教育的功利而非教育的品质。教育的目的，是让孩子获得幸福。但作为成人，很多人并不知道该选择何种教育机构。他们一般看重教育机构的条件，殊不知教育中最重要的一环，是教师对孩子的尊重、陪伴、欣赏、引导和接纳。从孩子的角度看，选择儿童教育机构的标准是什么？是安全、健康和快乐。这个简单的道理，是每个人都应该懂的。恰恰这个简单的道理被成人忽视了，以至于孩子很快就失去了这样的环境——他们需要在这个环境里长期浸泡，把安全、健康和快乐内化为稳定的心理特质。所以，从选择的角度看，成人决定了孩子的命运。

亲情体验不够的孩子、安全感不够的孩子，父母和老师突然改变了对待他的方式，在一个自主意识受人尊重的环境待一段时间后，理应喜欢这个尊重自己意愿和提倡安全、健康和快乐的教育环境，但是并非尽然。通过不完全的自主意识的恢复，他会发现他在亲情体验方面的欠缺，他会变得黏父母，不想离开家。同时与那些自我意识较强的同学打交道给他带来了压力，使他产生心理上的退缩。父母潜在的分离焦虑又来配合这个退缩，使父母的判断失误。这个时候，父母要做的决定应该是，上学时把孩子社会化历练的事情交给学校，放学后把亲情体验方面的弥补工作交给自己，增加陪伴孩子的时间，提升陪伴孩子的质量。如果一时做不到，可以和学校的老师商量如何处理这件事情，而不是机械地尊重孩子的意见，让孩子转学。

孩子的转变需要一个过程。一个没有得到爱的孩子，如果要恢复健康的人格，需要双倍的时间，还得父母和老师以正确的方式对待他。比如，三岁之前在权威和受人控制的环境里受到的伤害，要到九岁才能得到康复。当然，如果父母、老师、同学合力，可以缩短这个康复过程。

手记13 关于“对不起”和“没关系”

某一天早晨起来，我儿子康康以迅雷不及掩耳之势喝完了他姐姐（可能放在床头柜上）的牛奶。姐姐又急又气，告诉妈妈。妈妈说：“谁叫你把牛奶放在那儿呢？”姐姐于是找我“投诉”。

我抱着姐姐，姐姐在陈诉事件经过，康康也跟进了我的书房。

我一边搂着姐姐，一边说：“待会儿我就去给你买一瓶牛奶。”

“我也要！”康康说。

我说：“因为你喝了姐姐的牛奶我才去买的，那你买一瓶小的就行了。”

康康说：“好的！”

但是不到两秒钟，康康反悔了，脸涨得通红，说：“我也要大的。”

我说：“那你跟姐姐说‘对不起’。”

康康对姐姐说：“对不起！”姐姐说：“有关系！”

康康看到他的道歉没有效果，感到无措，困惑不解，脸涨得通红，就继续说：“对不起，没关系！”

姐姐斩钉截铁地说：“有关系！”

于是康康又说：“对不起，有关系！”康康想顺着姐姐的“有关系”来让姐姐满意。

我对康康说：“你说‘对不起’就行了，‘没关系’该姐姐说。”

康康就说：“对不起！”姐姐还是回答：“有关系。”

“康康，你走近一点儿跟姐姐说。”康康走近姐姐，说了两次“对不起”，姐姐的情绪消失了，回答说：“没关系！”

上述案例表明，“对不起”不一定会得到“没关系”的回应。别人跟自己说“对不起”，不一定要回应对方“没关系”，也许可以这样回应：你跟我说“对不起”了，但是我内心还是难以平静。也没有必要一定向对方索取道歉。如果对方不是自愿的，道歉的效果就不理想，但可以如实地向对方表明你的情绪。

“对不起”不是一句空话，而是意味着愿意以实际行动去补偿的承诺，“对不起”背后是要有担当的。说“对不起”，最好主动，不要让对方索求。“对不起”不是逃脱责任的说辞，而是履行责任的开始，虽然对方可能会以“没关系”来免除我们的责任，但那是他人的宽容。

后来在帅真儿童之家也发生了以下一幕：

A小孩用手打了B小孩，B小孩哭了。老师前去，单膝跪下来抱着B小孩，安抚B小孩。

A小孩打了人，跑到小木屋的角落躲了起来。

这时候另外一位老师前往小木屋，看着表情沉重的A小孩说：“你用手打人了。”

停顿了一会儿，老师问A小孩：“××，你愿意去道歉吗？”

A小孩在小木屋的窗户里对哭泣的B小孩说：“对不起！”B小孩没有听到，继续哭。

“你出来跟他说，好吗？”A小孩走出小木屋，隔着一定距离对哭泣的B小孩说：“对不起。”

B小孩还是在哭，这时抱着B小孩的老师对A小孩说：“你走过来，看着他说。”

A小孩走过去，看着B小孩说：“对不起。”

B小孩立刻停止了哭泣，带着一点儿遗留的忧伤，和其他小伙伴开始玩拼图游戏。

A小孩也于心释然，面部表情松弛了下来。

温故而知新

“对不起，没关系”，在父母教育孩子的过程中，已经成了一句套话。直接跟人说“对不起”，不为自己辩解，会很有力量。通常我们在跟人道歉的时候，都会做出说明，这是为自己找借口，会削弱道歉的力量。如果说了“对不起”，对方还在生气，可以问对方是否需要做出说明，然后再讲事情的原委，这样会更符合情理。如果这样对方仍难以释怀，可以进一步做出补偿。

通常，如果父母发现了自己在教育中的错误向孩子道歉，孩子都会无条件原谅的。事情已经过去，父母大可不必做出补偿，只要真诚道歉就行了。

一般来说，父母给孩子补偿性的爱，都不会有好结果。比如，有的父母陪伴孩子少，就在财物方面给孩子补偿。孩子最需要的爱，就是把他当成人看待。

目前社会离婚率比较高，很多人就对前妻、前夫的孩子给予格外的爱，往往费力不讨好，只要不卑不亢真诚对待就行了，有时候施惠以表示友好是必要的，但不应该成为主流。离婚后组建新家庭，涉及家庭情感伦理重新排序问题，可以参考家庭系统排列方法。

手记14 关于孩子的吃饭和零食

很多父母都喂孩子吃饭，结果搞得孩子没有胃口。我曾经见到一个小孩，常常把父母喂的饭含在嘴里达一天的时间。我也看到很多爷爷奶奶追着孩子喂饭的情景……孩子的行为是对父母强迫喂饭的抗议，意思是说：你没看到吗？我已经塞不下去了。是啊，父母只看到孩子吃饭不多，没有看到孩子的心理感受。

我认为，摄食是动物的本能。人还没愚蠢到连动物都不如的地步吧！但是人不同于动物的是，人是所有动物中最在乎自己尊严的。尊严表现在一些具体的事情上就是自主，比如吃饭。另外，只要没饥饿恐惧感，每个人都会把口味置于营养之上，孩子也是如此。涉及口味，就包括孩子的零食在内。

父母的担心，于父母来说，是关心；对孩子来说，就是不信任了，就是对其自主自立成长的干扰。严格地说，强迫给孩子喂饭的父母，都有些心理上的不成熟。一般的父母，不是关心孩子，也谈不上照顾，而是照料。照料，就是只提供物质的需求，就是没有我你就不行，我知道我给你的是你最需要的。真正的关心人，是要尊重人的感受，孩子也是人啊。真正的关心，就是关注孩子的情绪和情感。中医和西方现在的身心医学，很关心个人的情绪。另外，中医的药理学也很重视药物的口味。口味、情绪，在物质丰富的年代，对身心健康的影响，要超过食物营养本身。

孩子在婴儿期需要成人更多的照料，也需要关心。关心婴儿，要懂得婴儿的情绪。当被照料的孩子对成人说“不”的时候（婴儿期孩子会用哭和痛苦的面部表情来抗议），我们就可以试着放手让孩子去尝试。比如，孩子能够用手抓饭的时候，就让他抓好了。即使孩子吃得没有父母喂的多，也没关系，反正饿不着。即使孩子浪费些粮食，也没关系。即使孩子用餐具很笨拙，也没关系。吃饭，是需要体验和学习的。我们看到，孩子玩食物、菜汤，手里满是滑腻感，这种滑腻或者黏腻感会让成人不舒服，但是孩子却乐此不疲，为什么？这是孩子感官发展的需要。先用感官体会外界环境，形成概念，再形成语言，是孩子智力发展的规律。现在的教育虚拟化很严重，凭空教些抽象的东西，会使孩子有智无力。与智并存的力，来自体验。这个方面的学问，也是一个大的系统，不详述。

如果知道孩子是孩子，自己是自己，就不会用自己的标准要求孩子，就不会把孩子的问题和父母的问题混为一谈。有这个认识和觉察以后，父母就可从主导的位置走到辅导的位置，再走向辅助的位置，就慢慢成熟了。孩子也就慢慢成长了。吃饭如此，其他事情也是如此。父母对于孩子：给不给你吃，是我的事情；吃不吃，是你的事情；吃什么，是大家可以协商的事情。

如果孩子有独立进食的需求，父母使用权威控制的方法，双方就在自主权上纠缠不休。孩子长久地处于逆反体验的心理饥渴之中，反而耽误了吃饭进程，影响了吃饭的情趣。

以现在的物质条件，哪有营养不良这回事啊？你去小学看看，不是营养不良的问题，而是营养过剩的问题。现在小学生患肥胖症的，据说起码占到了三分之一。关于儿童的营养，也有两派，一派提倡精密营养，一派提倡儿童跟成人吃一样的食物，同桌进餐。最后的结果是，儿童的发育状况没什么区别。

只要去医院看就知道，因为饮食营养就诊的有两种人，一个是肥胖，一个是营养不良。营养不良，普遍都是神经性厌食症导致的。神经性厌食，又都和父母强迫喂饭关系很大。肥胖的心因性原因之一就是，觉得自己不够强大，故而虚长其体形。不被尊重的孩子，是缺乏自信的。肥胖的另一个不利因素，会导致思维和行动的迟钝。瘦下来似乎比胖上去难很多，所以我宁愿孩子瘦点好。不要太迷信儿保医学方面关于体重与营养关系的数据，更不要把孩子因强迫喂养导致食欲不佳的事情归咎于微量元素缺乏。要知道，人体是动态的，检测的数据是随时在变化的，况且体内的微量元素，不一定测得准。

吃和玩，是孩子最重要的事情。越小的孩子，花在吃上面的时间越多。现在这个社会，物质极大丰富，食品的种类丰富多彩，生活节奏也在加快。说实在的，工业化生产出来的食品，我是不欣赏的，但是我理解孩子的需求。超市的货架上、商店的橱窗里、电视网络媒体里，到处都在展示儿童食品，激发儿童欲望的视频让儿童无处可逃。如果父母一味拒绝给孩子购买这些食品，孩子会认为父母不爱自己。另外，拥有的感觉会让孩子自信。面对别人拥有而自己没有时的情况，孩子会自卑。我不提倡比较和攀比，但是要看到这个事实，必须在满足这个原始需求的基础上，才能将孩子逐步引导出攀比的心理模式。另外，孩子之间的食物分享也包含很多学问，在此不细谈。

从马斯洛的研究成果看，基本需求没有得到满足，孩子的心理人格是停滞不前的。儿童时期的需求没有得到满足，将成为成人时期精神饥渴的窟窿。如果你生的是女儿，你不希望自己的孩子长大后，被人用心爱的礼物勾引玩弄；如果你生的是儿子，不希望他长大当官后被人用金钱物质拖下水利用，那就请在儿童期满足他们的零食、玩具需求以及给予他们想要的东西。如果以潇洒的眼光看，这个世界一切都是玩具和零食，形式不同，道理是贯穿整个人生的。如果真没条件满足，告诉孩子实际困难，孩子也会理解的。

如果父母真正能够彻底放开，孩子的“瘾”马上淡化了。当孩子对零食的嘴馋满足后，就会发展出对零食的掌控感，继而是支配感，继而是尊重成人的意愿，发展出与成人的合作感。

当孩子的嘴馋被一定程度满足后，父母可以告诉孩子说我们是爱你的，尊重你的，我们愿意买你需要的东西，但是我们担心这个东西伤害你的身体。在这个基础上，让孩子接受我们对零食的有限控制，孩子就会接受。如果孩子不接受，可以温柔而坚决地跟孩子说“不”，这里面牵涉到孩子情绪处理的问题，可以参考惠芙乐的《倾听孩子》一书，这是一本处理孩子哭闹乃至任何情绪困境的最好的书。处理好孩子的情绪，孩子就不会受到伤害，就是成功的挫折教育。

合作，是建立在信任（非对立）的基础上的，只要得到父母的倾听，有无限的被满足需求的经历，最多七次，孩子就能够接受成人限制零食的理由。孩子会相信成人对他的尊重和爱。

曾经一个家长同意我对孩子放权，家长给孩子一百元钱，让他想买什么就买什么。孩子拿着钱，很兴奋，问我们陪同的大人，这个可以买吗？那个可以买吗？结果他只买了一个十多块钱的玩具就走出了超市。这种案例，我看到的太多了。

对零食，家长要做的是限制，而不是禁绝。当然，考虑到传统，对孩子可以有限制，但范围可以更小些。我自己的孩子，我是对可乐啊什么的都不限制。他们现在与成人的合作性是良好的。

这里面的技巧就是，放开控制的时候，有需求就满足，不要想以后收的问题，否则用心就杂了。用心杂，对孩子不诚心，孩子不服。放到一定的程度（就是已经让孩子感到了尊重和信任）才考虑收的问题。收的时候，是折中的收。折中，就是把零食的决策当成合作的事情。合作，就是协商，慢慢形成惯例。

尊重孩子，给孩子自由，让孩子逐渐发展出抉择的能力，最终是要让孩子承担责任。孩子可以对成人说“不”，成人也可以对孩子说“不”。这里面，最关键的是，父母在多给孩子一些自由的理念前提下，做真实的自己。不委屈自己，量力而行，成人和孩子双方就会逐渐走上良性轨道。

祝你们和你们的孩子快乐成长！

温故而知新

父母掌握着资源，对孩子无限制地给予，这种大爱，是超过物质本身的。成人的贪欲、匮乏感、暴饮暴食，来自儿童时期需求没有得到满足导致的心理黑洞。“仓廪实而知礼节”，管仲的这句话，大家都知道，意思是物质生活不匮乏了，人们才会有自律的修养需求。用之于孩子，则是原始的动物性的需求得到满足后，他们才会发展出更高的人格层次。越是给予，越是激发贪欲，这是成人的一种假想，或许心理有缺陷的成人才会这样。这是成人对孩子的妄断，事实并非如此。恰恰是儿童时期没有得到满足导致的心理黑洞，才导致了人的贪欲的进一步发展。

满足欲望、满足拥有感、满足支配感、满足共享感，是孩子超越欲望的必然途径。我们要遵循这一规律，循序发展孩子的健康人格，不可拔苗助长。

手记15 儿童教育发烧友在火车上

故事发生在2015年5月24日温州回宁波的动车上。

一

我从厕所回到座位，女儿对我说:“爸爸，刚才一个孩子看我吃方便面，就跟他妈说他想吃方便面。他妈说:‘吃什么吃！你怎么老是看到别人吃什么你就要吃什么？！’那个小孩可能心里会说:‘我凭什么不可以看到别人吃什么就吃什么。’如果小孩说给他妈听，他妈会说:‘凭我是你妈！’”

“他没有我们这样的爸爸妈妈!”儿子说。

二

一孩子对自己的爸爸说:“爸爸，那个孩子打了我。”

爸爸说:“你们是在玩，他不是故意的!”

孩子走几步后又回来，对爸爸重复说被打的事，父亲也照旧回答同样的内容。

当父子第三次重复时，我对孩子父亲说:“你的孩子被人家打了，你说人家不是故意的，这会让你的孩子觉得你在替别人辩解，你的孩子会感到难过……”这个父亲一点就通，我和他加了微信好友。

温故而知新

成人那些桎梏生命的内在不允许，总是外显为对孩子的看不惯、限制与小心。而他们训斥孩子语句中蕴藏的逻辑，更是一片混乱。

当你看到事实，就看到了真理，也就有了解决问题的方法。倘若父母活在自己的经验里，活在自己的教条里，用僵化的方法向孩子给出固定的答案，在这样的情况下，孩子是得不到任何支持的。这是多么寡情啊！该觉悟了。

是的，成人要从自己的思维定式中走出来。任何时候，遇到困境的孩子得到来自父母感情上的支持，他们就会按照自己的方式处理好。除非孩子不敢在父母面前说出他们真实的想法——如果孩子受到父母的否定太多，孩子是不敢说出自己真实的想法的，这样的父母和孩子都需要心理治疗。

手记16　老闵给我自由

2011年9月份见到的这个孩子很没有安全感。同伴和他开玩笑，他也分不清是真是假。连小他一个头的女孩子要抢他的东西，他都凄声叫着逃跑躲避。看他的眼睛，不够明澈，有怨气，眼缝小，眉宇之间不舒展，脸色略显苍白。

据孩子的爸爸说，他在幼儿园不听话，有被老师关进厕所的经历。据煮饭的阿姨说，他现在好多了，刚来的时候是不敢说话的。

现在他的眼睛变大了，眼神清澈了，眉宇间舒展了，脸色白里透红，脸上常常绽放出笑容，身体也健壮有力。

这个过程的艰难，不是外人所能理解的。当初，我把一个读经私塾改变成一个爱和自由的儿童之家，可以说简直是不明智的。但我豁出去了，观念的激烈冲突，让我和孩子的父母们彼此都“遭了罪”。不过，要为未来社会培养出具备传统文化之智、仁、勇特质的少年，再苦也是值得的。

一开始我就让孩子们叫我“老闵”，是为了消除他们对成人的恐惧，孩子们觉得很新奇。孩子们叫着，欢快地叫着“老闵老闵”。但是过了几天，他们叫我“爸爸”，我可惨了。孩子叫我“老闵”，和我有了身体的接触，只是一种试探性的接触。等叫我“爸爸”的时候，对我的暴力攻击直线上升。他们甚至动用戒尺使劲地打我，我愤怒地把戒尺折断，对他们说：“从今天开始，我们儿童之家再也不许打人，反对暴力！”但是孩子们依然如故，他们的攻击没有轻重。当我试着保护自己的时候，我的寝室就遭殃了。

第一天，他们在我的房间里撒满了泡沫屑，我不打扫。第二天，他们在我的房间里倒满了水，我也不管。第三天，是个下雨天，他们在我房间的地面上搞满泥浆，我当没有发生。第四天，他们在我的被子和床褥上灌水，用沾满泥土的脚在上面踩踏，我不管，晚上找出榻榻米来睡。第五天，他们进入厨房，女孩子把阿姨的面粉抹在脸上，男孩子把厨房里的生米也抓来吃了。厨房的阿姨受不了，其他老师也有怨气。我看到事情闹大了，出钱请了客才摆平我们成人的内讧……孩子们亢奋地一次又一次地叫我去看他们的恶作剧杰作，我都视而不见，听而不闻。

在这个过程中，他呢，只是个围观者，从不参与恶作剧，但他有他的释放办法。第一是上课和小邵老师闹别扭，逆反，凡是老师说的他都对着干。第二是经常带头不吃饭，悄悄“偷”东西吃。有一天，他打了小邵老师一个耳光。小邵老师很伤心，他对孩子说：“我爸爸都没有打过我！”我在旁边叫小邵老师“还击”，但是小邵老师没动，他则在旁边冷笑。我愤怒了，把他拉到隔壁教室，“陪伴”他，准备让他冷静半个小时，给小邵老师道歉。他受不了，大哭。我把他拉到小邵老师跟前，让小邵老师暂停上课，继续叫他道歉。他哭叫着打我，我警告他说：“你可以哭，但你不能打我，你打我我就要打你！”于是在孩子每次打我时，我就拍打他的手臂，孩子大哭，使劲跺脚，号叫，眼泪长流，不停地做出打我的姿势，但每次快打到我身上时就停了下来。

我叫小邵老师拿来了一个大纸箱，他就开始用嘴咬、用手撕扯纸箱，直到把一个电视机纸箱全部撕得粉碎才冷静下来，整个过程差不多持续了四十分钟。冷静下来后，他说：“我今天心情不好，我想单独静一会儿。”于是我找了个凳子让他坐下。那以后，他发脾气时就不再打人了。

但是这次释放后，他仍然不吃饭。他不吃，其他孩子也不吃。他的饭量很大，总会在饭后两三个小时后叫肚子饿。我呢，僵持一会儿后，总会从我的箱子里把私藏的饼干全部给他。每次他都说：“你呢，给你留一个吧。”我说：“没事，全部给你。”他就接受了。我又对他说：“这里的东西，你想吃都可以，但是不能‘偷’。你跟我们说，都会给你的。”但这不是办法，总得改变这种现象啊。家长在外面“压阵”，希望我给他的“释放期”快点结束。我知道，家长的忍耐是有限度的。

有天中午，他不吃饭，我对他说：“待会儿肚子饿了没有东西吃哦！”他点头同意了。饭后我们去玩滑滑梯（“释放”期间，孩子们都反对午睡，我同意了。顺便说一句，孩子们精力旺盛，只要夜间休息得好，中午是不想睡午觉的）。玩了两小时后，他肚子饿了。我说：“不行，说过的，没有东西吃。”他哭闹着，我叫小邵老师看着其他孩子，我和他回去。回去后，我对他说：“再等半个小时。你记住，不吃饭，肚子会饿的。”但是饥饿感让他忘记了自己的承诺。“我饿啊，给我东西吃！我饿，我饿！”孩子的头一个劲儿地往我怀里钻，差不多哭了二十分钟，我对孩子说：“吃东西，可以啊，但是要答应以后吃饭！”他同意了，我进我房间把东西拿出来给他吃。这时候，其他孩子回来了，他躲进了我的房间。我对他说：“你光明正大地吃好了，就告诉他们你肚子饿，你可以不分给他们。”他于是走出房间，当众吃着我给他的饼干。

那以后，他能够正常吃饭了。

孩子在父母面前很紧张。孩子的妈妈接触了我的人性化教育理念后，陷入了困惑之中。“以前我知道什么是对，什么是错，现在要给爱，不知道什么是对错了！我问他，老闵怎样？他站在床上，举着双臂喊口号，‘老闵给我自由’！”

自由，对于没有健全人格的成人来说，是件奢侈品。一旦给成人自由，大多数成人会陷入惶恐不安中。只有相对健康的孩子才能够享受自由！但是，成人会看不惯孩子的自由。让孩子自由意味着成人放弃控制，意味着成人要从权威型转入情感魅力型，意味着成人要从过去的有为，更多的时候转入无为。无为，是境界，是智慧，是艺术，但是多数的父母不会，我也没法去改变了。

孩子正常后，开始黏自己的妈妈了。但是他的妈妈受不了孩子的“纠缠”。某天早上，他要跟妈妈在一起，但是妈妈要上班，只好把他送到学校。我接过手，抱着他，轻轻拍着他的背，让他哭得淋漓尽致。哭完后，他把我压倒在地板上，捏我的鼻子。我对他说：“你说老闵给你自由，你也给妈妈自由好吗？”他终于笑了。

温故而知新

如果孩子在没有压力的环境里成长，他们就会表里如一，人前人后一致，这也是我们希望孩子拥有的品质。造成孩子表里不一的原因，是成人不能和孩子开展平等对话。表里不一，会导致一个人内心的冲突和人格上的分裂。

重看这篇文章，我眼睛里噙着泪水。孩子都是天才，但是他们被糟蹋了，被蹂躏了，父母意识不到。我要继续为孩子们出头！

几年过去了，我重新整理这份手记的时候，我想去看那个孩子，孩子的父母似乎不欢迎，说：“他现在学习注意力不集中。”我感觉，这个孩子问题不大，一个人生命中体验最深刻的东西，会成为他人生的底蕴，必将绽放！祝福他！祝福天下的孩子！

手记17 和一个孩子对打

在帅真儿童之家，有一个孩子精力旺盛超人，总处于活动状态中，在活动中锲而不舍是他的特质。在与成人相关的活动中，他处于突破成人的限制中，特质还是锲而不舍，略带些一般人看不出来的狡黠。

他妈妈对儿童教育感兴趣，我们同意她来参学。母子同在儿童之家，对他妈妈和其他工作人员都是一个挑战。

以我的经验，孩子过多地处于逆反状态，就会失去对环境的整体观照能力，使自己所见有限。比如，每次违规后，老师一指出，他总是跑向河边，一点儿也不顾及安全问题，得靠张老师把他追回来。

每个人的安全感和安全控制力来自内心。老师的外界控制，是第二层的备份系统而已。顺带说一句，我们这儿不鼓励孩子挑战自己。因为孩子冷静时，对自己的安全预见能力和掌控力都是很强的。鼓励，有可能会破坏这种自我掌控力。

放学了，他又往河边跑！

他已经跑一段距离，离河边很近，追赶是来不及了。“站住！你干什么！”我声如雷霆，大声呵斥。

他停在了原地，我跑过去拉他的手，他“人来疯”地往河边挣脱，我不放手，我想借此消耗掉他逆反的蛮劲儿。

“妈妈！妈妈！”这时候，他妈妈来了，他求救。我迅速把孩子放开了，孩子扑进了他妈妈的怀抱。

我心里突然觉得不是滋味，觉得自己在孩子妈妈面前这样做很唐突。我反思我觉得尴尬的原因。哦，对了，在我心里，母子感情是高于一切的，母亲是可以无条件地保护自己的孩子的，母子感情是不容外人染指的。我看到了自己的局限。我对孩子母亲说："我觉得这样做很唐突。在我心里，母亲是可以无条件保护自己的孩子的。"说完，心里就舒服了很多。

事情还没有完。

这孩子在母亲怀里，很快通过哭泣的方式清除了我禁止他去河边所产生的挫折感，若无其事地和三个小朋友一起玩沙，其中一个就是我儿子康康。

"唰！"他用小树枝迅速抽打康康。我抱过康康，安慰着。

"你打人了。"我对他说。

"唰！"我的"说事实"，迎来的是左肩上他的又一鞭。

"你在打我！"我继续陈述事实，看着他的眼睛。

"唰！"我的左肩又挨了一鞭子。

"你打我，我就要打你！"我用食指、中指和无名指猛地拍打他的肘窝。

他被震慑住了，想哭，又没哭出来。

"你打我，我就要打你，我们是平等的！"我愤怒了。

我和他就这样对峙着，僵持不下。我对一旁的老张说："你把他抱走啊！"老张回过神来，孩子却一溜烟跑向房子里，他妈妈在那儿。"你当时要是劝架就好了，你去看看。"我谨慎地对老张说。

隔了会儿，老张回来了。"我对他妈说'是我没有做对'，本来事情可以解决得更圆满。"老张回来跟我这么说，一阵感动涌上我心头。"老张啊，我很感动，你什么事情都往自己头上揽。"我拥抱了老张。

老张是我们儿童之家的男老师，是个西北汉子。汉子的特质就是敢于担当，相信孩子们能从老张这儿学到这一点。

和老张说完话，我往屋子里走。在屋外边的水泥路上，他迎面走过来。"我们讲和！你不打我，我也不打你。"我对他说，他没有理我。

不一会儿，他拿着一个干的带树叶的树枝追打着我女儿和儿子玩。我看到他的时候，他说："我不会打到弟弟的！"嗯，正如他说的一样，玩耍的分寸掌握得很好。过一会儿，他把树枝交给康康，让康康追打他，他躲到我了身后。

"你儿子原谅我了！"我跟他妈妈说。孩子原谅一个人，是不会拘于形式的。

回忆起第一次夏令营的时候，几个有暴力倾向的孩子要来参加，我对古老师说："我是学佛的，对孩子爱，我可以做到骂不还口、打不还手，我这样对吗？"古老师轻描淡写地回答："不。真要尊重孩子的话，就要和他对打。"这一点，我醒悟了。

和这个孩子对打后的几天里，老张说这个孩子明显不再执拗，听招呼了。

昨天他在楼梯上，又把一个空的熟料包猛地砸在一个女孩的头上，女孩哭了！

"我看到你在打人！"我对他说。他妈妈听到这个女孩的哭声以后，来安慰这个女孩。他看到他妈妈抱这个女孩，我又在一旁看着，于是就大哭起来，一边哭，一边对妈妈说："给我擦擦眼泪！给我擦擦眼泪！"他妈妈帮他擦了一下，我对他说："打了人觉得难受，给人家道歉就行了啊，还流什么眼泪呢！"他立马就不哭了。

过会儿，他去找坐在地上的小女孩说话："我们是好朋友吗？我们是好朋友吗？我们是好朋友吗？"他锲而不舍地追问，女孩子没有回答。

"你打了她，她难受。你们还没有和解，你让她怎么回答你呢？"我毫不留情地说出事实，他则略有所思。

我从他的表情可以看出，他能接受我说出的事实了。

温故而知新

教育就是关系，但又不能被关系制约，不能被狭隘的亲情所左右。孩子的需求需要被满足，情绪需要被认同，如果一味地满足，一味地认同，就是纵容，就是溺爱。

健康的父母有比较强的满足孩子需求的意识，同时也能对孩子说“不”，甚至可以适当采取对等措施以警示孩子，正如古老师所说，真要尊重孩子，就要和他对打。孩子和父母在相互磨合，教育就在其中了。

手记18 如何减少父母吵架与孩子“没关系”的表达

有一次，儿子找不到我就哭，妻子着急，也找了几个地方。后来推开门看到我在打坐，她一时火起，破口大骂。我则“观心”，想学学苏格拉底。骂到我动心处，我猛然一念：“我倒要看看我死了会怎样！”坚决不动怒不下坐。妻子突然说：“我带孩子回（娘）家去了！”我本来想赌气不管的，观察到了这个赌气，立刻下坐阻止妻子拿东西。妻子拉女儿“结盟”一起走，女儿立刻就跟随了，儿子则在旁边哭。我背靠着门，把妻子堵在家中，推搡着。

俩孩子哭，我就骂开了：“哭什么啊哭！（对着女儿）你妈妈跟我闹矛盾，你就跟你妈走，我要是跟你妈离婚了，你能负得起这个责吗？大人吵架，你瞎掺和什么？说过跟你们没关系跟你们没关系！你以为你在维护你妈啊！你会害了你妈！你以为你可以没有爸爸啊？人家叫我一声‘爸爸’你都难受，你还能没有爸爸？（对着两个孩子）哭！不许哭。我今天就不准你妈走！你们也必须待在这儿！回家？！这儿就是你们的家！”

可怜的俩孩子，终于平静下来，保持了中立。接下来的几天，孩子们跟我和妻子的关系都很好，看来没有做错。

父母之间吵架，孩子会认为自己不好，心理机制大概是这样的——孩子害怕父母吵架，不希望父母吵架。他想阻止，但没能力，所以会认为自己不好。孩子天生有原谅父母的能力，但是没有原谅“自己不好”的能力。

孩子害怕被抛弃，当父母之间出现矛盾时，他是无法选择跟随谁的。迫不得已，他会选择跟他亲情关系最紧密的人，这是一种割舍，割舍就是伤害。所谓健康的亲情关系，就是孩子在不委屈自己而适应父母的基础上，以真实的方式和父母相处。孩子为了缓和父母之间的矛盾，表现出“早熟”，选择调皮多动甚至沉默自闭等方式来分散父母的注意力。让孩子忍受来自父母婚姻的情绪困扰，是伦理倒错，孩子的人格必然会出问题。

心理学的书籍上，虽然讲明父母吵架时要跟孩子声明，与他无关，不是他不好。但是父母在气头上，可能表达不清楚。即使表达清楚了，孩子处于焦虑的状态，也并不一定能够听得进去。事后再去跟孩子说，“稀饭都凉了”，时效没有了。所以，现场的“骂”不失为很好的方法，但是骂也要掌握好分寸。

温故而知新

若干年后，我儿子提起父母吵架让他感到害怕，我一是倾听，二是给他道歉。父母的关系、家庭的氛围，是孩子安全感的源泉，如果“失火”，对孩子的打击是非常大的。

不吵架是不是就很好呢？未必。因为冷战或者害怕冲突的家庭是没有生机的，它会直接冻结孩子健康情感的成长。

如果父母给孩子的爱不够，父母吵架对孩子来说，就是天塌了。从家庭的角度来说，父母的感情是重点，然后是父母和子女的关系。所以父母之间互相尊重，允许不同，减少争吵，是非常重要的。

人生有如戏剧，共有三种角色，迫害者、受害者、拯救者。成人和孩子都会不自觉地进入这种角色。如何认识到这种角色，如何扮演这种角色，如何见好就收，如何彼此配合，这是一门艺术。

手记 19　与儿童物权有关的案例

案例一　告密与主持公道

在我们的儿童机构，老师是充分尊重儿童的人格尊严和物权的。

如果这个孩子向老师投诉“某某同学拿了我的手机”，我们首先会鼓励孩子自己去主张自己的权利。“这是我的手机，请你还给我！”这是他们经常使用的语言，通常很有效。

如果孩子不能主张到自己的权利，老师会主动帮这个孩子主张自己的权利。“这是 ××× 的手机，请你还给他。”如果拿了别人东西的孩子不听话，老师会抓住这个物品和他僵持，平静地等待他自己松手。老师很少说“用别人的东西，要经过别人的同意”。除非拿别人东西的孩子没听我们说过，或者还不很清楚这个原则。在权利侵害者面前，我们更愿意是被侵害者的律师而不是警察或者法官。如果被侵害者难过伤心，我们更愿意是医生，也不愿意是警察和法官。

案例二　成人在孩子面前主张自己的权利

很多次，我和前来拜访的家长喝茶，他们的孩子都会来玩我们的茶水，我们大人用尽各种办法，都很难摆脱孩子的打扰。

一次我来了灵感。“这是我的！”当孩子要玩我们的茶杯时，我伸手按住了桌上的茶杯，孩子立刻就走开了。

“这是我的！”这是一句成人在孩子面前主张自己权利非常有效的句子。然后再加上上文提到的抓握僵持，孩子很快就会学会尊重他人的物权。这与孩子建立自己健康的心理疆界息息相关。

成人能够用平等对话的方式在孩子面前有效主张自己的权利，对孩子的尊重则得以实现。否则我们会因为恼怒，采取哄骗、命令、控制、抢夺、唠叨、威逼利诱等非人性的方式对待孩子。在我看来，这不是在教育孩子，而是在伤害孩子。

案例三　儿童对物权的支配

“爸爸，他拿姐姐的气球。”儿子到书房里来投诉新来的小朋友。我立刻放下了手里的工作，看着他的眼睛，听他讲。

“这是你姐姐的东西，你姐姐都没觉得什么，你干吗不乐意呢?”我说。

“我要玩！”儿子脑袋转得飞快。此前，我看到过那个孩子撕毁我女儿的手工作品。“让他撕好了。”女儿当众说，她不在乎。

“你找姐姐去，气球不是我的。”我说。儿子转身下楼了。

一会儿，儿子带着女儿上楼来了。“这是我的东西，请你还给我！”我女儿说。小朋友立刻把手里的东西交给了她。

温故而知新

孟子说“民有恒产，始有恒心”，管子言“仓廪实而知礼节”，都强调拥有物权对心理道德的作用。在物权的拥有方面，“这间房子风可以进，雨可以进，国王不能进”，这是领地意识、所有权意识。在支配权方面，我们得回归东方，强调物尽其用，人尽其才。

手记20　当你遭遇孩子的唾沫和拳头

昨天傍晚，放学以后，老师和家长们在儿童之家的院子里坐着喝茶聊天，几个小孩子也在院子里追逐嬉戏。突然，一个走过我面前的小孩转身就朝我脸上吐了一脸口水。我二话不说，立刻揪住这个小孩的胳膊，把他拉到了室内的楼梯上，双眼愤怒地盯着他的眼睛和他对峙。他不敢和我正视，双方僵持着。

“说！你为什么吐我口水？我又没有惹你！”我很气愤。

“对不起！”他机械性地回答道。

“不行！我很气！我真想给你吐回去！”我咬紧牙关，绷紧脸部所有的表情肌，同时觉察自己的状态。

“我同意你吐回来。”他说。他表现冷漠，我不接受。

“不行，吐了你，我会犯错误！我没有你那么糊涂！我很生气！”我夸张地表达我的情绪，继续把他摁在楼梯上。

孩子的父亲在门口看了一眼。我说：“你不要管！这是我和他之间的事情！”结果孩子的父亲在大厅门口没有进来。

“我又没有惹你，我觉得很冤！”我继续说。孩子开始挣扎，但我并没有放开他的意思，于是他开始哭。

我妻子在旁边看了一会儿，看情况差不多了，就过来打圆场。“差不多了吧！给我一个面子，算了！”我妻子说。

“太冤了，我又没有惹他！”我转向妻子诉苦。

“好吧。不能随便吐人口水！要是不认识的人，咋办？人家可能打你！”我长叹了口气，把他放了。

他立刻哭着快速跑向他父亲，扑到父亲怀里开始哭。

“怎么回事？”他父亲一边安抚他，一边问。我对他父亲挤眼睛，示意他不要故意问，因为他看到孩子吐我口水的。

孩子哭了半分钟，很快平静了。

“我妈买有包子，老闵，你吃吗？”他回头看着我，问。

“刚才你妈给我吃了！我知道你原谅我了，我也不生你的气了。”我说，有些感动。

一场口水风波就这样结束了，我觉得处理得还比较满意。

看到这儿，很多人可能不理解，因为一泡口水这么凶孩子。所谓的尊重孩子，是要回归人际关系平等这个实质。我是一个老师，但我首先是一个人，我不想用“长者”“老师”的身份限制我自己。凭我自身的素养，一泡口水，我是忍得过去的，至少事后我有心理技术能力来处理自己被侵犯的“创伤”。但是，不能开这个特例——教育出来的人，一定要有普遍的社会适应性，他的行为规范素养，起码使他面对一个陌生人都是适用的。对一个人随意地进行身体侵犯，哪怕是一个小孩，都可能付出生命的代价，所以我很重视这个问题。（另外，这个孩子过去在传统教育机构中，因为打架给自己带来很多麻烦，来我们儿童之家后，已经正常化，所以我的反应强度根据不同的个体是有差别的。行文至此，特此说明。）

“喜怒哀乐之未发谓之中，发而皆中节谓之和。”《中庸》里的这句话讲情绪，不是不发，而是如何发，发了能不能解决问题。在这件事情上，至少可以解决我恼羞成怒的问题。这中间最难的是，整个过程要对自己的状态有觉察，情绪发到恰到好处。“说事实，说感受”，是最好的表达情绪的方法，这一原则，我是从古国治老师一家人的亲子课中学到的。我发现，“说事实，说感受”的方法，因为语气和声调的不同，发挥出的效果就不一样，这个原则可能会给人压力，但是不会伤害他人的人格。另外，说事实说感受，对自己和对他人，还有很好的心理治疗作用。

其实，被孩子或者他人吐了口水，受攻击者一般都会觉得是件屈辱的事情。但是由于孩子小，大人没法发作，一般人只好忍，或者向孩子的父母告状。告状的方法，我是不太赞成的。一是孩子可能会受到过度的惩罚或者批评。二是二元的人际关系，真正要和解或者不积怨，必须在二元的关系中才能解决——这就是我们常常讲的开展对话。“冤有头，债有主”，解决问题，要找到适合的当事人，这很重要。或者如果向孩子表达愤怒的时候，孩子的父母或者其他人在旁边干涉劝解，我们仍然可以表达自己的情绪，同时严正申明我们要这样做的原因，或许可以演绎成一场有用的群体教育事件，可能当时的效果不理想，还会使场面激烈，但是最后的结果应该是比较理想的（主要是对孩子的教育效果）。

在自身的发育工程中，孩子会有玩口水这个过程，我们可以冷静地观察，因为禁止或者批评，都可能延长这一敏感期。如果孩子把口水吐到了我们认为不该吐到的地方，我们要立刻表达自己的不满。注意，表达不满，不是制止。表达不满，目的是使孩子发现自己的行为侵犯或者影响了他人，从而做出反思，因此自律自己的行为。它和直接的制止，是有很大的差别的。

在我教育孩子的生涯中，经常受到孩子的攻击，以下是一些处理方法，供参考。

1. 如果孩子初次和你玩，你又不想和他玩，他用力一拳把你打痛了，请你告诉孩子：“你打得太重了，把我打痛了。”如果孩子还跟你嬉皮笑脸，你可以立刻提高嗓门：“你没有听到吗？你把我打痛了！”你可以厉言正色，提高声音，甚至吼叫，也可以参考上文被孩子吐口水的情况，表达你的愤怒。要清楚，这不是我们没有修养，而是我们要负担起教育的责任。这对孩子未来走入社会是有帮助的。但切记不要使用攻击孩子人格的语言。

如果你是一个善良的人，孩子通常会吃定你的弱点，认为你不会还击。你可以说：“你再打，我就要还击了！”我的还击方式是，在孩子向我攻击时，用手掌的前四个指头，拍击孩子的手臂。注意，用适当的力气，起到震慑作用就可以了，表情也可以轻松些。孩子吃亏以后，就不再纠缠你了。

更小一点的孩子（幼儿）打人的问题，请参考本书《孩子打人怎么办》一文。

2. 如果你是爸爸妈妈或者老师，孩子还小，他要和你玩“打架游戏”，你可以双手保持伸张的状态，这样，孩子打不到你的身体。如果孩子偶然击中了你的身体——比如腹部，用的力度比较大，可以告诉孩子，他用力太大，“你把我打痛了”，然后让孩子用力小一点，再一次打你的那个部位，直到他打出你认为合适的力度为止。告诉他，这只是游戏，不能够用力过猛伤害到人，如果把人打痛了，就不好玩了。

如果是顽劣或者感觉比较迟钝的孩子，你也可以让他试试“打重了”是什么感受。如果他愿意试，你可放松手指，敲击孩子的胃部，逐渐加大力度。每试一次，问他“受得了吗?”，直到他说“受不了了”为止。

3. 发脾气撒野打人，是孩子很好的发泄情绪的方式。这个时候，成人可以伸出手臂来保护自己，让孩子只打到你的手臂就可以了。大一点的孩子，如果我们无法用手臂保护自己，就可以采用警告和还击的方式，“你发泄情绪可以，但不能打我。”甚至可以通过“角力”的方式和孩子展开拉锯战，用这种方式消耗孩子来自愤怒的力量。通常力量消耗完了，孩子也就平静了，理性自然会出现。

具有攻击性的孩子，可能在撒野时咬人、吐口水，这个时候成人要特别注意保护自己。一旦被咬住，可以用力捏住孩子的面颊两侧让孩子松口。总之，要参考诸葛亮“七擒孟获”的方式，每次都让孩子以对等较量的方式，以（武）德服人。等释放完情绪后再放开他，他的“野性”就会慢慢消失。如果在这一过程中，你感到歉疚，也可以事后向孩子道歉。当然，这些都需要成人艺高胆大。

孩子伤人的原因，一是孩子不知道玩耍的力度，二是内心有仇恨的累积，三是家人信奉体罚教育。如果孩子再大些，体力和我们相当或者超过我们，我们只能以“说事实，说感受”来启发他的良知，不到万不得已不要报警。“我都这么大一把年纪了，你打了我，我非常难过。”如果内心不能平静，可以在适当的时候，向孩子念叨“你上次打了我，我现在想起来还很伤心”，让孩子产生愧疚，让自己内心逐渐平和，创造和解的机会。“士可杀，不可辱”，成年孩子攻击父母，父母也要反省是否因为侮辱性的言语激怒了对方，也要反省，是不是我们过去过多地使用控制性的教育方式或者常常体罚孩子，从而伤害了孩子？

在我们的儿童之家，老师就这样带出了一批能好好地玩“打架游戏”的孩子。他们现在的力度都控制得非常好。孩子彼此之间的打闹嬉戏都没有出现严重的后果。他们对自己的行为有很好的预见性。

和孩子打打闹闹，是心理宣泄，也是教育，看我们怎么用。

温故而知新

儿童时期，就是吃好玩好。孩子和伙伴之间玩耍，因为真实，所以容易起冲突，这与最初成人和他们互动的模式有关。可以这么说，如果成人和孩子的互动模式是健康的，那么孩子与孩子之间的互动模式就趋于健康。所谓家长是孩子第一任老师，就是这个意思。

一般成人遇到孩子的冲突，采取的方式都是告状、忍让、训斥、惩罚，这对孩子和成人自身的成长是没有帮助的。协调冲突，都需尽量回到“人”的主体资格平等的基础上进行，否则会降低冲突调节对个人心理成长的效果。

如何跳出旧有的互动模式？第一是成人要有静定修养的底蕴（主要是观察自己和他人的能力）。在互动过程中，要看到自己和孩子的情绪、动机、需求，做真实的自己，不委屈自己，也不迁就孩子（不要低估孩子的承受能力），但也不做强凌弱、众暴寡的事情。

手记21 一个老师带孩子

2014年的一天，我带十个孩子。其他老师们去新地方布置教室了，大人少，孩子们反而显得宁静，三三两两自由活动。我尽量放松自己，保持观察状态。我坐在楼梯的转角平台上，视野之内用眼睛，视野之外用耳朵，以此照顾到全场。

“老闵！有人哭了！”迟迟在楼上叫。我早听到了诺诺隐隐的哭声，没动，这下迟迟告知，起身上楼。

原来文文姐姐今天没来，诺诺失去依靠，紧跟冰冰。冰冰在和其他几个大一点的孩子捉迷藏，不能全程照顾诺诺。我出现后，诺诺更坚决地要拉冰冰的手，冰冰把手伸过去，诺诺就不哭了。

“老闵，有人哭了！”迟迟又叫。我转身才没多久，孩子们又开始玩捉迷藏，诺诺又被落下了。

“是不是文文姐没来，冰冰姐又捉迷藏，没人跟你玩?”我在诺诺边上蹲下来，问诺诺。诺诺大哭，我手一伸，她就投入我的怀抱。这孩子，来了十多天，我还没抱过她呢。

我抱着诺诺下楼，任由她大哭，把注意力放在手掌上，用尽量轻的力量轻拍她的背，同时调整出适合的节奏。我出于习惯要坐下来，她不肯，我就一直站着。

“我要喝……水！我要喝……水！”她指向她的柜子，没有行动。我听不确切，不知是“奶水”“冷水”，还是“奶嘴”。我问凑过来的平平：“你能听懂她说啥吗?”“她说奶水。”平平回答说。我就去看柜子，里面没有牛奶啊！突然，诺诺的手指向她的水壶，我把水壶打开，她立刻大口喝起来，哭声戛然而止。

诺诺就这样坐在地板上一直喝，靠着蹲下的我。这时，景皓来拉我，原来是让我放动画片。启动影碟机后去找诺诺，诺诺已经从原地起身看大孩子玩去了。

我又到转角处坐着。中中来找我两次，一次是影片只放到片头就停了，一次是没声音。感觉他的邀请很得体，我的服务也到位，彼此配合得严丝合缝的。

中午，吃饭的时候我使用了新方法：孩子们在吃饭时可以天南海北天马行空胡扯闲谈，以前是略加制止的。我觉得，孩子们饭间的闲谈，倒是帅真儿童之家的一道风景线，可以发展他们的语言能力。老师们制止闲谈，有老师们的理由，我也没深究这个教学问题。上周去拜访古老师和师母，我和老师达成一致。“都什么时代了，一定要改。吃不言，我们现在不是在交谈么?”当时的饭桌上，古老师说。

席间，十二又习惯性地把饭打翻在地，岳母有些火，但立刻走开了。

“他每天都把饭打翻！以前都是小刘管，叫他用手把饭抓起来。我不想管他!”岳母在厨房跟我说。

“你不用管，我来!”我说。

十二在我的指令下用手把饭抓到桌上，然后开始吃碗里剩下的那部分。“十二，你要提高自己吃饭的水平，你做得到的!”十二没回应我，我感觉他听进去了。

“只要不乱发火，孩子们就服我们。诺诺哭，要是在普通幼儿园，她今天就遭罪了。在我们这儿，当生活老师也不容易。我们做好了，就有价值。”岳母也没回应，她也是能理解我的话的，六七年下来，她也算半个育儿专家了。

老师们回来了，景皓偎依在我身旁，我写着我的工作记录，并阻止他不时抓我手机的手。

我能感到他对我的信任，这种信任，给我带来感动。别小看这孩子不说话（自闭症），他时常调侃我呢。

就到这里，就到这里。

温故而知新

很多成人不能长久地和孩子待在一起，原因就是成人有自己的生活模式，时髦一点的说法，就是壳儿。壳的表现，要么是逃离，要么是控制，包括和孩子玩。他们很难成为孩子的玩伴，成为一个懂得孩子的玩伴。

做不到，就从一个观察者开始。观察孩子的同时，可以观察到自己。很多问题都可以通过观察得到解决。当你看到事实，真理就呈现了。《非暴力沟通》的作者马歇尔说，人类最重要的智慧是观察，传统文化也强调反观自己。

和孩子在一起的好处是可以不用掩饰自己，这正是看到真实的自己、做真实的自己的好机会。

手记22 孩子，我首先要松开拽着你的手

在我们儿童之家有一个比较特殊的孩子（医学诊断为自闭症），他来了快两学期了。以前他和人没有眼神交流，没有互动。在帅真儿童之家接受老师“把他当人看”的教育后，他与老师在感情表达、肢体接触（拥抱、亲昵）、眼神交流方面取得了长足的进步，可以说是个奇迹。这要感谢贵阳来的刘老师的付出。但这个孩子的语言能力发展方面仍然比较迟滞，一般都不说话。因为不说话，所以很少和同伴互动、交流。

第一个学期，由于吵闹到邻居，我们下午都会把孩子带到户外。我们会给他很特别的自由。比如在儿童之家不穿衣服全裸，冬天脱掉长裤打赤脚。但是，出于安全的考虑，我们也“管”他比较多。比如，不允许他靠近河边（他有往水里扔东西的嗜好），派专人看护，等等。

这学期，我们搬到了一个生态农庄内，条件好了很多，我们对他的“看管”相对少了很多。他最近迷上了“逃跑”，被大人看到以后，他总是露出意味深长的、狡黠的笑脸。他常趁人不注意溜出大门，然后一路小跑，一会儿就不见踪影。在他第一次“消失”以后，我们紧张坏了，老师在他回家的路上追赶上了他。他记忆力很好啊！居然能够记得回家的路。后面又有两次，他“失踪”了，老师很快在他回家的路上追赶上了他。为了防止他跑，户外活动或者大门打开时，我们要专门派一个人看着他。因为他，我们随时都要注意关锁大门。很奇怪的是，当我们有人监视他的时

候，他是不会跑的。他在跑之前都会看一下我们是不是盯着他。如果是，他就安稳地在一边待着。如果不是，他一溜烟就逃走了。这学期开学以来，我们的老师和他都处在这样的“游戏”中，这让老师们很紧张。

通过观察和感觉，我发现这个孩子不喜欢待在室内，而是喜欢待在室外。在室内时，他都是安静地独处，在室外则比较活泼，但基本上是老师主动和他互动。这学期，如果待在室内一小会儿，他就会烦躁不安。看来，之前的安静独处都是假象，他要保护自己的安全，所以选择独处，不和别人搭理。慢慢地他熟悉了这里，适应了这里，在这里得到了安全感，就开始“活跃”了。他觉得在这里是可以做他想做的事的，所以开始“捣乱”了。

一天早上，他一如既往地往外跑，老张就照着惯例把他“抓住”抱了回来，到门口的时候，这个孩子破天荒地说道：“你们不理解我！”从来没有主动说过话的他，从来没有说过超过三个字的他，居然在合适的场景说出了如此有分量的话！老张惊得目瞪口呆，这是奇迹吗？太让大家意外了。我们没有想到他会说出这样的话，真的没有想到。老张明白了这个孩子的需要，他需要待在外面游荡，在外无拘无束地游荡。所以当天老张就陪着他在我们的农庄里走了一圈又一圈。写到这里，我想起了孙瑞雪老师说过一个孩子因为不想待在教室里，老师就陪他在外面逛了三个月。孙老师学校的老师真了不起。

那天，这个孩子在外晃悠了大半个下午之后，再也没有逃过。这个孩子“你们不理解我”几个字，带给我们几个大人巨大的震撼，同时也让我们开始反思。有时候我们对这个孩子是忽视的，没有及时关注到他的需要。他一直喜欢独处，活在自己的世界里，不与外人互动。所以相比而言，我们关注更多的是那些会表达需要的孩子。没有满足孩子的需要，从另一个角度说就是已经在限制孩子了，所以这个我们要警醒啊！

后记

那件事之后的一天早晨，他在老闵身上一阵亲昵之后，老闵拥抱着他，说：“我爱你！我以后要多理解你！”说完以后，准许他手里拿着一个钢凿玩，不再拿回。他把所有的书从书架取下扔在地上，我们也视而不见。结果，整天他都没有“逃走”的企图。

此前他也喜欢整天手里拿着一样东西玩。一开始是蒙氏教具，现在是一旦工具室没有上扣子，他就会一溜烟进去拿螺丝刀、扳手一类的有坠手感的工具。出于安全和培养他物权意识的需要，老师都会在关注他玩一阵子后，以申明“这是我的”的方法，让他还回有危险的东西。还好，他从来没有出现过攻击行为。

这次，老闵彻底相信他因为内心没有仇恨，所以不会伤到人，彻底放手！

孩子，我首先要彻底松开拽着你的手，然后我随时在你需要的时候把我的手交给你。

（作者：张琦）

温故而知新

让孩子有自己独处的空间，也是孩子孕育表达“你们不理解我”这句话的力量的过程。只要有爱，什么方法都好。

从医学的角度上看，诊断孩子患有自闭症没有错。但从教育上看，从人性的角度看，不管孩子有没有问题，都要以正常的人来对待，这样做就是不歧视。父母、教育工作者认识到“自闭症”“多动症”“感统失调”，这些标签不是对孩子的歧视，不与这个诊断名称对抗，才能给出对孩子的爱。给出爱，即使不能疗愈孩子，至少也不会让问题加重。给出爱之前，父母是需要治疗的。

爱就是接纳。

手记 23 带孩子们去超市

儿童时期物质的满足，是伴随着一个人的精神成长的。让孩子满足自己的物欲和接受物欲不能满足的挫折感，进而能够正确地对待自己的物欲，是人生中很重要的课程。

家长对孩子大方些，全心全意善待自己的孩子而不委曲求全，不用“物质激励”或者其他有条件的方式满足孩子，孩子自我人格的精神发育就不会受阻。人的物欲是无限的，如果精神发展期得不到满足，最后内心永远都会处于匮乏之中。内在的精神处于匮乏之中，就会变成双倍的物欲。

利令智昏。物欲过强，人就会变得没有智慧。排斥物欲，人的生存能力就会受阻，就会缺少生活情趣。如何保持物欲和智慧之间的平衡，使其成为一种内在的品质，这一点孩子从小就要学会，从他们切身的经历中学会。下面是我几次带孩子们去超市的情景，从中可以窥见一二。

第一次

我第一次“贿赂”孩子，是想给他们每个人买一根棒棒糖。

听到这个消息后，孩子们都要跟着我去。小区门外的杂货店没有开门，于是一不做二不休，我临时决定带孩子们去逛附近的世纪联华超市。

“我今天招待你们，到了超市里每一个人都可以买十五元以内的东西，然后我们去吃肯德基！”话一说完，“好啊！”孩子们立刻一片欢欣雀跃！

我赶紧给小邵老师打电话，说出我的临时决定，叫她“火速支持”！

孩子们顺利地穿过斑马线，在商场外的露天桌椅上耐心地等待小邵老师拿便条和笔来。我们写给每个孩子一个电话号码，以便他们走失后可立刻和老师联系。

“如果有不认识的人跟你们说‘走，我带你去找你爸爸妈妈’，或者是给你们买想吃的东西，你们跟着去吗?”我开始了安全教育。

“不去!”孩子们回答着。

“为什么啊?”我问。

“因为会遇到坏人。”有的孩子回答。

“是的，你们还小，还不能完全保护自己，所以遇到不认识的人，你们不能跟他们走。假如在大街上迷路了，要找警察。你们在商场如果跑散了，要给老师打电话。等会儿我给你们我和邵老师的电话，要揣好啊！”我说。

“我记得我爸爸妈妈的电话，可不可以打啊?”一个大一点的孩子问我。

“可以啊，但是要先打老师的，打不通再打爸爸妈妈的！因为我们今天逛商场是临时决定的，爸爸妈妈还不知道。如果给爸爸妈妈先打电话，他们会着急的，会担心我们的。”我对她说。

小邵老师一来，给每个孩子一张电话便条。我嘱咐孩子们一定要跟着大人，不要跑散了。

还好，孩子们都坐上了购物车，怕跑散的问题比较好控制了。

孩子们对这个商场不算陌生，可能以前跟他们的父母来过，所以一上三楼，孩子们就叫我们把车往玩具区和文体用品区推。还没有推到目的地，孩子们就从车上翻出来，快跑到玩具区，我和小邵老师则小跑着跟上。

孩子们还不识数，他们不断地从货架上取来商品问我价格，问我“是不是买得起”，我都一一回答。最后两个男孩子看上了十九元一辆的组装汽车玩具，女孩子则买了些贴贴纸、彩色圆珠笔等。

“你们买汽车的钱超出了，每个人要还给我四元钱的。”我对两个买汽车的男孩说，他们同意了。

到了食品区，两个买汽车的孩子还想买食品，我说:“你们买了汽车了，钱用完了，不能买这些东西了。如果还想买，就把汽车退回去。”结果他们选择了汽车。

通过收银口后，两个男孩子从其他人那里分享到了他们不能购买的糖果和果冻。

接着去了肯德基，小邵老师说：“还是学校出钱好些。”我同意了。我一向的观点，老师给学生出钱买东西要谨慎，弄不好会失去公平或者有讨好之嫌，也会让其他老师不好做。

下午父母们来接孩子，我跟他们讲了逛超市的经过。两个男孩从父母那儿接过四元钱，还给了我。

第二次

孩子们还想去超市，还想让我出钱招待。

“这次我不招待了。”我说。

“为什么啊?”提议的孩子问我。

“我的钱不多，如果每天都招待你们，我的钱就花完了，我的孩子就会饿肚子了。”孩子们很懂事，只要你告诉他们实际的情况，他们都会理解。

这次去的时候，孩子们不再那么亢奋，在路上没有像上次一样奔跑，所以安全控制就轻松了些。

孩子们还是要坐购物车，还是首先到了玩具文体区。他们只是看和摆弄着这些玩具，带零钱的女孩子则买了些花花绿绿的文具。

结果一个男孩子要我给他买一辆九十八元的玩具汽车，我不同意，他大哭：“我就要买，我就要买!”我则平静地面对，启动了倾听程序。孩子大声地哭闹，我抱着他，感受他，引来商场工作人员的侧目。我则像这个孩子一样，毫不在乎。

哭完了，他平静了，立刻就忘记了他的汽车。

从商场出来，孩子们照例能够分享他们的“战利品”。

下午和这个男孩子的父母讲起这件事情，发现这个孩子的母亲不懂得如何拒绝孩子。她带孩子去商场，一开始总是拒绝孩子的需求，等孩子哭得无法收拾了，她没招了妥协了，最后还是给孩子买了他想要的东西。结果孩子和母亲之间，就在控制与反控制之间纠结。最后，她怕带孩子去商场。结果是孩子在物欲面前无法处理自己的情绪，被物欲俘虏了。由于孩子的母亲暂时还处于旧的思维模式中，我无法教会她怎样妥善处理这样的事情，只有慢慢来吧。

第三次

这次孩子们只是对他们喜爱的商品进行“参观”和“考察”。

我发现，孩子们逛商场的成就感来自“我买得起这个东西”！他们向往成人的生活：有能力自己满足自己的需要。

我跟孩子的家长们讲，每次给孩子的零花钱控制在十元内，超过十元钱的东西，如果孩子想要，就由家长陪着孩子去买，但是不纳入学校的生活中。我也跟孩子们通了气。这样，就不会滋长孩子们之间的攀比心态。

第四次

这次是和一个母亲以及她六岁的孩子逛超市。我跟这位母亲说：“当你决定无限满足孩子的需要时，孩子就会知足。”结果这个母亲拿了一百元给自己的孩子，说：“你可以随便买你需要的东西。”孩子问：“这些钱都是给我买东西的吗?”妈妈说：“是的。”结果这个孩子只买了一把十多元的玩具枪，把剩下的钱全部退还给了母亲。

第五次

这次本来想提议孩子们上味觉实验课，但是A女孩要去附近的世纪联华超市，于是我就带着孩子们去了。

“老闵，我要买一个许愿瓶送给B男孩!”在路上，A女孩对我说，看来这是她今天去超市最主要的目的。前两天她刚买了一个，透明小巧精致的玻璃小瓶里，装着小丝带扎着的彩色纸卷。

“好啊！”我回应着。

照例孩子们还是坐上了购物车，大人推着拉着。前面的老师拉着A女孩的车，A女孩在车上，伸出手拉着坐在后面车上的B男孩的手，我不用推车，后面的车就这样跟着滑动了。“拖拉机，拖拉机”，B男孩兴奋地重复着。在货架的转弯处，为了安全，我分开了两只紧拉着的手。两只小手温暖而柔软，我甚至能够触碰到两只小手上的温情！

我们直接去了存放许愿瓶的货架，A女孩心情愉快地把许愿瓶拿到了手中并递给了B男孩。

路过酸奶冷藏货柜，B男孩说他不想要许愿瓶，说要把买许愿瓶的钱用来买酸奶，A女孩同意了。我看着A女孩不悦的脸色，对她说：“B不太懂你的心情，他不要许愿瓶。”话说完没多久，A女孩把许愿瓶从B男孩手中拿了过来。

“闵老师，B男孩是口渴了！”A女孩围绕其他货柜转了一圈后对我说。哦，多么善解人意！

许愿瓶被我带到了收银处，但A女孩决定不买了。

B男孩则用自己的钱买了那瓶酸奶。

最后，我掏钱把这个许愿瓶买了下来，想送给A女孩，但是A女孩拒绝接受。

我买下许愿瓶，买下的更是教训。A女孩有能力体验自己的情绪，自然地越过自己的情绪关心B男孩的生活，大人的“点拨”或许让她尴尬！不管怎样，都是他们两个人之间的事情，这种介入太不明智了！大人以为自己的观点高尚，殊不知是庸俗之至！

其他：孩子以“公平”的理由要求我买东西怎么办

我带一个孩子去超市买东西，因为他抢人家嘴里的糖。在路上，他告诉我他没吃饭，我也不管这是否属实。那个小超市没有推车，他也忘了拿购物筐，我不帮他拿，我想让他体验一下自由购物和“拥有”这些食品的“实在感”，包括搬运的麻烦。回来的路上，他叫我帮他拿雨伞，我同意了。

“我好累。”他说，但兴致不错。

“如果其他人问我，说我都给你买了，要我给他们买怎么办?”我问他。过往孩子们提出的公平问题，我感觉自己没处理好。

“如果给你买了，其他人要，我就会给其他人买。都要买，我就变穷了，变穷了我就不能办儿童之家了。”我接着说。

“我会分点东西给他们吃的。”他说。

那一刻我决定，如果其他人再要求我买的话，我就会叫这个孩子来帮我的忙。我想，他会帮我想出办法的，换任何一个孩子，都会想出办法的。我不再为这件事情担心了。

温故而知新

生活即教育。

上文写的“第五次”，我犯了错误。孩子们之间互赠礼物，我当时的状态是滞后的。我自以为能够分清事情的边界，所以教 A 女孩怎么做。爱，就是给对方需要的，A 女孩比我做得好。如果没有我的介入，A 女孩兴许会为 B 男孩改买那瓶酸奶。成人自以为比孩子懂得如何与人相处，未必。

成人满足孩子的需求，敢对孩子说“不”，孩子就会满足同伴的需求，也敢对同伴说“不”，爱就是这样传递开来的。

手记 24　让人揪心的电脑游戏

大概是三个月前的一天，小邵老师把办公室的电脑打开并连上网，孩子们开始上网玩游戏、看卡通、看故事片，网络世界向他们打开了。

我还没有准备，这件事情就发生了。按照我的观念，教育就是开放地接纳每一件事情的发生，我只好接受。哎，90 后女生就是这样，冷不丁给你搞些动作出来，让我这个60 后男生措手不及，你还不能说她是错的。

这个事情是个大事情，没有跟家长讲过我们儿童之家是可以上网络的情况下，就把网络打开了。因为没有讲过，所以我觉得有些理亏（但是如果讲了，可能行不通，我们可能面临着更大的挑战）。刚开始，我看到家长早上来的时候，看到有孩子在打游戏，脸色还是比较镇定的。但是没过多久，家长的脸上就挂不住了。早上来，开始玩游戏，家长倒还能故作轻松，下午来接孩子，脸色就挂不住了。孩子就是孩子，明明是早晨开始玩游戏，中途常常停下游戏，搞很多吃喝玩乐的东西，但是家长看不到，偏偏看到一头一尾都是打游戏的！

接着，教师扛不住了。因为当下午家长来接孩子时，孩子们还在玩游戏，家长的面部表情有些僵硬，这种僵硬给教师带来了压力。教师希望家长来的时候，看到孩子们在做其他事情而不是玩游戏。当我们明确向孩子们提出我们的要求时，孩子们不听。孩子们不听，我们只有妥协，只有硬着头皮接受孩子在放学这段时间玩游戏的事实。我觉得在我们这个儿童之家，心平气和地和儿童妥协，是良好人文环境的标志。如果是非暴力、非权威、讲人性，必定意味着妥协。

孩子们的嗅觉很灵敏，知道家长的心思，但是放学这段时间再自由自在地打一阵子游戏，对于他们来说太有吸引力了。况且他们知道这是一个讲究爱和自由的儿童之家，他们有保护伞，回到家就没有这么爽了。他们采用的方式就是掩耳盗铃：快放学时，把学习区的门关上，继续玩他们的游戏。

家长来了，神经紧张；教师看到了，神经紧张；敲门，孩子们神经紧张。

开会吧。我们没有自由（自由必须以独立人格作为基础），哪能给孩子自由呢？我们自己都不轻松愉快，怎么给孩子轻松愉快呢？

“我们可以这样问自己，撇开我们的教育理念不讲，我们是像爱自己的孩子一样爱他们吗？”

“是的。”老师们都这样回答。

“那还有什么比这个更高呢？”我问，大家以沉默来肯定。

“有些家长曾提出要求，要我们教（灌输）给孩子什么。我则提倡孩子在已提供的环境中由他们自己去发挥，教师只是应儿童的要求提供帮助。每个家长的条件是有限的，每个学校的条件都是有限的，我们能给孩子爱，这就够了。”我说完后，大家显得更轻松了。

“他们几个人一起玩，我也看到了他们分工、合作、协调，他们的状态很好！只是我内心不允许，有焦虑，这是我的问题，不是孩子们的问题。”周老师说。

“孩子们玩游戏的状况你们也看到了，他们玩一台电脑，有时是双人玩，有时是单人玩，但是他们一个人玩不了多久就停止了。他们每过一关或者完成了具有挑战性的一步，都来找我们老师报喜，说明他们对伙伴和成人的人际关系比游戏更感兴趣，电脑只是他们彼此互动的媒介而已。”我这样总结。

“请问，我们内心真的允许孩子打游戏吗？”我问。

“真的。”大家回答。

“那就不管家长的感觉了。”我说。

于是孩子们仍然是早晨开始玩游戏，中途休息，玩耍（也有玩一整天的时候），下午放学之前继续玩。我们老师安之若素。孩子们最先感觉到老师的变化，所以玩得更自然了，原来三方都焦虑，现在有两方不焦虑了，这种事情为什么不干呢？

既然快乐的经历可以培养孩子们乐观的性格，我们为什么不干呢？当然并不是仅仅玩游戏孩子就可以培养乐观的性格。关键是环境提供者的心情，孩子玩电脑，家长忧愁恐惧，关注的是如何避免，网吧老板关注的是孩子的钱袋，我们关注的是孩子们的快乐和我们的胸怀。网络游戏在这个世界是真实而合法存在的，这是一个事实，我们必须接受。“再没有比与事实为敌更为愚蠢的事了。”我又一次想起卡尔·罗杰斯的话。接受网络游戏这个事实，接受孩子，就不会把孩子推向自我封闭的深潭。很多人可能不知道，喜欢上网并不就是上网成瘾。所谓的网瘾，就是沉迷于上网而丧失与人交往的能力。多数网瘾是因为大人把自己的紧张和焦虑转嫁到了孩子身上，大人控制孩子，孩子反控制，不愿意和大人交往，继而不愿意与其他人交往，一遇到网络游戏，就容易上瘾。孩子堕落的原因很多，毒品、赌博、色情、暴力、偷窃……只要他们干渴的心灵在这些扭曲的事件中获得一点儿做人的尊严、获得一点儿自由、获得一点儿成就感，他们就深陷其中不能自拔。问题永远来自内在，内在准备好了，外部的条件就具备了，好事坏事都如此。

越是看那些教育理论书籍，越是感慨所知有限。但是又很伤感：这个社会缺少的不是知识，而是胸怀。由于缺少胸怀，知识的作用有限甚至有些人连常识都不顾了，孩子就是孩子，孩子也是人。

电脑是人脑创造的，不要被我们创造的东西吓着。思想是我们觉性的产物，不要被我们想象的东西吓着。

有人说电脑有可能损伤视力，据我的经验，压力是导致视力下降的首要原因。孩子们玩的都是3366和4399小游戏，内容都是健康的，诸如“大便超人”这种看似庸俗的游戏，也都符合儿童心理发泄的需求。提升手眼协调能力，游戏其实也不失为一种好的锻炼方法。

温故而知新

所谓的上瘾，最初阶段就是父母权威的控制和孩子反控制的逆反。后来，父母的不允许变成了孩子头脑中的自责。孩子们的上瘾，就是和这种自责对抗。

焦虑是父母稳定的情绪结构。即使孩子不打游戏，父母也会焦虑孩子其他事情。如果父母看不到自己的焦虑，就会无意识地控制孩子，而人性是本能反控制的。

手记 25　我肚子饿了

陈 × 是我们这儿年龄最大的女孩，她已经读了一学期，新学期过后她就要读小学了。今年开学后，我发现她有很明显的变化，给其他小朋友的关心多了，发布命令的时候少了，也很少用打扰我的方式来引起我注意。她能直接提要求，要我抱她。抱着她的时候，她也很自然。

“春节的时候你爸爸这样抱你了吗？”我问。

“我爸爸基本上每天都这样抱我！”她说出这句话的时候，充满着快乐和满足。在我眼里，她爸爸是个比较严肃的人。

有天下午，她妈妈来接她，陪她玩。她们母女还有其他小朋友在窗外的花坛里通过一根 PVC 塑料管玩“打电话”游戏，也邀请了我。

“今有我儿童之家陈 × 同学，放寒假返回儿童之家以后，能比以前更关心其他小朋友，同时给他们自由，特此表扬！”陈 × 娇嗔地来“打”我，她还不能坦然面对表扬，但她很高兴。

我和她还有迟迟、奕儿三个人玩捉迷藏。玩了一会，小朋友们散了，陈 × 来找我，说肚子饿想吃东西。肚子饿了，吃什么东西呢，我带着她去厨房箱子里找了半天，没找着她喜欢吃的。

“你问她想吃什么嘛！”一个小朋友说。

“你想吃什么？”我问。

“巧克力。”陈 × 有些不好意思。

我终于明白了，原来我们捉迷藏的时候，她看到了寝室里我女儿放在窗台上的巧克力！我拿了两个巧克力给她，边拿边说："给你，也要给他们的。"

"不给了！"她拿着两个巧克力走开了。第二天，她对我说："老闵，我想吃巧克力！"

"巧克力是我女儿的，昨天给你吃了，今天你要我再拿，我觉得找不到动力。"我说。她听了我的回答后，平静地离开了。

温故而知新

我没有像往常一样在这种情况下采取一视同仁的观点也给其他小朋友，是我觉得她需要特别的关怀。她在零食满足这个层面有更多的精神空缺需要弥补（虽然当时已经收效非常明显），一视同仁会淡化这种弥补。她来要，没有为大家要。我如果给大家，是不应机的。不应机而去求公平，只是我内心害怕自己的行为带来麻烦而已，那是下一个问题。如果发生了，再处理就行了。

拒绝中包含对孩子的尊重，准确地说出事实和理由，孩子会接受的。

手记 26　奕儿的成长

奕儿三周岁了，我见证了她由频繁发脾气到现在能平和地对待很多事情的过程，所以想要把她的成长记录下来。

她是上学期来大唐儿童之家的，我和她在这个学期认识。初次见面是在开学前的家长会上，她妈妈和我交流起她的情况，说是希望这学期能让奕儿在上学的日子里有午休时间。因为她下班晚，如果奕儿中午不睡的话，每天她回家女儿已经睡了，她希望每天能和女儿有一些互动的时间。亲情之间的互动较之与老师和小朋友之间的互动更重要，妈妈的爱是任何别的爱都无法替代的，基于这样的观点，我满口应承。

等到奕儿来上学，才知道她的情绪特别多，整个九月份她几乎是在眼泪中度过的。她一哭起来就不知道什么时候会停，哭声通常是“惊天动地”，而且要求特别多，不停地说要到外面去。我把她抱到外面去吧，外面小区的老太婆一看到她哭总是要前来干涉。

其实奕儿的状况在我看来就是一个问题，至少在我经历的那么多幼儿园的孩子中是没有的。这学期刚和父母分离的轩妞，我们也只用了一周多的时间就把分离问题处理好了。奕儿在哭的时候总是一直提要求，看起来像是在和我们较劲，想要用哭来控制我们。于是我调整了方法，当她对我说要去外面时，我会对她说：“你现在只是很伤心，等你不伤心了我们再去。”当她要求我站起来抱她时，我会说：“我现在很累，所以只能坐着抱你！”这时候我有些庆幸我曾在幼儿园工作了七八年，处理过太多这样孩子和父母的分离焦虑（只是那个时候用的方法没有现在的好），所以现在当我面对奕儿时，内心没有情绪，我能做到完全平静地对待她的情绪。

在开学前，本来我的打算是等她的情绪平复一些后再要求她午休。现在两件事情同时做起来，奕儿的情绪反而更大了，有一次吃完饭，我刚叫轩妞睡觉，她就哭起来了。老闵受不了了，说是这样的要求太早了，让奕儿睡觉导致她焦虑。为这个我们吵起来了，老闵把奕儿妈妈的态度搬出来，说她妈妈也说自己错了。我就不再做要求了。后来我才知道奕儿妈妈的态度其实是没有变化的，说是错了也要坚持，只是老闵想要我停止这样的行为。平静下来仔细想一想，其实他这样也就是不允许孩子有情绪。而我只要是温柔地坚持，对孩子的伤害是不会太大的。所以大概过了一周，奕儿睡觉的事情又被重新坚持。到了十月下旬的样子，奕儿就只有在早上和妈妈分离的时候才有情绪了。

在园里，因为只有我对奕儿做要求，在她有情绪时也改变了上学期老师对待她的方式，不再回应她的要求，所以奕儿在有情绪的时候坚决不要我。再加上我和老闵之间的分歧，奕儿对我更加敌对。可平时在我看来还好，她会时常地和我有互动，她会经常叫我注意她的行为。后来知道她这样地想要得到我们的关注，是因为她妈妈在小的时候很渴望得到她婆婆的关注却没有得到。奕儿承接了妈妈心里的这份情绪。我确定奕儿只是在有情绪的时候感觉我和她内心的频率不一样，所以她不想要我的陪伴。不要就不要吧，我接受这个事实，不过我还是要求别的老师在抱她的时候尽可能地不要去回应她的要求。

奕儿早上的接送由她爸爸来进行后，她也就不哭了，因为爸爸和她关系不那么亲密。以前不太懂得情绪处理的时候，我对新来的孩子都有这样的要求，最好是由和孩子关系不那么亲密的家长送孩子入园。

后来奕儿分离的情绪处理得差不多了的时候，她对于一些事情的变化情绪反应很大。比如本来今天说好是爸爸接，因为爸爸有事情没能来，想让她和别人一起回去时，她会伤心地哭一场。别人把她接回家，等爷爷把她接回自己家时，她没能看到妈妈也要伤心地哭一场。这样的情形类似于秩序敏感期的孩子了。

到了十二月的时候，我们发现奕儿成了儿童之家的中立者，几乎是处于她不打别人，别人也不打她的状况。以前小多和她玩时要打她，现在不打她了，以前轩妞和她在一起也有一些冲突（主要是轩妞太小不懂得和别人相处），现在轩妞和她也没有什么纠纷了。我们看到有时候也会有别的孩子打她（这样的状况几乎可以忽略不计），她总是不叫也不哭地让着。看见她摔着了，问她时，她总是说没事的，不疼。只有真的很疼的时候她才会哭。有一次，小米的大龙球飞过来砸到她，问她生不生气，她也说不生气。我们是真的能感到她的内心变得平和安静了。

以前睡觉总是要干涉才能睡着的她，现在也可以自己入睡了，而且她妈妈说现在在家里她睡觉的状况也好很多——有时她还会主动要求去睡觉。她现在不仅不去抢别人的东西，还喜欢分享。没有轮到自己的时候，她总是安静地等待。

奕儿最喜欢的就是照顾别人。有一次，我们带孩子去沙坑。我坐在沙坑的一角，奕儿走过来对我说："你到那下面（滑梯的下面有一个空间，孩子们和老师都在那儿）去吧。"我说："我不去，我就在这儿，这样我可以照顾到大家的安全。"她说："那我也不去，我在这儿陪着你。"当我把这件事情告诉她妈妈时，她妈妈还真的不能相信一个不满三周岁的孩子能有这样的品质。

（作者：闵洁）

温故而知新

闵洁是我最小的妹妹，她体察孩子情绪的能力很强。对孩子说“不”，温和而坚定，是成人不受孩子情绪控制，同时也让孩子迅速释放完残留情绪的有效方法。

把孩子的情绪处理好了，孩子的理性就出现了，他就懂得和成人合作，比如睡午觉。在以上的儿童教育事件中，在一个尊重孩子意志的环境里，孩子的这种合作，终究是对成人意愿权宜的妥协。没有过多久，这孩子不再睡午觉，我们也就不再坚持。

一个身心健康的孩子，在一个被尊重、允许有主见的环境里，三岁以后是不用睡午觉的。他们的生物钟更符合自然规律，日出而作，日落而息。

手记27　冲突的干预

在处理孩子问题的过程中，最重要的是成人对孩子的尊重和真诚，还有与此原则相应的或者超越其上的感觉。只要把小孩子些许的困惑点破，他们是可以举一反三的，因为他们的感觉比成人更能指导他们自己。

案例一　谁该玩这把铲子

轩妞带了龙车和小塑料铲到儿童之家，康康拿来玩了较长一段时间，然后放在一边，小小雨就拿过来玩，康康看到了，就说他还要玩。小小雨不想给，但是康康说铲子是他的。小小雨正把铲子还给康康，我对康康说："铲子是轩妞的。"康康停止要求，小小雨听到就往轩妞那边看，他打算把铲子还给轩妞。我对小小雨说："轩妞没有叫你还给她。"于是小小雨继续玩。过一会儿，康康又闹着要拿铲子，小小雨看我的脸色，有些犹豫是否要把铲子拿给康康玩。我想知道小小雨的真实意愿，就问小小雨："你愿意让给他玩吗？"小小雨果断地说："不愿意。"我说："你不愿意，就继续玩。"康康听了，也就不再坚持，小小雨则继续专心地用铲子玩他的沙。

案例二　另一把铲子

小米带了儿童之家的大塑料铲出来玩，玩一阵子后开始玩球，小多多刚把他放在旁边的铲子拿过来，小米就一把抢过去："铲子是我带出来的！"

我说：“铲子是学校的，虽然是你带出来的，但是如果你不玩了，别人就可以玩。”小米还有些不服，我说：“你不拿在自己手里，就说明你不想玩了。”于是小米手里就一直拿着铲子和球。

我看着这一幕，似乎有些不妥，但是我相信小米可以自己解决他的困窘的，如果他有新的打算的话。

我还想说：“铲子是你拿出来的，你有优先玩的权利，可以要求别人玩后还到你这儿来。”但最终也没有说出来。

案例三　帮忙

大多多等在秋千旁边，等着小多多让开。这时候小小雨跑过来，说：“我帮你抢！”小小雨过来抢，小多多很自然地让开了。我说：“他（大多多）可能更愿意排队等待呢！”小小雨听了后默然而有所思。

案例四　错误的预设

1. 女儿把滑板车从下坡道上滑下来，很兴奋。儿子抢着要拿滑板车，我和妻子认为儿子不会滑动，就不给他，他哭着坚持，我们就妥协了。儿子艰难地把滑板车拖上坡顶，大叫“姐姐！姐姐！”原来他要帮姐姐把车拿到坡顶！

2. 轩妞和康康见面总爱打架，严重的时候相互抓咬。我经过观察发现，是轩妞想拥抱康康，康康不理解，就抗拒，于是“战争”就发生了。通过几次有意识地让康康接受轩妞的拥抱，二人的关系就明显缓和了。

3. 小小雨拿着铲子在沙坑里挥舞。小区里另一个妈妈带着自己的孩子在沙坑里不远处的木马上玩。

“不要玩铲子，会伤着我的孩子！”那个母亲很紧张地向小小雨提出要求。

“他不会的。这个孩子这段时间内心比较平和，没有攻击性。”我这样说。这个母亲的脸色都变了。我看她五官还算端正，属于那种典型的有道德有规矩的人，就想继续启发她一下。

“不要预设孩子的行为。”我说。

“你的意思是说，要等到伤到了才说？”她生气了。我想立刻回答说“是的”，但是担心她会崩溃。

“小孩子之间，即使发生一点儿冲突，都是小事。”我想息事宁人。

“哼！好像这个沙坑是你家的一样！”她立刻骂骂咧咧抱着自己的孩子离开了沙坑。

“我没有说!”我立刻做出回应。我的意思是，沙坑还是大家的。

教育的方法要看大家有没有缘分来分享。我在这儿分享，是希望大家都能找到自己的感觉。

温故而知新

对于成人，我过去是过于严格了。

时隔几年，我已经不像先前那样紧张，内心对孩子已经没有强烈的拯救情结，很多事情可以更温和地和成人交流，更能够处理成人的焦虑。

其实，话怎么说，立场怎么表达，最后的效果还是由自己的身心状态决定的。

手记 28 人家老闵都没有说什么

小朵朵是个没来几天的孩子，三岁多。

来的时候她很少说话，她妈妈是因为这件事情来找我的。这个孩子来之前，由于在前一个教育机构被强制进行“感统训练”，摔伤了手臂。

来了之后，我们给予她尊重和自由，她可以自己决定做什么，她就开始说话了，虽然话还是很少，但她的胆子大了起来，有时还会打我两岁的儿子康康。

放学了，康康在沙坑里玩。小朵朵之前不被允许玩沙子，也不懂得如何与小伙伴玩。她把沙子撒到康康头上，康康本能地用手把沙子从头上抹下来，她不乐意，索性猛抓一把沙子撒在康康身上。把沙子丢在康康头上、向康康猛撒沙子这个过程，旁边的小朵朵妈看得很清楚。每当小朵朵妈想制止，我都示意她不要说话，她欲言又止。这样做是因为我觉得，这个孩子之前被限制太多了。

回到家，小朵朵的妈妈实在憋不住了，说：“你今天又打康康了。”

小朵朵回答说：“人家老闵都没有说什么。”

温故而知新

孩子是聪明睿智的，大人比不上。

我儿子康康很幸运，两岁就进了儿童之家，但也受罪。他年龄最小，经常受同伴的打，挨了打就哭着来找我。有三年的时间，我都不能为他主持公道。因为我是老师，如果主持公道，可能会给他带来更多的攻击。当父亲又当老师，这个双重角色非常难演。

极端的一次，我坐在书房里，儿子被人打哭了，我抱着他安抚好他的情绪，他一转身出书房不到三秒钟，又挨了打哭着回来了。如此三次，我都只是安抚他的情绪。那个下午，他就待在我的书房里玩。

人生经历不幸是一种不幸。如果没有经历不幸，是一种更大的不幸！现在的康康身心都很健康，这要感谢他人生的际遇！

“人家老闵都没有说什么”，是的，老闵没有说什么，只想说：祝福天下的家长们和孩子们，愿你们寻找到你们的幸福！

青少年篇

手记1 和中小学生谈早恋问题

一

2011年，在阳朔兴坪的夏令营中，一次进餐时，有学生向我反映，说某某男生喜欢上某某女生了。我说："很正常嘛。"然后我告诉他们，我小学时候就喜欢上了一个女同学，然后大谈我的"恋爱史"，孩子们听得津津有味。

"恋爱可以谈，但是不要轻易尝试性生活，要很严肃认真地对待性生活。"我说。

"闵老师，你为什么要跟我们说这个事情？"有一个学生问。

"我担心你们不能把握自己。现在你们很容易看到不雅的东西，比如网上就很多。"

"我们不会的！至少二十岁以前我不会考虑结婚的问题。"几个孩子先后信誓旦旦地说。

到晚上，被告密的男孩要跟我同睡一张床，我同意了。

随行的一位老师说："他是想找你谈。"

我点头。

"你很有眼光嘛！你喜欢的这个女孩很出色。"另一位老师也附和着，男孩很腼腆。

"你是否觉得她很漂亮？"我问，男孩点头。

“我认为，你这不叫谈恋爱，你只是想和女孩子交往，你想尝试与体会和女孩交往那种不同的感觉。”我说。男孩如释重负。“男孩子经常会把对母亲的需求，投射到女生身上，现在没有问题，就担心你们进入青春期以后，把这种问题和性爱混在一起，以为找到了所要爱的人，就容易犯错误。”听了另一位老师的话，男孩更平静了。

“什么叫青春期啊？”男孩问。

“就是有一天，你发现你的声音变粗了，长胡子了，小鸡鸡晚上第一次出水了。”我的回答很直接。

我问：“听说你在班上有好几个喜欢的女孩？你的成绩波动很大？”

男孩点头。

“我上初中时，我单相思的女孩就坐在我的前排，我不知道怎样表达我喜欢她，就在课桌前面的边缘上涂上墨水，不让她靠，还抓了一只壁虎放在我的文具盒里，用圆规尖戳壁虎的背，壁虎张大口回头猛咬圆规的动作把她吓坏了。我只能以恶作剧的方式引起她的注意。不知道你是怎么表达你对女生的喜欢的？”我讲了自己的故事。

男孩沉思着。

“那后来呢？”男孩隔了一阵子，问。

“后来我上大学时向她表达了。但是我只会在她面前发脾气，就像在我妈妈面前一样，总是威胁说我想离开她。她和我分手两周，就和别人订婚了。”我对男孩很坦诚。

“我现在觉得，喜欢一个人，首先要尊重她。”我看着男孩的眼睛。

第二天，这个男孩在别人调侃他“喜欢上某人了”时，表现得异常的平静，也不再用躁动的方式引起女生的注意。

夏令营结束，他喜欢的女孩大胆地拥抱了他，彼此都哭了，我看得出，他们是为了纯洁的友谊而哭。

二

“像你们这个年龄，优秀的女生常常会喜欢上‘坏男孩’，这是为什么呢？”晚上，我约几个初中毕业的女生喝咖啡。其中一个女生本来想和她的“男朋友”一起来参加夏令营的，结果被组织的老师拆散了。

“不知道哇。”女孩子们回答。

“我觉得越是优秀的女生，越是自信，她拥有母亲般的爱心，她会同情‘坏男孩’，想用母亲般的爱心帮助他。因为不懂什么叫爱情，以为自己爱上他了。你们说是吗?”我侃侃而谈。

女孩们都在微微地点头。

我说：“如果是以这种心态来恋爱，是一种迷惑。”

女孩子们的脸上开始泛光，那个早恋的女孩更为明显。

“我觉得，爱人很重要，自爱更重要。自爱就是要分清友谊和爱情。”我补充道。

那天晚上，没有咖啡，只能用瓶装饮料代替，但是大家很开心。

我没有告诉她们，即使爱，也无法改变一个人，因为爱只是一粒种子，不是土壤。

让她们自己去悟吧。

三

有人向我告密，小男孩 YY 经常晚上和大家聊他“泡妞”的经历。同寝室的人说：“太恶心了！”

我当不知道这件事情。

YY 也是听过我讲自己“恋爱史”的人。由于开营前我和他接触比较多，我有时对他很严厉，有时关爱有加，所以他和我有些距离。

“闵老师，我和你谈谈我‘泡妞’的故事，我担心你会批评我。”

“不会，这些在我看来都是小事一桩。”我说。

“上寄宿学校一年级的时候，我到女生寝室去，女孩子脱光了身体，用床单把自己裹起来，我看到了她们像贝壳一样。”小男孩兴奋地对我讲。

“这没有什么啊！”我回答。

“都没有穿衣服！”他不同意我的看法，但是我的不批评，使他感到意外。

夏令营结束，回到我的工作室，大家一起跳交谊舞，他和我妻子跳，他很紧张，不敢正视我妻子的眼睛。我对小男孩说："你心里有杂念哦！"

他的杂念，也许来自他"泡妞"时的罪恶感。他把这种别人没有的经历，向同寝室的人炫耀，说明他自己与众不同的成就感。

他在罪恶感和成就感之间徘徊，我有机会拉他一把。

温故而知新

这是我2011年第一次夏令营的报告，现在反省，做得不够好。后来也没有机会和 YY 交谈这件事情。当时唯一做得好的，就是和孩子们平等交流，但自己的倾听能力不够。孩子们相信我，和我谈他们的问题，应该是很重要的问题，我故作轻描淡写。我应该重视他们的述说，询问他们一些细节，表达对一个生命的兴趣。

早恋问题在当今非常普遍，是家长不可回避的。如果一个孩子缺少爱，早恋的问题就可能处理不好，父母应该坦诚告诉孩子自己的担心，告诉孩子自己的性道德观念、恋爱观和婚姻观，和孩子分享自己的人生经验。

这里面最最重要的是成人的真诚。恋爱也是需要学习的，婚姻观的成熟也不可能一蹴而就。把早恋视为洪水猛兽是极其错误的，这会使孩子和父母产生隔阂。如果孩子因为恋爱问题处理不好，同时又因此和父母产生矛盾，就会导致孩子一系列的问题。

我曾经辅导过一个单亲妈妈处理十三岁女儿早恋的问题，用了三年的时间才把问题处理好。这个女孩子早恋、辍学、和不良少年来往，我指导这个妈妈的处理原则是：

1. 把恋爱的决定权交给女儿，让女儿学会避孕措施。

2. 任何时候都要在心里给女儿留下接纳的空间，无条件地接纳女儿。

3. 任何时候都为女儿留出物理空间，女儿可以自由离开家，但任何时候都可以回家。和女儿说到哪里去最好能告诉妈妈，不愿告诉也不勉强。

4. 和女儿说，任何时候女儿肚子饿了，没有钱回家了，都可以向妈妈求助，妈妈会把女儿接回家，不批评不指责。任何时候女儿受了委屈，都可以跟妈妈讲。

5. 当女儿把男孩子带回家时，告诉男孩子，这是自己和女儿的家。男孩子可以来家里找女儿，自己会给予他尊重和礼遇。但是，他不能在自己家里过夜，不能在家里与女儿有性生活。要明确地告诉女儿："你们如果真相爱，以后可以建立自己的家。"

6. 适当地给女儿零花钱，支持女儿打工，但明确告诉女儿不支持她离家出走。

这种对孩子无条件的爱，孩子是无法拒绝的。开始女儿不接妈妈的电话，她只能用短信和女儿沟通。渐渐地，女儿接她的电话了，会告诉自己到哪里去了，甚至整天待在家里不想外出，在家里帮忙做家务，最后女儿离开那些不良少年了，复学了，心理也恢复了健康。

这个妈妈太伟大了，她顶着前夫家庭、周围亲朋所有的压力，不去"抓现场"，尊重女儿自己做决定的权力，最后挽救了自己的女儿。

手记之

突破《弟子规》在儿童教育中的误区

自从南怀瑾先生的《论语别裁》消除了我对《论语》的反感后，我就在“四书五经”面前彻底否定我自己。在这个否定之前，我一直在抗争来自父母的权威教育，我想推翻自从入学以来所有成人对我的说教，我想走自己的路，但是被生活中的种种际遇碰得头破血流。我这时开始反思，是不是自己错了？后来接触了《弟子规》，觉得自己各方面都做得不好，错得很远。现在看来，这种反思其实多数是一种无可奈何的妥协，但当时我没有这种发现。于是就在我上的管理课中讲我学习《弟子规》的心得，包括“父母呼，应勿缓”这句话。

由于父母的严厉，我记得我很小的时候就形成了不恋床的习惯。早晨只要父母一叫，我立刻翻身下床。还有就是，家里每次开饭的时候，只要父母说“开饭了”，我们兄弟姐妹总是行动迅速。因为如果行动缓慢的话，父母的训斥就来了：“吃饭都跑不快，还有什么你跑得快？”

现在反思，这种出于外在的恐惧而养成的行动迅速的习惯，因就不正。这种习惯虽可任劳，但是不能任怨。南怀瑾先生讲，一个人总是“任劳容易任怨难”，我分析有这方面的原因。

因为这些原因，我做管理时，讨厌行动缓慢和恋床的人。后来我在《弟子规》中找到了答案，“父母呼，应勿缓！”对头！现在看来，这种讨厌是缺乏宽容的表现。

为了“教育”员工，我又从《礼记》和《论语》中找出了依据，“父召无诺；君命召，不俟驾而行”。这句话的大意是，父亲召唤时，不能说“等一下”，而是要立刻行动，国君召见的时候，不能等车马备好了坐车去，而是要先走，让车夫把车备好了追赶自己。

当时管理界提倡执行力，企业领导也为员工不能“令行禁止”而恼火，所以我的观点在我讲课时很受人欢迎。我以为把自己的经验讲给别人听，别人就会像我一样行动迅速，但事实上，除了老板很欣赏，员工并没有多大改观。我觉得我出了问题，但是问题在哪里呢？

后来看蔡老师的光盘，讲“身教则从，言教则讼”，就是说你以身作则，别人就会跟从，如果只是给别人讲道理，别人就会和你发生争执。我觉得有道理，就按此以身作则去做，但是员工依旧不配合！现在分析，这种身教的动机是不纯的，别人看得出来，所以不愿意跟从。

在公司做不好，就在家里做吧！我女儿每天早晨五六点钟就起床了，她一起床就叫爸爸。我由于晚上有熬夜的习惯，五六点钟很困，但是在女儿面前，总得“身教则从”吧，所以我不管有多困，都会行动迅速地回应女儿晨起时的呼唤。

但我发现，我的这种“身教”，内在的动力不足。

有一天早晨，我回应女儿后突然发现，女儿幼小的生命，需要我去呵护，需要爱，需要爸爸的回应给她安全感，我终于找到了这种内在的动力，这种动力就是爱，是超越《弟子规》的教条的。我的这种对女儿的爱，是不求回报的，是不需要女儿长大以后要“父母呼，应勿缓”的。

我发现，只有那些从小得到父母足够关爱和尊重而心理人格健康的员工，才有稳定的执行力。这个时候，有机会接触了古国治老师，听了古老师的亲子教育课程，自己在企业管理方面的能力提升很快，用“如鱼得水”来形容，一点儿也不为过。

在古老师的引导下，我和几个师兄专程去学习了蒙台梭利儿童教育，结合自己孩子的教育实践，我发现，只有父母无条件地给予子女爱，同时又给予孩子人格上的尊重，孩子才具备健全的人格，才自信。由于人格健全和自信，自然就会乐观机敏，自然就会具备“父母呼，应勿缓”的品质。这种品质是健康人的天性，与后天的说教无关。哦，原来教育是这样的。以前看南怀瑾先生的书上说“亲于其师而行其道”，现在终于有融会贯通的味道了。

学《弟子规》的儿童把自己的衣服剪碎了

我认识一个幼儿园的院长，她不明白“为什么《弟子规》这么好的东西孩子不接受”。她告诉我在她的幼儿园里，很多孩子学习了《弟子规》以后变得很听话了，但是有几个孩子，学习以后很不快乐，回到家里后用剪刀把自己的衣服给剪了，父母问孩子为什么，孩子没有反应，甚至根本忘了有这件事情。

以我的心理学基础知识判断，孩子出问题了。孩子有巨大的委屈才会做出这种破坏性的举动，并且用选择性遗忘应对来自大人野蛮的压力。

哦，可怜的孩子！

我还发现，按《弟子规》所述来做的孩子，很“听话”，但失去了孩子的机灵，失去了孩子的天真，遇见成人很紧张、不知所措，除了礼节到位外，遇事退缩，缺乏主见和担当。一旦犯错，就过于自责，没有独立思考的能力，从他们身上，根本看不到“君子坦荡荡”的特质。由于见人就鞠躬，穿着拘谨，他们被大人贴上“好孩子”的标签。

至于儒家讲的智、仁、勇，我发现很多学习《弟子规》的孩子都靠不上边。没有勇气，不敢有自己的观点，称不上智慧。没有勇气，不能够敢爱敢恨，称不上仁慈。西方人讲：如果你失去财富，你失去了一些东西；如果你失去健康，你失去了很多东西；如果你失去勇气，你就失去了一切。此言不虚。

有一年的暑假夏令营里有一个学习国学的孩子，在骑自行车的时候不小心撞到了一个摊贩的服装摊，一些衣服掉在了地上。孩子遇到这种事情，当然会惊慌失措。

我去处理这件事情时，发现老板很不友善。我跟老板说："对不起，孩子是无意的。"结果老板说："孩子是无意的，总要让他学会承担责任吧。"我觉得老板说得有道理，就对孩子说："你说怎么办?"（我想锻炼孩子处理问题的能力。）

孩子上前就对这个摊贩鞠了一个超过90度的躬。（对于这种不懂礼仪的人，没有必要。）结果老板并不领情，说："把衣服给我弄脏了，要赔钱!"

我对孩子说："你跟老板说，你赔多少?"

孩子说："赔一百元。"（我知道这个孩子当时已经没有钱了，我是希望孩子跟老板说实话的，少赔点钱。）

最后在我的据理力争下，赔偿二十元，由于我自己没有零钱，又要去赶大队伍，被老板多要了五十元。因为没有得到老板的谅解，而且还被多要了，所以孩子的情绪整天都很低落。

事后我对这个孩子说："出了这种事情，你只是把衣服撞落在地上沾了点灰尘，你是无意的，老板却借机讹诈我们。你没有错，是老师无能，没有保护到你，至少老师可以叫警察来处理这件事情的。"我希望孩子从事实中学到，不要因为自己有错就任人宰割，也没有必要自责。

我遇到学《弟子规》的孩子，在成人行走过程中也对成人行鞠躬礼，我的意见是：行礼教育，可以参考一下日本公司的礼仪。在日本人的公司里，不是任何时候都行鞠躬礼的。即使在中国的军营里，士兵也不会给行进中的长官行礼的，打招呼问好就可以了。

在我本人看来，如果一个孩子见人就行90度鞠躬礼，是没有必要的，鞠躬礼什么时候行，行多少度都应该有讲究。学习《弟子规》的孩子，给成人行鞠躬礼，成人常常不知道如何回礼，这让成人也很紧张、不安。这是违背"礼之用，和为贵"的原则的。

传统文化中有关礼仪的度的问题，希望老师和家长深入研究，不要草草从事。

《弟子规》不能作为家长向孩子索取孝顺的工具

父慈子孝，是讲父母慈爱，子女自然孝顺。我觉得，父母应该多自省是否慈爱有方，而不是责备子女不听话，听话不能作为孝顺的标准。

新时期，父慈应该理解为父母给子女爱的同时，给予孩子自由，否则就是控制。如果出于控制，父母的爱也谈不上伟大。爱，不仅是物质的满足，还有心理的满足。自由，就是要尊重孩子在该年龄段应有的自主意志。前几日看了关于自闭症的报道，觉得这些孩子特别冤枉。因为如果懂得了蒙台梭利孩子成长敏感期理论，一些所谓的“症状”，只不过是儿童的成长受到压抑使然，解除这种压抑，儿童就会恢复正常。蒙台梭利当初搞教育，是从特殊儿童开始的，由于卓有成效，她才转到正常儿童教育，但她从来不从孩子的问题入手纠正孩子的问题。然后就是尊重孩子的自主意识，理解孩子，宽容地对待孩子。这正如当今的扶阳派中医一样，只是固本培元，而不是分析祛除，正气足了，邪气自然就没有了。

对西方心理学的了解，可以帮助我们正确理解传统文化，不要关起门来夜郎自大。

同时，《弟子规》也不能作为培养孩子道德感的教条。道德感，是人天生就有的。人是天地万物之灵。灵，就是全自动的，包括道德感。虽然不读书，但是道德感是超越语言的。如果一个人该得到理解而没有得到理解，该得到宽容而没有得到宽容，该得到支持而没有得到支持，他就可能“变坏”。理解、宽容、支持，就是爱的具体表现。只有当一个人从小得到的爱足够，足够到“溢出”，他的品德才会是稳固的。

《弟子规》不能成为师长鞭打孩子的工具

经常见到的情况是，一旦孩子犯了错（是否犯了错还要研究，多数情况是孩子的行为不符合大人的习惯），大人总是说：“说，犯了《弟子规》中的哪一条？”给孩子上纲上线，在这样环境下长大的孩子，对经典是极其反感的。

温故而知新

孔子的教育，多半是成人教育。人到了十五六岁的时候，应该重新梳理与父母的关系，在此基础上提倡孝道。

但是，自孔子之后，孝道似乎成了早教。孩子天生是忠于父母的，是爱父母的，但如何表现对父母的爱？我觉得是没有必要规定其形式的。《礼记》讲：毋不敬。我觉得对于孩子，只要他们不冒犯大人就可以了。

孝道不应该作为早教的内容，《弟子规》更适合成人学习。我观察到的现象，老人学习了《弟子规》，都很安详，年轻人学了，都很紧张。

多数的大人会因为孩子不跟人打招呼而尴尬，没有必要。我的经验是只要成人先对孩子打招呼，不勉强孩子做回应，孩子逐渐就会跟成人打招呼了。如果成人把孩子的礼貌作为自己的面子，孩子是能够洞察大人的这种不良动机的，孩子不愿意配合。

叫不叫孩子给成人打招呼呢？叫！但是如果孩子没有按成人要求跟他人打招呼，可以不勉强。如果大人为此感到不安，告诉对方“对不起，我孩子还没学会和人打招呼”就可以了。如果成人强迫孩子跟人打招呼，给孩子贴上“不懂礼貌”的标签，会造成孩子的人际关系障碍。

如果成人遇到了孩子的冒犯，可以直接告诉孩子，甚至表达自己的愤怒。这将更容易帮助到这个孩子，没有必要通过向孩子父母告状的方式来纠正孩子的错误。

手记3 倾听孩子的哭泣

按：得到支持和关注的哭泣，是愈合心灵创伤的良药，大人孩子概莫能外。

2010年，我曾接触过一个孩子。这个孩子九岁，过去在读经的私塾里每天被老师强迫打坐一小时，双腿像小鸡的脚那样细。老师和家长让他“养成”吃素的习惯，体弱。他是最后一名来帅真儿童之家的人。和我们先前没有压抑的孩子在一起，他没有很多释放的机会，但是凭我们的经验，感到他会爆发。

他在午休时间要用陆老师的电脑和手机，陆老师不同意，他纠缠不休。

陆老师抱着他，说他打扰了老师睡觉，他突然就被激怒了，大骂：“你这个讨厌的老师，你有什么了不起！”陆老师抱着他不放要他道歉，他拼命挣扎，骂脏话，但挣脱不开，于是大哭。

如果从哭泣中平静下来，他将重新获取内心的平静。我觉得陆老师处理得很好，就没管，和客人在楼下交流。

突然，孩子从楼上冲下来，哭喊着要给妈妈打电话。我觉得孩子情绪激动，会给妈妈带来困扰（一个不懂得如何处理孩子情绪的妈妈，总会被孩子的情绪困扰），立刻果断地阻止孩子给妈妈打电话，并叫陆老师把孩子抱到楼上去。我给客人打了招呼后，上楼去准备给陆老师当面指导。

我上楼时，发现孩子已经从陆老师怀中挣脱，在骂陆老师。陆老师显然是被孩子剧烈的反应吓着了。我上前去把孩子抱着，到了一个没人的房间，坐在沙发上，让孩子在我的怀里挣扎和哭泣，我腾出一只手，轻轻抚摸孩子的背部。

“说你们这儿好啊，好个屁呀！你们这些老师，哪有这样对待学生的啊，放开我，放开我！我很烦！我很烦！放开我！放开我！我要自杀！我很烦！”孩子不停地宣泄着自己的情绪。

突然，孩子咬了我的膝盖一口，还好，不是很重。

“你不能咬我，否则我要还击。”孩子听了我的话，没有咬第二口。（不是出于报复的还击，是对孩子的尊重——对等，相信吗？当然不能给孩子造成伤害，技术不到家的人不要乱用。）

孩子哭喊的同时身体发烫，出了好几次汗（也许和中医的发汗有异曲同工之妙吧）。我就这么静静地坐着，感知着孩子的情绪。（孩子不接受我递给他的纸巾，但是不拒绝我给他擦眼泪，我由此可以断定我和孩子之间彼此信任的关系没有因为我的“拥抱”受到破坏。）

孩子哭累了，终于平静下来，对我说：“我要喝水！”我说：“好的。”

孩子问我：“我可以出去吗？”

我问：“是出学校吗？”如果孩子这时候离开学校，我会担心他的安全。结果他的回答是不。

我说：“可以先喝水，你一个人再待十分钟，行吗？”

孩子说：“好的。”

我对在一旁观摩的陆老师说：“你到楼下去烧开水。”

过了两分钟，我也下去了，我觉得这个时候，我递给孩子开水更适合。

我递给孩子一杯在碗里兑过的温开水，孩子喝了起来，我对孩子说：“等你冷静了，我再来处理你和陆老师之间的事情。”

“好的。”孩子回答我。我看到孩子已经平静了，就对他说：“你可以离开这个房间了。”

大概过了十分钟，我对陆老师说："你去看看孩子怎样了。"

陆老师去看孩子的时候，孩子主动拿了一根香蕉给陆老师。之后，孩子给自己的妈妈打了电话，对和老师的"冲突"只字未提。

客人走了以后，我和陆老师总结这次心理辅导。

"他哭得太厉害了，我在怀疑自己的处理方式是否正确。"陆老师说。

我说："这是难免的，你已经处理得很好了。你把他的情绪触发出来的方式是对的，倾听的机会抓得很好。只要不伤害到孩子，孩子的情绪最终会平静的，他平静下来，就会跟你提要求，这个时候，一定要尊重孩子的意见。太好了！你触发了孩子的情绪，让他有宣泄的机会。"

"那我还和他交谈吗？"陆老师问。

"不用了，他主动给你香蕉，证明他和你和解了。"（孩子的境界多高啊！）

和陆老师谈话后半个小时，我走过去对正在看电视的孩子说："需要我处理你和陆老师之间的事情吗？"

"不需要！"孩子生气地说。

呵呵，我真是自讨没趣。

温故而知新

得到倾听，情绪得以发泄，孩子的理性就会出现，这是人性的规律。该案是一个特例，因为孩子受压抑太久，他的情绪是爆发式的，所以我们通过拉扯、限制性拥抱来处置。孩子以挣扎的方式发泄出自己的情绪，这是一种治疗方式。

要允许孩子哭，允许孩子有情绪；要关注孩子的情绪，陪伴孩子的情绪。如果孩子接受成人的拥抱和抚摸，可以抱着孩子，不要因为孩子发火而离开孩子。如果孩子让成人离开，成人可以与孩子保持稍远的距离，但要明确告诉孩子，他心情不好，你不愿意离开他，你要陪他。等孩子发泄了部分情绪平静下来，成人就可以走近孩子，用肢体语言和孩子交流。

不要因为孩子有情绪就把孩子关进一间无人的房间甚至黑屋子，这是过去对情绪缺乏了解的做法，更不要因为孩子闹情绪而训斥。

关注孩子的情绪，接纳孩子的情绪，倾听孩子的情绪，就是给孩子最好的爱。

手记 4
这个孩子教我学会了新的释放情绪的方法

小 S 是朋友 F 介绍来夏令营的。小 S 的妈妈告诉我，她来上海之初，挑着担子沿街叫卖做小贩，经常与城管赛跑。这样慢慢积累到后来开了一家超市。等她把超市开好回老家，发现自己的孩子教育已经出现了问题，所以决定把孩子带在身边。小 S 留守老家期间，受到很多成年人的捉弄，比如教他在地上捡烟头抽，许诺给他好处结果又经常不兑现，所以小 S 脾气暴躁，容易生气，到学校坐不住，在课堂上不守纪律。老师对小 S 非常头痛，经常对小 S 说："你要是消停一点，我叫你'爷爷'好了！"但无济于事。老师怀疑小S得了多动症。于是他妈妈带着他到上海各大医院求诊，希望医生能够帮到自己的孩子。小 S 命大福大，没有被诊断为多动症，就差那么一点儿够不上，医生就是不下诊断。我感觉到上海的医生很严谨，否则就没有后面的事情了。

小 S 有一段时间中午吃完饭，莫名其妙开始和我玩角力。我和他推来搡去，他退我进，我进他退。他用尽全身力气，咬紧牙关，一副对我有深仇大恨的样子，我则装腔作势地"陪练"。大概三十分钟以后，他体力消耗得差不多了，就突然丢下我到楼上寝室里去。每次他都会出一身大汗，汗有一股特殊的臭味。这可是一个体力活，我要在保证自己不受伤害的同时不能伤害到孩子。现在回过头来真佩服自己当初对教育的狂热，因为在这里面我的权威也受到挑战，我一直要努力克制自己，观察自己的情绪。这件事情大致持续了四十天才结束，对于我来说，这个重体力活非常不容易。

慢慢地小S的头发变软了，和老师以及同伴开始说话了，出的汗不那么臭了，仇恨的表情少了。我也觉得奇怪，但没深入去总结，后来继续向古国治老师学习他的情绪处理方法，才知道这是非常有效的让孩子释放情绪的方法。

这一年的夏令营，我免费让小S兄妹俩参加。在夏令营期间，间或我对其他孩子也使用这个方法，通常的情况是强制调皮的营员完成规定的活动，在拉扯的过程中，让孩子宣泄对我的不满。

到2012年，我已经熟练掌握这个方法了。

带小S的过程非常辛苦，但是我要感谢他，他让我学到很多。

我们到金华以后，一是由于经济原因，二是由于他周围亲戚朋友不理解我们一直让孩子“玩”，不强迫他学习，他没能继续待在学堂。回家后他利用暑假时间自学落下的功课，决定回到原来的班级。开学已经是小学四年级了，新来的班主任老师特别喜欢他，经常表扬他。他在期中考试时就进入班上前五名，接着当了中队长。

到小学六年级的时候，学校的“六一”儿童节，他做司仪，表现很出色。升入初中后，他表现很优秀，同时自学中医、武术、书法，可谓德智体全面发展。

温故而知新

如果有必要，父母也可以严格要求孩子，但是要允许孩子有情绪。被严格要求、被拒绝后有情绪，是人之常情。父母不能把孩子的这种表现看成是对自己的冒犯。

对于顽劣和脾气倔强、暴躁的孩子，成人用与其推拉对抗的方式释放他们的情绪，从而改善他们的情感模式，不失为一个好方法。这个过程的关键是，成人要一直保持觉察。

通常缺乏爱的孩子是不敢表达自己的情绪的。要先给予孩子爱，让他获得足够的安全感，让他变“野”，让他敢于表达自己的想法和情绪，在成人的平等参与下，他才能得到治疗性的情绪释放。

平等，就是不要把自己当专家，做真实的自己。

手记5　观察孩子时的反省和回忆

这是发生在潜山教育俱乐部的事。

这个孩子来的时候，成天和猫玩，扯猫的尾巴，挤猫的脖子，随时都把猫抱在怀里，让猫没有片刻的安宁。等他好不容易把注意力转移到其他事情上，猫终于能逃脱了。但不到一刻钟，他就又想起了猫，然后四处寻找追逐我们俱乐部那只可怜的白猫。

来我俱乐部当义工的妹妹看到猫很可怜，就对这个孩子说："对猫温柔点好吗？它很难受。"

我在一旁严厉干涉："就算猫死了，又怎样？到底是猫重要还是人重要？"妹妹听完满肚子的委屈。没有办法，在我们这儿，人最重要。

隔了几天，猫被玩得毛都不顺滑了，有些憔悴。我还在观察孩子，还在等待。我知道，给孩子爱和自由，让他体会到，在这儿他可以自己决定自己的生活方式，他就会有自尊的动力。

有一天，他又用双手用力挤压猫的前腋，然后又空出一只手来用力压猫的头，我正好在旁边走过。我学他对猫的样子，双手挤压他的腋下，问他："舒服吗？"

他说："舒服。"

我感到有些诧异，又加了点力，问："舒服吗？"

"舒服。"他肯定地回答。

我又压他的头，问："舒服吗?"

"舒服。"他回答。

我换了一种温柔的方式，全身贴着他，从后面抱他，他没有反抗，有几秒钟，他一动不动，在静静地感受。哦，我明白了，这个孩子需要抱！

之后，我跟老师们交换我的意见，他们表示同意。然后在接下来的几天里，老师们通过游戏的方式拥抱孩子，孩子一下就充满了活力和阳光。治疗的时间持续了三个星期，孩子表现出稳定而健康的品质。和人待在一起的时间与过去和猫待在一起的时间差不多了，即使和猫在一起，对猫也懂得温柔体贴了。这个孩子没有受过什么伤，只是被大人忽视比较多。他需要关爱，需要被拥入怀的感觉，需要陪伴，我们像父母般的给他迅速地做了弥补。

当时，潜山有两只猫，一只黄白相间，一只黑白相间。老师们很尊重甚至爱护潜山的猫和狗，把它们当成我们集体的成员。黄猫不和人亲近，一般人是抓不到它的，但是不久黄猫不知什么原因死了。我们去葬猫时，这个孩子也跟着去了，我能够感觉他内心的庄严肃穆。过了没多久，他又让我带他去看黄猫的坟。我想，通过这几天和我们的接触，他已经变得对生命充满敬重了。

我个人经验，我觉得这个孩子喜欢猫，除了需要拥抱，和我喜欢狗的原因有相似之处：寄人篱下，居无定所，被人忽视。他这样的生活，到潜山才算结束了。

兔死狐悲，物伤其类，呜呼！天下像他这样没有得到关心的孩子还有多少啊?

温故而知新

和动物玩耍，对儿童心理有很好的治疗作用，这在西方心理学界应用普遍。我在做这篇个案记录时，还没有把动物当成一个平等的生命来对待，惭愧。

老师的爱是弥补，比起来自父母的爱对孩子成长的作用，不可同日而语。父母如何对待孩子，如何对待生命，孩子就会如何对待自己、他人和生命。所以到后来，我们把重点放在要求家长改变方面，但与家长的冲突时时不断。家长当初送孩子来，是想通过老师让孩子改变，结果老师反过来要求家长改变，这对家长来说，是万万没有想到的。

对我自己来说，在教育过程中我可以不断梳理自己，取得的进步也超过我的预期。

手记6 孩子最需要什么——来自夏令营现场的呼声

这是2011年的夏令营，我主办的第二届。

夏令营基地所在的这个山村风景优美，气温凉爽，如果仅凭好奇心来玩，对于习惯了都市化生活的孩子们来说，最多能够待两天。但是半个月过去了，孩子们依然意犹未尽，乐不思蜀。我们安排的各种技能学习，虽然让孩子乐此不疲，但属于锦上添花，而不是雪中送炭。

孩子们最需要的是成人平和的心境。孩子们犯错误时，成人应保持处变不惊让其自行修正的心境，允许孩子们犯错误。看到孩子们的表现和我们希望的不一样，我们不应有烦恼的嗔恨的心境。成人应秉持尊重人的原则，如果自己有错使孩子受到伤害，要立刻给孩子道歉甚至做出补偿。如果自己没有受到孩子的尊重而受了伤害，要向孩子表达愤怒、伤心之情，甚至让孩子赔礼道歉做出补偿。

更多时候，需要的是……无为，需要当旁观者，甚至是不露声色的旁观者。不想提“欣赏者”，我觉得让成人去欣赏孩子，是个奢望。因为，只有独具慧眼的、放弃我执的人，才会欣赏另外一个人。我们一个错误的观念，可能造成自己和他人受苦，所以有“他人即是地狱”之说，我们不要成为孩子的“地狱”。

关系比教育重要，心境比道理重要。任何教育方法，都比不上爱和接纳，事实如此。

孩子是家庭关系的血缘纽带，自从我们可以对孩子发脾气那天开始，孩子就在为家庭做贡献了。孩子还是家庭中成人情绪的释放渠道。正因为有这个情绪的出口，我们尚可维持一个相对平和的心态、相对健康的身体。但对孩子来说，他是无辜的、冤枉的啊！几乎每一代人都是如此！这就是业力。业力是不可消灭的，但是可以转化。打骂孩子，是一种不自觉的爱。给孩子尊重，尊重孩子在犯错误中成长的规律，理性地表达自己的价值观和情绪，就可以把不自觉的爱转化为自觉的。

父母是孩子们的天，父母看不惯孩子的行为，给予过多的指导、指责，甚至打骂，对孩子而言就是天塌了。有道是“易涨易退山溪水，易反易复小人心”，成人的心情时好时坏，会让孩子们时常有天翻地覆的感觉。变化严重者，对孩子一会儿爱得要死，一会儿恨得要死。在多变的爱与恨的变化中，孩子就变成了杞人忧天的人。

父母跟孩子讲过多的道理，和拔苗助长如出一辙。父母对孩子的不满意，就是把一块大石头盖在一棵嫩芽上，孩子费了九牛二虎之力从石头边冒出来，但是产生了深层的扭曲。这种扭曲会浪费生命的能量，造成孩子成人后家庭和事业的诸多不顺。父母面对孩子的不快乐，如果不能正确处理，就如霉菌一样黏在孩子们幼树的芽上……

这次夏令营的第一天我在自治大会上提出的“可以讲粗话，但不能骂人”的提议通过后，犹如打开了潘多拉的盒子，霎时粗话犹如暴雨倾盆，连开始举手反对讲粗话的孩子讲出粗话的势头，也如山洪暴发。几天后成人终于受不了了，提议通过“不能讲粗话”等强制措施，我针对性地提出“骂老闵例外”，下一条限制性的提议“骂老闵例外，但是不能被人听到，否则被检举”紧跟着就产生了，热闹非凡。我本想让孩子们有更多的宣泄点，希望以此和孩子互动，重新建立孩子与人相处的规则，但是显然不可能。成人们的挤压，让我和孩子有紧密的联系：最调皮的几个孩子搬到了我的房间，孩子们给我送来了零食……

知道“不能骂人”，只算是知识。通过互相对骂得出“不能骂人”的结论，是认识。通过大会决议，看到集体意愿是“不能骂人”，是见识。我认为，知识重要，认识和见识更重要。

所幸的是，两周后，孩子们的礼貌出来了，粗话很少听到了，彼此互助的事情不胜枚举。

温故而知新

知道“不能骂人”，只算是知识。通过互相对骂得出“不能骂人”，是认识。通过体会到骂人的后果，再大会决议，达成集体意愿的“不能骂人”，是见识。我认为，知识重要，认识和见识更重要。

几年后回头来看，觉得自己总结得太好了！真是“纸上得来终觉浅，绝知此事要躬行”！说粗话可以让这些孩子宣泄遗留的愤怒和伤痛。让这些孩子到特定的空间去宣泄，宣泄完了，就懂礼貌了，粗话自然就少了，我实践过很多次，都很成功。

抱怨也是一种情绪表达。让一个人不断地重复表达他的抱怨，表达完了残留的情绪，他就不会再抱怨。甚至疲倦都可以用夸张的重复述说的方式来消除。

手记7　与潜山有关的两个孩子的作文

收到两个孩子的作文，两个孩子今年都是十一周岁。

第一个曾经是潜山学校的常读生，现在上体制学校了，用他自己的话来说“现在各方面都很好”。我收到孩子的邮件后，赶紧给他母亲打电话，让她反复看《夏山学校》一书，我说：要孩子成才，重要的是给孩子的成长提供精神上的支持，其他都不重要。从孩子的作文中，可以看出父母对孩子还不太信任，给予自由和独立的空间还不够大。

第二个要来参加我的夏令营，当时孩子还不认可父母帮他转学，处于动荡状态，所以我没同意父母送孩子来。孩子的父亲是我的好朋友，由于这层关系，孩子的母亲才在夏令营做了义工，她的成长是惊人的，当然，还包括她固有的天赋。我对孩子的父母很放心。

现在我去搞幼儿园了，留下师兄们在山里战斗。今天我跟一位家长讲，像《夏山学校》一书的理念，从幼儿园开始就该实施，但是英国的尼尔先生也无奈，他收到的是小学生，多数是特殊学生。潜山有赶超英国夏山的气魄，因为老师们有禅宗的学养，但是由于正常孩子的父母害怕这种绝对开放的教育方式，所以正常孩子没有福报享受潜山的人文环境。只有那些特殊孩子，父母没有法子了才送去，算是这些孩子命中注定的补偿吧。

潜山不是特殊孩子的学校，潜山的人文环境是沧浪之水，可以濯洗孩子们心灵的尘垢，可以浸润孩子们干渴的圣灵（潜山屋檐下真的有从水库中直接流出来的小溪）。离开潜山了，我仍然支持潜山。有个孩子的父亲给我打电话，说想送孩子去潜山，但是怕“你走后不稳定”。我说：“要什么稳定呢？世界是无常的，即使你的孩子在那儿待一年，都会终生受用。”听完他说他决定送孩子去。

不要埋怨今天的教育制度，因为教育的关键在家庭，在父母。父母应该承担起责任来。《夏山学校》一书畅销中国，但是你只要看看豆瓣网对该书的评论就知道了。成人们认为书中的理念好，但多数是以“惊世骇俗”来结语，从中可以知道中国父母的差距。加上传统文化，我敢自信地说，潜山的人文环境比夏山更为彻底，只不过没有多少人知道罢了。

我欣赏那些敢于独立思考和独立行动的父母。要想自己的孩子卓尔不群，必须要有超乎常人的远见和果断的行动。

温故而知新

几年后，我的女儿已经上小学三年级了。文章改到这里时，她叫我帮她输入家里 wifi 的密码。我动手帮她输入一半，立刻停下来。“女儿，你来输。”我说。然后告诉她密码，让她输入，还让她记着。

我这样做的目的就是想，如果我有一天不在，她可以自己做。父母替孩子操劳太多，会导致孩子心智上的残废。

手记 8　教育的回归

最近，来我这儿的两个孩子回归体制学校，一学期之中，他们成绩好、守纪律，他们的母亲因为这件事情很感谢相关人员。我本人也曾因此而沾沾自喜，暗庆自己教育理念和方法的正确，但是我很快打住了。

我想说的是，我担心孩子短暂地离开学校，情绪得到释放和修补，是暂时的，也许是昙花一现的。幸好这两个孩子的父母的教育理念和对待孩子的情感模式有较大改变，在一定程度上可以释放孩子来自学校的压力。如果要彻底改变的话，父母应该是孩子处于情绪困境时忠贞不渝的支持者。因为当一个孩子得到父母无条件的支持，他就可以走出他的情绪困境，做好他的选择。

男孩子刚到我在上海开办的儿童中心时，是出于无奈，因为老师怀疑这个男孩子有多动症。孩子的母亲求助于医院，幸好遇到的不是庸医，没有支持老师武断的怀疑。孩子来儿童中心时，根本没有学习的意愿，所以我只能采取“敞放”的形式和他做有限的人际互动。男孩子的姐姐是“乖乖女”，承担了她本不该承担的责任（为弟弟的错误向别人道歉，关心弟弟，原谅弟弟，等等），所以她被人死死地贴上了“懂事”的标签。她在这个标签下存活，但是这种生活方式是与她的自我构建相背离的。在单位同事的建议下，我用“公平”的理由，说服父母让两个孩子都来儿童中心。我考虑到他们的家庭经济情况，给予了部分学费减免。为了打消他们的父母对我教育动机的怀疑，我贴钱让两个孩子免费参加了我举办的15天的“世博—阳朔之旅”夏令营。

两个孩子来儿童中心后，改变很大，但是不愿意看教科书，姐姐看小说，弟弟只顾玩。孩子的母亲看到这种情况，不满意了。我问孩子的母亲：“是听了你的话以后孩子改变的，还是听了我的话以后孩子改变的？”孩子的母亲说：“当然是听了你的话以后孩子改变了。”我说：“对了，那就该继续听我的。”我又问孩子的母亲：“你是不是看到我‘敞放’孩子显得比较轻松，你心里觉得不踏实？”孩子的母亲说：“是的。”我说：“那是不是把我累死你就满意了？累死我效果就好了？我告诉你，我会越来越轻松的！”孩子的母亲经过我责问以后，愿意把孩子继续放在儿童中心。说得轻松，其实我是打掉牙和着血往肚子里吞，要是没有禅宗佛法的支持，我可能早就被这些来自孩子父母的压力折磨得崩溃了。但是要搞教育，我认了！后来孩子的父母支持孩子继续待在儿童中心的意愿也动摇过几次，都被我说服了，真够累人的！

在上海，姐姐给我印象深刻的是，她在她的上铺放了一个巨大的洗衣机纸箱，钻进去看小说。开始只有吃饭时才出来，后来她也会去社区图书馆。我除了关心她的情绪，做些非正式的交谈，就没再管她。这样的生活持续了很长时间，旁边的成人没有一个不着急的，但是她却怡然自得，真是定力非凡！后来她回家偷看妈妈的小说，挨了妈妈的打。我家访知道这件事情后，要妈妈给女儿道歉，妈妈答应了，做没做我就不知道了。弟弟不看书，只是玩、和儿童中心的同学打架、和我“摔跤”，每次和我要摔上三十分钟来释放自己的情绪。夏天很热，记得这种摔跤差不多持续了四十多天，每次搞得两个人都是一身臭汗。吃饭时他抢很多菜放在自己碗里，吃不完都剩着，我也不管——人比物重要的观念支撑着我。一段时间后，姐弟俩内在的安全感就建立起来了。寒假，姐弟俩帮妈妈打理家里的小超市，情人节卖玫瑰花，都表现出色。我对孩子的妈妈说：“开超市，你觉得你孩子的能力强还是你的能力强？”她说：“当然是孩子的能力强！”我说：“那你还担心他们什么呢？即使考上大学，还不是照样要谋生？”第二学期，她的两个孩子跟着我们到潜山。到潜山，姐姐就不看书了，把自己的学习生活安排得很丰富，待人接物很多地方都可圈可点，简直成了潜山的一块招牌，当然她是当之无愧的。但是她妈妈的担心又来了，担心孩子早恋，担心……搞教育，有时并不真正受人尊重，更多的时候是窝囊。幸好我等能我行我素，甘愿自作自受。子曰："内省不疚，夫何忧何惧？"只要对得起自己的良心，还有什么要求呢？

后来孩子回到了体制学校。我希望这两个孩子的人际关系能力在学校里不要受到削弱，这种能力对他们未来的帮助是甚于书本的。但愿这段经历能对他们的人生幸福也会产生长远的影响。

我并不反对应试教育，我认为，从某种角度看，应试能力也是素质的体现。但不管怎样，生存能力和生活能力是最重要的。教育是为社会服务的，是为人生服务的。要融入社会，不是先把孩子们送到流水线上塑好型，不是学习了完善的理论知识，孩子就可以融入社会。任何事情，都离不开一个"渐"字。一个人在不同的年龄阶段，自有其社会活动、生活方式的特点，充分地体验符合这个年龄阶段的社会生活，随着时间空间的推移，自然就可以适应成人后的社会生活。

教育应该回归生活，回归社会，回归人生。人的教育，任重道远。

温故而知新

读完这篇文章，我又开始欣赏过去自己的决断力，但是也可以看出当时我内心的焦虑，善解人意的修养非常欠缺，否则还可以和孩子的家长做更好的沟通。如今，对于教育的成败得失，我已经放得很开，但是，父母们仍然把孩子抓得很紧。我该如何让父母放开他们紧攥着孩子的手？霹雳手段？包容？得过且过？成为一个坐视不管的"智者"？

我的青春啊，已经一去不复返！但我对生命仍然充满热情。

我不是驯良的温鸽，
怎忍心你的抚摸！
我是滴血的杜鹃，
令你在血光中思索。

——摘自何博传诗歌《我不是》

手记9 能够给出爱的小邵老师

小邵老师是个大学生，还有半年才毕业，她本来想去考华东师大的心理学研究生，我却力邀她到大唐来当孩子王，我说："你去读心理学的研究生，是纸上谈兵，学很多知识，把自己框住。而这儿是实战的场所，可以练功夫的。人本主义的东西不太注重技巧，只要回到真实的自己，和他人随机互动，就可以帮助到自己和他人。我的东西你可以学一年，学一年以后你决定自己是否考研究生吧。"

于是，出于对孩子的爱，她甚至违背了父母的愿望，来大唐儿童之家工作了。

我觉得她性格比较温柔，举止贤淑，情感丰富，感性很好，从小在她父母那儿得到了充足的爱，所以力邀她加入大唐。她以前暑假在这儿当过义工，对带孩子的工作是有些认识的。但是来了以后，她和我的教育理念冲突很大。但可喜的是，她在每次和我发生冲突后都进步了。

印象深刻的是，她刚来的时候比较闲，主动找事做。她要打扫厨房，我说："厨房是阿姨的领地，你要打扫，要跟她打声招呼。"她不以为然，把阿姨的厨房收拾得焕然一新。阿姨回来后，发现"东西太乱了"，有些东西被丢掉了，结果火冒三丈，大发雷霆，劈头盖脸给她一顿臭骂。事后她解嘲地笑道："太厉害了，以后不敢惹阿姨了。"我则趁机说了一番尊重人的道理，手不能伸得太长，如果不尊重人，好心未必有好报，等等。她接受了。这之后很多事情，她都能举一反三。

我来大唐，想把一个老师主导、孩子被动的学习机构，改变为以孩子为主导、老师只是给予陪伴和关爱的机构。一开始并没有做到，因为读经的家长对孩子是有期许的。如果相信生命是可以自动成长的，而且如果广义地看待什么是学习的话，孩子是可以自己从环境中攫取学习素材的。我不能一步做到，就慢慢来吧。

我来以后，经典课程就减少为每天两节，课后其他时间都在玩。但是孩子们越来越有安全感，越来越敢表达自己的主见，他们每天来到儿童之家的第一件事情，就是对我说："今天我不想上课！"我们也试图把课堂变得活泼些，比如在诵读时加上各种乐器，让孩子们坐在地上读等，但是管用的时间不长，最后哪怕只读几句，也不行。孩子不读，我们大人读，试着"熏陶"孩子，但是孩子们闹着要出去玩。也不行，怎么办呢？我一边跟家长做工作，一边给孩子松绑，最后孩子们干脆就不读书了。

在半敞放半释放期间，孩子们的"无礼"和不守规矩变得非常突出，由于他们挑衅和冒犯成人，让成人"很受伤"。我经常收到大家对孩子的"投诉"，我就像个救火队员，四处安抚，四处解释。小邵老师说："你很可怜，这儿所有的人都是孩子，就你一个大人。"我无可奈何地回答说："有什么办法呢。只有先关心到'大孩子'，小孩子才能得到爱。"

孩子可以自己选择他们的生活方式，成人只是环境的支持者和提供者。要在教育理念上跨出这一步，是个飞跃。孩子随时随地都在用自己的行动和语言向成人表明"我能，我行"，但是我们成人有如瞎子，看不到，反而说他们"不行，不能"。

教育的理念飞跃了，但是老师却陷入了困惑，虽然我们学习过一阵子孙瑞雪的《爱和自由》。开始的时候，孩子们还按照我们的意愿，在小区的秋千区、滑滑板区、绳网攀爬区乃至小区外面的江滨公园活动。后来孩子们要在绿化灌木丛中"探险"，在水里捞冰，攀爬假山……这时候，我的户外安全专业知识起了作用。对于安全的控制，我有本能的直觉，也有行之有效的措施。

开始我们带孩子玩的时候，小邵老师还很快乐，但是后来孩子们有主见了，我们变成陪孩子出去玩，她有些失落。我说："我们陪孩子出来，是保护他们的安全的，是给他们关注的。如果不习惯这种工作，我们只能枯燥地看着孩子。安全监控上，对整体场景随时要有感觉，我们会不习惯，好像什么事都没做，但这正是我们的价值所在。"对于如何对待孩子，我总是当下说教，甚至不回避和孩子在一起的场合，"打击"力度之大，不是一般人能够承受的。小邵还没有到谈婚论嫁的年龄，但是这些孩子基本上把她投射成了"出气筒妈妈"，她则逆来顺受，这下可苦了她。有孩子攻击她，我数次叫她"反击"，她才开始有所表示，但是她的表示很温柔，很多时候都"镇不住"孩子。孩子们哭了，她总是毫无怨言地给他们安慰。有时孩子不小心把鞋子衣服打湿了，没有换的，她就用电吹风帮他们吹干，有时一干就是两三个小时。她常常帮孩子们梳头……她能够很好地弥补我的不足。

有几天，她突然找不到自己的价值了，她觉得应该给孩子们带来些什么才好，这样"放纵"孩子，会不会是自己的失职？她开始迷茫、怀疑，而我则是顽固不化地坚持以孩子为主导的教育方法，无法顾及她的感受。

她对我说："闵老师，你有什么计划啊？你得告诉我啊，总不至于每天都这样啊！"我说："到目前为止，除了蒙氏教具所涉及的学习内容，没有什么计划。孩子们每天都活在当下。他们没有计划，我们就没有计划。他们临场发挥，我们就随机应变。先好好观察一段时间再说。计划，意味着控制。人性是不喜欢被控制的。只要孩子们能够快乐地生活，积淀下来的就是他们健康的人格。"

我对小邵老师说："难道你陪伴孩子，关注孩子就不是价值？你用真实的情感和他们互动就没有价值？以前你课余时间这样对待孩子，现在是全部时间都这样对待孩子，价值发挥比以前大了。"这样我和小邵老师磕磕碰碰了好长时间，她终于能够做真实的自己了。她可以给我提意见了，可以弥补我的过错了，她不再像以前一样害怕和我发生冲突了。

现在，她找到了自己的定位和价值感。这种价值感来自她的自我肯定，而不是孩子，也不是家长。我说："真实地生活，人性化地对待自己和他人，就是价值所在。生命本身就是有价值的。"她深以为然。

有一次，我冒犯了一个孩子的家长，她直接给家长打电话，替我打圆场。我事后才知道，不但不怪她，反而表扬她，说她做真实的自己，很好。她则对我在家长面前的强势和火爆性格"颇有微词"。

她问我："闵老师，你今年多少岁了?"

我说："四十五啦。"

她说："如果等到七十岁八十岁你想到你昨天的行为，你会怎样?"

我说："正值壮年，该出手时就出手，我做了我该做的事情。"

她还以为我会说后悔的话呢，我没有，她咯咯地笑。

我说："小邵，任何事情加上时间考虑，就会有智慧。比如，事情发生了，加上时间的变量，你就知道如何处理，如何面对，如何弥补，而不是在已经发生的事情上纠缠，这就是智慧。孤立地看待问题就是执着，就是盲人摸象。很多人不能从整体空间上考虑问题。比如我有错，你帮我弥补了，就是空间。你看我们这个系统，也许每个孤立点都是有瑕疵的，但是系统在优化啊。"

她说："我懂了，就是活在当下。"是的，活在当下，当下是流动的，当下是整体的。

我说："我们系统的每个人都回到真实的自我，跟着感觉走，就会变得像流水一样，时而聚合在一起，时而分支而流，你会感觉到系统在流动。"

"这种感觉真好！如果我们达到了该多好。"她欢快地说。

"已经达到了啊!"我斩钉截铁地说。

她大笑。

温故而知新

孩子是喜欢学习的，除非他们在学习中感受不到快乐。如果要让孩子们继续喜欢学习，就得治疗他们经受过的痛苦。

我在大唐工作的很多时间都在帮助孩子们释放掉这种痛苦。其间由于生病，我几乎决定离开宁波了，小邵老师打来电话说："你是死是活，总要当面给这些家长一个交代吧！"当时我病得很重，而之前没多久，我曾答应这些暂时放弃孩子读经的家长，不离开宁波。小邵的这个电话，让我忍着病痛，艰难地返回了宁波。后来，我留下了，而这些家长却都把孩子带走了。

只要孩子们能够快乐地生活，积淀下来的就是他们健康的人格。上文中，这句话很给力。这是多么简单而又有价值的事情啊！但是，有多少成人看到这种价值？有多少成人允许孩子这样做？行文到这里，依然是伤感，唏嘘不已。

时隔五年，小邵老师先后当过销售员、面包师、茶道师……直到今天，我们仍然是同事。她可以称得上是一位出色的儿童教育专家了。

最近她说，刚接触儿童教育之前，有人给她做了情绪处理，问她想干什么，她脱口而出地说："'我不想让孩子不快乐'，但我现在忘记了这个目标了。"

"忘记了更好！"我说。

你在这里，你就不会老是提醒你在这里。

手记10　筹办2012年夏令营的心语

2011年，我就开始筹备今年暑假的夏令营，但是实地考察后，很长一段时间没有下决心。因为接手宁波大唐儿童之家的工作后相当长的时间内，我成了儿童心理释放的靶子。除了面对这些儿童，还有家长、内部同事以及一些社交活动，我觉得没有心力再办夏令营了。

但是到2012年之后，情况有所改变。一是我的状态有很大的恢复，二是大唐儿童之家核心教师队伍的能力迅速提升，所以觉得有信心办好当年的夏令营。

愿景

1. 这个夏令营对儿童人格的成长无疑是有帮助的。干教育的时间越长，越是发现教育导致的改变是靠点点滴滴的积累来实现的，而不是一蹴而就的。犯过的错误告诉我们，“务欲速则失德”，确实如此。孩子的改变，来自成人的接纳和真诚的互动。接纳是无条件的，没有任何企图的。互动是要有契机的，不能预谋的。而改变，是孩子自己的事情。懂得这些后，就不想在夏令营工作中改变孩子了。我们能做的，就是在事情发生的当下，随时随地随机地给那些处于困惑中的孩子以帮助。面对孩子，做真实的自己。作为教师，只是反问自己是否全然接纳这些孩子，是否理解这些孩子，能不能给这些孩子能够接受的爱，是否做到了尊重和真诚，是否活在当下，与孩子互动时是否有观照。从这个角度看，孩子也成就着我们。虽然夏令营是快餐文化，但是如果家长因为孩子的参与因而变得更为重视教育中的人本主义观点，那么家长就有更大的动力把它变成稳定的“慢餐”，这也是我们期望的。如果我们秉持这样的工作态度，那么我们坚信我们的工作是有价值的，这个夏令营也是有特点的。

我们不敢保证孩子都会变化，但是我们有信心通过夏令营让孩子感觉到，这个世界上，居然有这样的一群成人，在这个夏令营曾经真诚地、平等地对待过他们。

2. 我希望我们的教师团队能够开阔视野，通过与中小学阶段的孩子接触，对不同阶段孩子的人格特质有更多的了解，同时也能够体会我们目前做的幼儿教育对这些孩子未来成长的积极意义。

3. 以努力工作来回应理解和支持我们办教育的人们。

地点

还是选在阳朔的兴坪镇。

一开始想选北海。北海的海滩，是我看到的最大的、动植物种类最多的海滩。如果赶海成为孩子们的主要生活内容，那么释放会是淋漓尽致的。北海的海滩虽然很浅，但是太大了，安全是个问题。带几个孩子可能没问题，但是十个以上就会盯不过来，海滩上虽然有救护员，但是难以产生把安全问题托付给他们的信赖感。还有就是住宿，如果要徒步去赶海，就必须住在能够看到海的房子里，要租借附近条件较好的别墅，很多东西都得重新准备，工作量超大。除了赶海，项目不够丰富，如果孩子们赶海玩腻了，还要安排其他项目，这就有些勉强了。

也想安排在宁波。宁波是一个很有文化底蕴的城市，有天一阁的藏书，有四明山的道风，未来也许会和舟山一道成为中国最繁华的城市之一。但是无奈到目前为止我对宁波还是不够了解，况且这是个偷懒的做法，因为自己在宁波工作，起心动念有问题。

还是去阳朔吧，那是桂林山水的代表。上游的兴坪更是阳朔山水的代表，可去的地方很多，虽是旅游胜地，民风仍然很质朴。我的朋友刘老师的先生在桂林开有两家国际青年旅舍，一家在桂林，一家在兴坪，食住行方面都可以为夏令营提供很好的支持。他是一位资深的户外运动专家和国际旅行家，熟悉阳朔户外运动圈子，可以给孩子们提供安全支持。孩子们可以先在桂林的旅舍集合，然后统一到兴坪。

整个兴坪给我的感觉像是20世纪80年代的川西平原，没有发达的工业，粮食蔬菜水果都是原生态的，可以放心食用。刘老师的老地方餐吧，食物精美，中西结合，孩子们也会很喜欢的。由于和老板关系特殊，可以让孩子像在家里一样，保证吃好吃饱。特别值得一提的是老地方餐厅的意大利柴火比萨，烤比萨的炉子是刘老师根据自己从网上拷贝下来的英文资料，然后自己看图，指导当地的泥水匠建造的。柴火用的是本地产的柚木，饼谱也是刘老师从国外的网站搜寻得来，饼子味道很好，必胜客是没法比的，吃了也容易消化。如果孩子们感兴趣自己动手，是个很好的 DIY 项目。

兴坪有安全的戏水和游泳场所，这是孩子们夏天的最爱，既是享受，也是水疗。元宝山的自然岩壁攀岩项目会让孩子们有新的体验，盘谷岩的自然山洞是孩子们治疗黑暗恐惧症的理想场所，乞讨生存也是保留项目之一……

温故而知新

夏令营的主旋律是处理孩子之间、孩子和老师之间的冲突，处理情绪，在理解孩子的基础上给予孩子更多自己抉择、自己解决问题的机会，给予孩子自由表达、自由宣泄的空间。

父母和老师，把现实中的事情解决好了，对孩子身心健康的帮助，要胜过任何室内的心理咨询，因为孩子们有举一反三的超强的学习能力。

手记 11　再施霹雳手段——2012 夏令营考察途中记事

按：人本主义心理学家卡尔·罗杰斯说，你如果不敢讲你看到的，你就是一个懦夫。面对家庭教育中的问题，我这个独立个人责无旁贷要站出来做狮子吼，让胆怯地“欺负”孩子的父母、爷爷奶奶、外公外婆接受当头棒喝。我知道，我已经和中国今天的家庭教育较上劲儿了，我希望有更多的有识之士来推动这项工作。

在火车上乃至沿途看到的、听到的，都可以和我没关系，我可以超脱。因为可以超脱，所以才不超脱。南怀瑾先生说：“我是把人家的死人抬到自己家里哭。”我是南怀瑾先生的粉丝，全然的忧国忧民我做不到，但我愿意为之努力！

给的士司机上一课

这次夏令营的时候，汽车到金华南站后，要坐出租车去金华火车西站，当时的的士司机是个女的。

女司机：“今天星期天，这个时候生意不好，送你到火车站，十五元。”

这个价格我可以接受，于是跟她上车，说：“要是汽车站这儿的士遵守秩序排队等客多好啊，打车的人自然会多的，像这样抢客人，让人家没安全感，我们反而不敢坐车了。打表吧。”

“哪个来维持秩序哦？打表？打表差不多要二十元。”她一边开车门，一边对我讲。

“那就算了，按照你说的十五元吧。”我相信司机说的是真的，打表贵些。

“那就打表吧。”她已经比我更倾向于打表。

“你心平些吧，十五元。”我轻描淡写，志在必得。

“好好，按照你说的，心平些。不过你要同意我中途顺路拼客。”她发动了车。

“好的，可以理解，你们也辛苦。”我通情达理的口气。

“辛苦，以前更辛苦！刚刚结了婚的时候，回家给我母亲收水稻，累得直哭。”她带着情绪。

“你的意思是吃苦不好？我觉得你现在能够开出租车挣钱，和当初吃苦耐劳的经历有直接的关系。你的儿子可能就不能吃苦，但是他不一定像你一样有出息。”我说。

“我儿子什么事情都不会做。”她说。

“你看看，是吧？你儿子不吃苦了，没你能干，你儿子的儿子呢？可能就更不如你了。你看，不干活，不吃苦，一个家就倒退了。”我说。

“不好意思，我乱说的。”下车时我说。

读了大学回家不理人

上火车之后，我发现卧铺车上，十三、十四、十五号铺就有五个孩子，热闹，我在一旁观察。观察孩子一直是我的爱好。

一个青年农妇，孩子十一个月大，我对她说：“我有两个孩子。”

她说：“喔，两个！一个都感觉太累！”

“不是太累，如果真正懂得如何带孩子的话。”我说。

“是的，我们也在学习。他（指孩子）八个月的时候，我们就报了亲子班，花了五千元。”她说。

“亲子班？都学什么呢？”

“为了以后他读书成绩好，很基本的，数数啊，拼音啊。”她说。

“啊？八个月大，玩玩还差不多，学什么东西啊？”

“我们也就是去看看，让他熏陶一下。”

“如果让孩子现在就学东西，而不是根据他的天性让他自由发展，以后都会出问题。不要以为孩子傻傻地坐着不动，看着黑板捧着书才是学习。三岁以前的孩子，拥有吸收性心智，用的都是‘录音机录像机’的方式全方位地学习。你看你的孩子在玩，其实我们讲的话他都听到了并录音录像下来了。说不定十年二十年后他会把那天他听到的东西，由大脑自动整理后，变成自己的东西。学习嘛，方式有很多种。前几天看到一个报道，说北大数学系的高材生，本来哈佛大学录取他读研究生的，结果他没去。我看照片，这个学生目光呆滞，一脸病容！据说现在大学里的学生，80% 都有网瘾趋势。这些都是注重孩子读书考试而不注重孩子心理健康的例子。”

“是啊，你这样说，我的两个侄儿都是问题，好端端的读了大学，回到家，都不理人。怎么办呢？”她问我。

“去看孙瑞雪老师的《爱和自由》吧。”我回答。

关于孩子的运动

一个孩子在四处抓东西玩，妈妈有些不耐烦了，要阻止他。我看到了，问她：“你知道他为什么喜欢重复把东西拿起来又抛下去吗？”

“不知道。”她答。

“这叫作空间探索敏感期。孩子反复抛东西，是在探索空间。你看，孩子爱钻桌子，也是空间探索。空间探索得以满足的人，他以后方向感很好，立体几何学得好，空间构思能力好！孩子好动是合理的，是在自我成长，不是顽皮。你看现在小学里，到处都有‘严禁奔跑，禁止追逐’的标语。你说一个孩子好端端的，干吗不让他跑？”

“不准跑，是学校不让跑，免得出事。”妈妈说。

“学校不准跑还不是父母的原因！你看，现在一旦孩子在学校受了伤，有些父母就会赖学校，要求高额赔偿，好像要把一生的遗憾都要补回来的样子。你说是吗?”妈妈沉默不语。

怒斥打小孩的老太婆

这个孩子一岁多，能够走，但是比那个十一个月的孩子的个头矮很多。我一看，孩子一脸苦相，眉宇间有没有哭出的忧伤，面部三角区皮肤没有光泽，表情肌僵硬。这个孩子肯定缺少父母的关爱。我跟他爸爸提出了这个观点，孩子的父亲沉默着，一直在听。在我的干预下，他的孩子和上文提到的十一个月大的孩子玩起了抢勺子的拉锯战，大人小孩都看得很开心，这个孩子更是抢到勺子后在过道里跑，用笑脸向每个人展示他的成就。他很丑，但是笑得很灿烂，而且每次胜利后，他都把勺子还给十一个月大的孩子。

隔了一会儿，我听到隔壁单元里有“啪啪”的响声。转眼一看，一个老太婆正在用中国长牌抽打这个小孩的脸，开始抽得轻，小孩只是挤挤眼，但是后来抽得越来越重，小孩子面部肌肉痛苦地痉挛着！我一看，怒从心中起：“你干吗打小孩？难怪你们的孩子一脸苦相，原来是被你打的！这是你打，要是别人打，你会不依不饶！你以为你自己就可以随便打啊?你这是犯法的！是违反未成年人保护法的！孩子也要活得有尊严。”我的痛斥让老太婆惊呆了，她儿子(孩子爸爸)也沉默着，我则戛然而止。

我故意说得很大声，巴不得整个车厢的人都听得到。

关于小孩跌倒了扶不扶的问题

隔壁单元的一位年轻女士说:“孩子倒在地上，不要扶。以前我都是要扶的，后来看了书，说是不要扶，让他自己爬起来，学会独立面对挫折。”

我立刻接过嘴，说:“不要扶?！如果照你这样对待孩子，我们的社会还会出现更多的老人倒在地上人们不去扶的情况。不扶，孩子会觉得这个世界太绝情！不是不要扶，而是扶的时候不要埋怨孩子，不要打地，或者归罪于其他让孩子跌倒的东西。扶了，然后试着鼓励让孩子自己站起来。

其实解决孩子跌倒了爬起来的问题很容易，就是在孩子不会走路之前，充分爬，爬够，这样到孩子学走路时，四肢都会有力量。即使在走路时跌倒了，孩子反而觉得很有趣，也有力量自己站起来。孩子跌倒受伤了碰着了，不要说‘没关系，不痛，真勇敢’，其实这反而会让孩子产生混乱，明明痛，你说他不痛！明明需要用哭来愈合心理挫折，你一句‘勇敢’，给他造成压抑！所以你不懂，不要乱宣传。”看看这个年轻女子，已经哑口无言。

驳斥人性本恶的谬论

隔壁单元的一个青年说：“人性都是恶的。你看两个小孩子在一起总会抢东西。”

我问：“为什么抢东西就是恶呢？”

“自私，自私就是恶。”他还以为自己有理。

“你是满口胡话，说话不负责！小孩子抢东西只是玩玩，玩玩就是玩玩，什么人性本恶？你叫这位爸爸说说，孩子们刚才抢东西是不是很愉快？自私有错？自私就是恶？你说！那我再问你，你说人性本恶，你是恶还是善？你说啊？你不说，我教你！如果你说你是善，你就应该包容小孩子。如果你说你是恶，你说的话就不算数！”又是一闷棍打死。

不能再多言，差不多了，躲到上铺睡觉了，呵呵。

温故而知新

看了这篇文章，我很佩服自己的勇气。如果不站在教育的立场看这篇文章，我做人是缺乏包容的。我更愿意把文中的我理解为对教育充满热情而不是对成人的憎恨，因为回过头来反省我自己，当时确实是热情高涨。

中国的父母，并没有在教育上觉悟，特别是农村。

我在想，如果哪天我的教育成功了，我要到农村去，义务宣传我的教育理念，我认为这是最重要的慈善。到时候不再用霹雳手段，而是温和地以种庄稼过程中土和苗的关系，来比喻父母和孩子的关系，来启发农村父母如何做教育。

但是，他们已经开始用杀虫剂，他们会说，土和苗一起整，还要杀虫呢。我该如何应对？

手记12　来自2012年夏令营的报告

分组时只愿跟熟人一组

原计划晚上八点开始的夏令营破冰会，因为有同学飞机晚点而改到晚上九点过一刻开始，一直到十一点过后才结束。

去权威化后，孩子们首先出现的情况是在我讲话时打岔，和我“唱对台戏”。话多，是孩子们的特点，也正是我的缺点，半斤对八两，所以会场的气氛非常火爆。除了安全问题我采用“说事实”使会场的气氛有点严肃，其他时候都是轻松活泼的。

分组的时候，小蒋和小甘不同意我随机报数的分组方式，要求自由组合。我把会场交给了他俩，要小蒋负责把全部人员的组分好。在小蒋分组时，底下的同学各执己见，想和最熟悉的人分在一组，不想和陌生的同学在一组。在争吵声中，有同学渐渐失去耐心，要回去，我则充当了把门的铁将军，让想离开会场的或者给我提要求的同学都去找小蒋。不断有人去找小蒋，小蒋慢慢也招架不住了。最后，小宜和小文只愿意两个人一组。小蒋的任务是把人员分成四组，这下成了五组。小宜的态度坚决而不容商量，她说：“从不同的地方来，是来交朋友的，何必斤斤计较分得那么清楚？”这句话，引得全场一片寂静。就在小蒋分组的时候，有三个孩子在会场急急惶惶地来回踱步，俨然进入了“气功状态”。其中的小周是江苏常州人，第二天早晨他来看我写的文章，我对他说：“我看到你昨天在会场走来走去，进入‘气功状态’了。”他说：“你猜为什么吗？我是太困了，想睡觉！”哦，想睡觉而不能睡，朦朦胧胧来回踱步，这就是气功状态的原因。

写完这句话，小周又来看，我读给他听，他大笑，看来，这孩子对事实的接纳度超好。

会场上坐着小林的爸爸，只有他一个家长参加。其他家长，我没有邀请他们参加，也没说让他们参加。凡是发生的，我都开放地接受。我自我介绍的时候，把小林的爸爸也加进来了。他一直看着我和孩子们如何斗智斗勇，如何“打情骂俏”，不时开怀大笑。会议结束后，我们坐在大厅里聊天，我接受着他的赞扬，这时大山的爸爸打电话来了。

大山案例

电话里大山爸爸说，大山说自己年龄大了，不太想继续参加这个夏令营，这次大山同意来，他费了很多心思。大山爸爸推断，首先，有可能是大山来之前和几个“野孩子”玩得很开，他舍不得他们。其次，有可能他有女朋友了。我一听到这个话后，感觉到挑战。一是觉得大山爸爸把大山是否参加夏令营这个球踢给我，我根本就不该接，甚至不该出现。二是我觉得问题不是出在大山爸爸所说的那两个方面，而是会场太乱，很多无聊的对台戏让大山觉得这些孩子幼稚，很无聊。大山爸爸的推断太过于武断，他的“自信”可能会把孩子发展的无限可能性给“闷烧”了，可能会是父亲给孩子的天空上添加的一朵阴云。虽然孩子懒得去理会，但是孩子终究是喜欢万里晴空的……

何以见得？昨天破冰会就因为他的飞机晚点才延迟的。他来的时候，在餐吧的桌子上吃饭，席间，他离开座位问我：“你觉得我来参加这个夏令营是不是年龄太大了？”我说不是，还说了一两条理由，他接受了。我感觉他问我的时候，对夏令营是没有成见的，心情是愉悦的，我也相信我们彼此给对方的印象都很好。晚上他又向他爸爸提同样的问题，是因为看到的事实证明了他的想法，父亲的“闷烧”更使他一意孤行。

管他呢，有意无意都是天意，孩子能不能参加这个夏令营，参加到什么程度，都是缘分，我这样告诉自己。我跟小林的爸爸阐明我上述的观点，这也是夏令营的精神。惜缘，而不攀缘。

结束与大山爸爸的通话，我想我不会生硬地去找大山说这件事情，明天也不，要看机会。

出人意料，大山来了，我本来预想他可能明天才会找我。

“你爸爸刚给我打了电话，说你不太想参加这个夏令营了。”我开诚布公地讲我和他爸爸之间的通话，然后开始我的分析。他很同意我的分析。

大山刚刚参加完中考，参加过很多次太湖大学堂的夏令营。他性格内向，如果不用专业的眼光，你是看不出他的矜持和风度下面他的禁锢的。

既然他觉得他大了，我就给他讲成人的东西。我给他讲心理学的ABC理论。我说，有可能是他的看不见的B（观念）让他对夏令营产生了不同的看法，乃至情绪，继而对夏令营产生排斥。我让他表达自己的情绪，表达后，他立刻感觉到对事物的看法发生了改变。他讲他父亲相关事情的时候，甚至我觉得他言语之间表达出对父亲的感激之情……这个时候，小林的爸爸给他买来了一瓶矿泉水。我跟他讲夏令营里面谁谁谁年龄小，但很成熟，值得学习；谁谁谁的英语好；谁谁谁的本事高……

通过交流，我发现大山信任我了，但是我不想因为这种信任提出额外的条件，我仍然把是否参加夏令营的决策权交给他本人，而且是任何时候都可以。

第一天就这样过去了。

和大山爸爸通电话

第二天早晨八点半，我给大山爸爸打电话，告诉昨夜他儿子和我交谈的结果。他说他儿子以后想学习心理学，但他担心儿子性格内向，会搞偏。天意啊，我昨天和大山的谈话内容，好多都是心理学的理论，有些还结合《论语》讲，孩子们中只有他懂，原来他是个有想法的人！想学习心理学，来这个夏令营来对地方了。

至于大山爸爸的成见涉嫌“闷烧”儿子，会造成儿子人格成长迟滞的问题，没有机会和他交流，只能让他上博客看相关文章了。

给孩子一点儿自己的空间——和杭州高妈妈通电话

昨天高妈妈给我打电话，说儿子和她通话还没有完，就把手机关掉了，叫我去跟小高传话，把手机打开。我去了。

今天下午，她又发来短信，提出同样的要求。我打电话给她，拒绝了。

我说：“我觉得该给孩子留点自己的空间。今天你儿子在路上说他很无聊，我们的陆老师和张老师就去和他聊天。他说过去爸爸打他的事情，说你批评他的事情，说学校老师骂他的事情。他说他终于自由了（他说这句话的时候，甚至像小鸟一样扬起双臂）。说完他就很开心。他在路上买过两次雪糕，两只雪糕的间隔时间大概一个半小时，没有暴饮暴食。”

高妈妈同意了。真是开明，明天有机会把这些都透露给孩子，把成人的善意都传递给孩子们。

孩子在潜意识地考验着妈妈对他的爱——和天津的甘妈妈通电话

天津的几个妈妈，今天依依不舍地离开了老地方国际青年旅舍。我理解他们离别时刻的心情。除了小蒋妈妈去年送过儿子来参加我主办的夏令营，其他三个妈妈都是受江妈妈影响，最近才决定改变自己给孩子自由的。她们愿意以崭新的心态和孩子重新开始，但这是她们第一次把孩子送到夏令营，二十一天，也许从来没有离别这么久。

晚上九点钟，甘妈妈从火车上给我打来电话，说儿子不想参加夏令营了，要我去看看。我正在药房给小文买治疗晕车的药。

今天下午，我正上厕所，接到大山手机给我打来的电话，电话里却传来小甘的声音，说我家谁谁在他手里，请往他卡里存六百万元钱云云，结果我的平静和友好的倾听态度让他很快把电话挂了。他第二次打来，我也接，电话没声音，我也平静地应答。他之前在热身会上叫我“猴子”，他则冒充唐僧，我也不恼火。发生这些事情，我领会着背后的情感，我的心与他们同在。发生这些事情时，我的心里是相信小甘在这儿是快乐的，是在释放着他的压抑，他喜欢这儿。现在他和妈妈打电话，说想回家，应该只是暂时的情绪，过了就好了。我说去看看，不一定要处理。

我想给孩子们独立的心理空间，家长这边电话一打，我就去找孩子，其实就是控制。我不想这样对待孩子们。但是我仍然希望家长给我打电话或者发短信，这样能得到更多的资讯。我希望家长们不要有任何压力，我们的团队可以应对任何变化。

小甘的妈妈讲，小甘很小的时候，被从青岛带到天津。到了天津第二天，妈妈就去出差。这一出差就是一个月。其间当军人的爸爸陪着孩子。孩子想家，想远在青岛的爷爷奶奶，想妈妈，在学校里不安心。老师建议，让孩子死了回青岛的心。小甘的爸爸就这样和孩子说了，结果孩子歇斯底里地发作了，一直到妈妈回家才渐渐平静下来。

这次小甘的妈妈改变了，小甘在夏令营一开始就变得极其活跃，这是做母亲的不敢想象的，小甘以前是胆怯怕事的。

小甘的妈妈在夏令营和我交流后，进步很大。她决心改变自己，勇敢地表达对孩子的爱，表达对孩子的信任。她这样做了，在火车上用短信的方式。结果孩子说要回家，让她很担心。在她的再三要求后，我答应去看看。

回到旅舍大堂，我找不到前往寝室和小甘交流的动力。

我跟周老师和张老师讲了这件事情后，她们也有点信心不足。“只要认同他的情绪就可以了。”我说。我让两位老师一起去，因为周老师的倾听方式很严谨，张老师的洞察力很好，能够看到问题所在。

两位老师去了一会儿后回来了。

“小甘只是抽泣着，玩手机游戏，不和我们说话，我们就出来了。”周老师说。

“好啊，虽然不说话，但是哭，就说明你们读到他的感觉了。他不说话，你们可以陪伴着。你们的行为是有效的。”

“关键是同寝室的大山觉得很尴尬。”张老师说。

哦，她们是对的，她们在第一现场。“估计大山会处理好这件事情。”我说。

隔了会儿，大山下来了，直接走到我座位边。他说，小甘现在心情好了，跟妈妈通电话时心情也变了。我趁机跟大山讲这里面的原因，讲一些应对的原则和方法，甚至鼓励他从他爸爸的“闷烧”中走出来，他很有兴趣地听着。

张老师了解到，小甘是被妈妈强迫来夏令营的，在收到妈妈诸如“我爱你，亲爱的儿子”这样的短信后，趁机考验下妈妈是否真的爱他，旧事重提，将妈妈一军。

我说：“对的，你和小甘的妈妈说吧。”我把电话给张老师。

我感到老师们的成长，感觉到他们越发变得成熟，很欣慰。

温故而知新

事情发生了，处理情绪是最重要的。情绪比事情本身更重要。另外，以当事人为中心。这些以人为本的做法，与这些孩子既往经历过的不一样。

手记13 夏令营观察日记和行程

在和孩子们相处这件事情上，我最喜欢埃克哈特·托利的观点，就是认出孩子的本体，与他们同心同德。从生命的本体层面讲，心、佛、众生三无差别。在停止思考的时候，用心去感受孩子们，我的心和孩子们是兼容的。和他们共同生活，观察孩子们的“问题”，孩子们也帮我看出我的“问题”，教学相长，真实不虚。

来自天津的小怡

小怡来之前，父亲出车祸了，昏迷不醒，在医院抢救。我听到这个消息，很震惊，马上对她妈妈说：“可以不参加这个夏令营，全额退款。”她妈妈说：“要参加，她在这儿帮不上忙，而且抢救中不允许家属和病人见面，况且我也不想让她看到父亲这个样子。”

我接受了小怡妈妈的观点，跟她说：“好，我会照顾好你女儿，有什么情况，随时和我联系，我全力配合你。”

由于情况变化，小怡的妈妈托自己的朋友把孩子送到桂林，8号早晨交到老师手中。我们到的时候，都惊呼她漂亮。周老师说：“我觉得她很压抑。”周老师不知道发生在小怡背后的事情，我找机会告诉了她。

也许是父亲的突发事件让小怡更懂事，对我们她表现出很好的跟随状态。周老师对她进行了很好的情绪认同，给她温和而宁静的妈妈般的关注。我们去公园玩，带上她，她就开始和周老师、张老师嬉戏打闹起来，她甚至以嬉戏的方式，冷不防地触碰两位老师的乳房，高声叫："高尖果！"两位老师一笑置之。我问她，是不是小时候没吃过妈妈的奶？她说是的，她是喝牛奶长大的。哦，原来是这样。天晓得是不是真话！是不是真话不重要，孩子们总是狡猾的，总之，她从她们身上寻找到了她所需要的妈妈般的爱，就够了。

半天的工夫，小怡眼神中的忧郁消失大半，来自天津的另外四个妈妈（和小怡的妈妈不认识）都惊呼孩子的变化。但是我们高兴得太早了。

沿着榕湖散步的时候，小怡买了三串平安豆，一串给爸爸，一串给妈妈，一串给自己。结果呢，一串掉到厕所里了，一串绳子节松开了豆子脱了，一串保存完好。掉厕所里的，我无法找回了（写文章的时候老师们让我给她补买一个，我同意）。绳子松开的那串，我赶紧修。我暗暗祈祷我一定要在另一批孩子来之前，把这串平安豆修好，以免除灾难。虽然我如愿修好了她的平安豆，但是我觉得还不踏实。

榕湖的水很好，湖岸边是天然的石块。那天我们在湖边玩的时候，有很多野生鱼在石头边游动。小怡喂鱼的时候掉到水里了。"她掉水里了！"我一看，水面只有一个圆形的波浪，没见人在那里，马上慌了。足足隔了一秒钟，她的头才从水面浮出。在她旁边和她同时在喂鱼的陌生游客把她从水里拉了出来。

获救后看得出她的恐慌，但她硬说："我会游泳的。"我当时愤怒了："会游泳？你掉到水里了！我跟你讲注意安全，你怎么不当回事？"旁边的张老师火了："孩子这时候需要的是安慰，你骂她干啥？"说完就和周老师领着孩子去寝室换衣服了。

我站在湖边很快控制了自己的情绪，跟着去看小怡。我敲开两位老师的寝室门，没看到小怡。

"孩子呢？"我问。

突然，床上的被子掀开，她咯咯笑呢。

"对不起，刚才你掉水里了，我生气了，我骂你了。我要对你的安全负责，希望你从现在起重视安全问题。”

“好的。”她答应了。我听到她回答的语气，才感觉到有些踏实。张和周说：“小怡要求不要把这件事告诉她妈妈。”我答应了。

我想明天再告诉她妈妈。

小怡对小许的帮助

9号中午，我带着小怡和小许到小南国餐厅吃饭，小许性格内向，基本上不和我们说话。小怡跟我耳语她对小许的看法。

“这个男孩好像心里有事。”她悄悄说。

“是不是家庭作业没做完啊?”我说。

“不是。好像是家里面有事。”她说。

“哦，你愿意和他聊聊吗？问问他有什么心事，让他开心点。”我说。

“好的。”她说。

回旅舍的路上，小怡终于鼓起勇气追上走在前面的小许，和他交谈着。

到了下午，小许的脸上就有光了。有戏！沉默的小许让我感到压抑，我甚至想找个乐观的人和他同寝室，但是万一别人拒绝怎么办呢?

等到10号的时候，竟然有好几个人要和小许同寝室，看来小怡的能力超强啊!

来自深圳的小刘

小刘和他妈妈7号就来桂林了，我以前给他妈妈的公司做过管理培训。

昨天中午，在大寨，就他一个人享受中餐，吃了很长时间。在桂林，他两天没洗澡，没换衣服。第一天，他骄傲地告诉我：“老闵，我没洗澡，衣服也没换。”第二天，他看着我，有压力，说：“你知道我为什么没洗澡吗？我没找到钥匙。”我说：“没关系，可以不洗澡!”他马上给我一个胜利的手势，说：“哦，耶!”

小刘的妈妈在短信里说：“他说他昨天中午吃多了，因为有喜欢的笋子，后来还说吐了一点点。我们就是听着，没有评论。想着要学会听他说，接纳他。今天收到短信，觉得听孩子说话也是很有学问的啊！”

听孩子报告情况，尽心地体会孩子字里行间的感情，比给答案和安慰更符合孩子们的需要。

今天的行程记录

今天走的是桂林著名的龙胜梯田线路，中国十大徒步路线之一。“文明其精神，野蛮其体魄，读万卷书，行万里路。”这是前年郜老师（她义务来摄影）对阳朔夏令营的总结。

我们早晨九点钟出发，十二点钟到达瑶族大寨，走了一个小时的上坡山路，到达海拔两千米以上的大寨国际青年旅舍。

一路上给晕车的小文提供晕车特护。她平时晕车很厉害，但这次她居然没有晕车！突破！

孩子们一路上有些抱怨，但是抱怨以后又继续上路了。山势陡峭，确实很累。抱怨是一种很好的减负方式。

温故而知新

夏令营有太多精彩的片段，因为要处理问题，所以无法完全记录下来，真是遗憾。但是，只要他们得到了他们想要的，遗憾就无所谓了。

关于教育中的安全问题，我一直不敢掉以轻心。我的直觉比过去好了很多，一发现孩子的情绪问题就立刻处理，以此提高安全保障系数。

给予孩子们更多的关注、更多的情绪表达空间，平等地和孩子们对话，孩子们的进步总是那么明显。

孩子出了意外，不应该责备，应该给予关心，注重他们的感受，在2012年我做得不好。

手记14　小林的个案

2012年夏令营的时候，我们在7月12号早上八点准时出发前往桂林龙脊梯田风景区的大寨国际青年旅舍。三个小时后我们到达大寨的瑶寨风景区的门口，但要去大寨国际青年旅舍还必须步行一个小时的山路才能到达。由于都是盘山公路，下车后孩子和老师几乎都不行了，体力不支，晕车也很严重，我自己连站都站不住了。我看到好几个孩子脸色苍白，心里酸酸的。但是孩子并没有太多的抱怨，只是不停地问还有多久能到旅舍。我们边安慰边认同他们的情绪，他们反而没有那么多的抱怨了，更多的是配合。

我们边走边聊。这里面有一个女孩叫小林，昨天晚上她的腿上出现了每年都有的湿疹，痒得厉害。我们昨天已经给她做了相应的治疗，情况有好转。我今天在路上也特别照顾她。只是一路上她很沉默，没有多少话，偶尔问一句还有多久能到，我如实回答。到比较难走的山路的时候，我拉着她的手慢慢地通过。我们就这样走了差不多一小时，最后到了大寨国际青年旅舍。这时候已经快下午两点钟了，孩子们饿坏了，吃了好多的饭和菜。可能这些孩子长这么大从来没有一顿吃过这么多的饭和菜。吃饱了之后这些孩子有的去玩电脑，有的去看风景，有的去荡秋千，有的去玩游戏，几乎没有睡觉的，孩子的精力真的很旺盛。

我吃完饭后，看到小林一个人坐在大厅里，默默地低着头，抹着眼泪。看到我后，哽咽着跟我说：“老师，我又痒了。”我看到她的腿上又出了几个大疙瘩，我立即拿出我们给她配的醋泡生大黄给她涂上，这个止痒特灵。她还是很难过地哭着，我问她：“你是不是想家了？”她边哭边点头，她哭的时候并不出声，只是流眼泪。我看着她，然后慢慢地说着：“我能理解，你现在又生病了，更想家想爸爸妈妈了。”她眼泪流得更多了，她跟我说：“想给妈妈打电话。”我说：“我觉得你现在这么难过时给妈妈打电话，妈妈会很担心的，等你心情好一点再打，好吗？”她没有答应，拿出手机就跟妈妈通了电话，跟妈妈一个劲地说：“我想回家，我想回家。”我不知道她妈妈是怎么跟她说的。电话通完后，她还是在流泪。

我对她说：“跟妈妈通完电话感觉怎么样啊？”她说：“妈妈不让我回家。”我说：“妈妈不同意你回家，你很难过是不是？”她点点头，仍然在低低地抽泣着。我接着说：“我可以抱抱你吗？你想哭就大声地哭出来吧，没关系。如果你愿意，你可以把我当成妈妈好吗？”我顺势张开手臂，她很腼腆地坐到我的大腿上，靠在我的胸前，开始慢慢大声地哭出来。我就抱着她，听她哭，轻轻拍着她的背。就这样持续了20分钟左右，她慢慢平息下来。我跟她说：“是不是吃完饭，同学都走了，就自己一个人特别孤单，然后就想家了？”她点点头。我说：“以后没人玩可以找我玩。你有没有什么感兴趣的运动，我们可以一起玩的？”她终于有点笑容地点着头，我心里舒了一口气，她的心结终于打开了。她不是因为腿痒哭，她也不是因为想家哭，她是因为孤独哭，她特别害怕孤独。

过了一会儿，和她一个寝室的女孩回来后，我特别关照她以后出去玩的时候记得带上小林。“她很需要和你在一起，她需要你的陪伴。”那个女孩很欣然地答应了，后来的几天这两个孩子形影不离。小林的腿也不怎么痒了，她甚至连手机也懒得开机，我总是能听到她咯咯的笑声。

其实要孩子开心很简单，只要能够给她足够的空间、陪伴和关爱就可以了。可是现在的很多孩子得到的关爱都是带着附加条件的，让他们身上背着沉重的包袱，他们想开心都很难。我看到大部分夏令营的孩子身上都背负着来自的父母很大的爱的包袱，这让他们失去了本来的自我，根本不知道怎么跟同学相处，不知道用什么样的方式跟同学相处。本来是想和同学亲近，却被同学误认为欺负他，真的让人很痛心。我们只想对天下的父母说，给孩子多一点儿自己的空间，少一些指责和愿望，让孩子自己学会如何生活、自立、自爱。

（作者：张琦）

温故而知新

爱就是重视人，重视人的感受，了解他的需求，张老师做得很好。体察孩子的感受和需求，孩子就被了解了。没有了解，就没有认同，就没有爱。

手记15 不能因为爱我而对我要求这么多

按：刘妈妈是我朋友夫人的朋友，由于这层关系，她叫儿子来参加这次夏令营。在13号从大寨去平安的徒步中，小刘把大便拉在裤子里了，我朋友刘老师处理的。随后我把这件事情告诉了刘妈妈。刘妈妈发给我朋友夫人这则短信，随后我朋友夫人又把短信发给了我朋友，我朋友又把短信发给了我。我觉得很感人，难得有父母像刘妈妈这样反省得如此彻底。如果家长都能如此反省自己，孩子的教育就不成问题了，我们也乐得轻松。昨天傍晚，在漓江边上，在眺望元宝山的观景台上，我把这则短信读给和我同行的老师们听，他们都很感动，都要求我打电话给刘妈妈，请她同意我们把她的感想发表出来，以感召更多的妈妈来关心孩子的教育问题，来关心父母自身的成长问题。刘妈妈答应了，我很感激她。一是她的勇敢，二是教育实在太难了，她站了出来，现身说法。

这是我使用手机以来收到的最长的短信。

昨天听闵老师说，前天小小子在徒步过程中大便拉裤子里了，给他这还没有正式当爹的这么一出，这让我情何以堪！小小子从幼儿园开始到现在，一直存在这个问题。听说他那天很紧张，跟刘老师解释说他从小一直就找人帮忙，自己不会擦屁股。我听了很心酸，小小子真的很可怜！孩子离开身边了，很多事才慢慢回想、浮现起来，才意识到这些事对他的伤害和我的爱的偏差。小小子其实是个比较敏感、心思比较重的孩子。他两岁半开始上小小班，有一次因为大便拉裤子里，被老师拉到阳台上罚站。我没有去想这么小的孩子被老师处罚后会有多么的惶恐和自卑。我只是很生气，我觉得怎么还会这样，这不是成心捣乱吗？我狠狠地骂了他一顿！即便如此，在那之后，大便拉裤子里的情况并未完全杜绝。老师仍偶有投诉，我听了就会惩罚他，之后出现恶性循环。其实，老师有怨言可以理解，但我扪心自问，气愤也许更多出于自己的好面子和虚荣心，我的孩子怎么能够连基本要求都达不到，怎么能够比别人差呢？现在想来我怎么能够这么残忍地把小小子一个人丢到如此孤独无援的绝境！他知道这样不好，他在想办法保护自己可怜的小小的自尊心，我给了他什么？

我还听说，小小子总不洗澡。我想，他也许是害怕。他在家的时候，每次洗澡总要求甚至哀求有人陪在房间看着。我当时很不理解这有什么可怕的，不理解他为什么胆小。其实，一方面可能小小子放不下想象中的妖魔鬼怪。另一方面，这很有可能是我自己造成的。他小时候我看过一本所谓美国专家出的书，说孩子有时候是需要惩罚的，其中一个方法就是关小黑屋。小小子小时我用过，关在洗手间里，关的时候他在里面哭，我在外面训。如果时光能倒流，我希望拿一切去改正，希望这些事没有发生过。

前不久有一次，我们俩在聊天，聊得挺好的时候，他突然很严肃地对我说：“妈妈，我知道你很爱我，但你不能因为爱我而对我要求这么多。”说完他又聊其他的了。我很爱小小子，他比我更懂爱。我的爱出了偏差，甚至我的爱都没有做到无条件地去爱、去接纳一个最亲的亲人，天赐的骨肉，我的宝贝。我只在意他是否是我想要的、能给我带来荣耀的小东西，不知道、不满足已有的幸福。我还用不接纳的眼光、挑剔的态度扎得他血淋淋的。幸好他还有爱他的爷爷奶奶。幸好他有疼他的姨妈，关注他的姨爹。替我谢谢刘老师！庆幸有这么一次机会让我能想想很多事，趁着还不至于无法挽回。为人父母，之前我没有准备好，之后路还很长。

看完刘妈妈这段文字，又想起当天的事情。那天小刘拉裤子后，刘老师在路上让他换裤子，他非常害羞、紧张。到大寨青年旅舍后，刘老师把小刘带到一个房间里，给他示范如何擦屁股，让他学。小刘进房间时不明所以，学是学了，但是有些生气。因为小刘本来带了一瓶可乐进房间，学习完毕后，刘老师提醒他把可乐带着，他生气地说："我不要！"刘老师说要小刘学习这门技术使小刘觉得丢面子。我当时听了以后，只是和大家说如何处理孩子的情绪比技术重要云云，却不知这孩子背后还有这种苦难的经历。从刘妈妈的短信中可以看出，她反省小刘拉大便在裤子里以及不洗澡的原因很到位。

服从内在的感觉，是人格成长的开始，也是最终的目标。比如，在三百人的大会中，你坐在中间，想去厕所小便。你因为领导在讲话、因为怕打扰大家、因为你离开会场见了朋友现在才想起上厕所觉得太过分而不去了。也许你憋得住，但是这件事证明你的健康人格的自我建构还没有开始……

简单的事情，搞清楚了就是学问。可以判断，小刘出发前就想上厕所，但是担心大家等他，怕耽误时间，怕受批评指责，他就憋着，于是大便拉裤子里了。他有点"存天理灭人欲"的味道，但是殊不知人欲有时就是天理啊。自己能够照顾自己，不给他人带来麻烦，也算是对他人的帮助，因为自己也是别人的他人啊。像在会场上憋尿这件事情，会让一个人非常紧张，发出的生物波反而影响开会的气氛，是好心做坏事。这就是我在《价值观与人格教育》中提到的，构想性价值观过头，人就虚伪了，成了假人。

小刘不敢换裤子，又害羞又紧张，也是出于性道德感的偏颇。我觉得很多成人都不懂什么是隐私。隐私是不暴露于众，而不是不接受。很多孩子不接受自己的身体器官，讨厌自己的大便小便，都是从大人那儿学来的。比如，大人不许孩子触碰自己的生殖器，看到孩子尿裤子就惊慌失措，这都会导致孩子很多的心理问题。关于这个，大家可以参考《夏山学校》相关章节。

讲到这里，《大便超人》这个游戏倒是能够治疗儿童拉大便在裤子上的毛病，只是不知道小学生喜不喜欢玩这个游戏。

温故而知新

儿童时期受到的伤害造成的心结，它跟身体生理结构混合在一起，叫“痛苦之身”，也叫“习气业力”，它禁锢着一个人的智慧和爱。对于孩子来说，给他一个爱和自由的环境，给他一个健康的人际互动环境，倾听他所说，孩子就有希望消除心结摆脱心结。但是对于成人就难了，因为积重难返。

从育儿开始反省、忏悔，是同时解决成人和子女问题的捷径。

手记16　调解寝室内的纠纷

在阳朔兴坪镇的时候，小刘、小周、小高和小石住在一个宿舍。

前面三个孩子都不太喜欢小石，小高曾经给我发短信说小石霸占游戏不给其他人玩，徒步总想走在别人前面，吃饭抢好吃的。于是小刘拿出驱蚊水在房间“放毒”，小高则拿出云南白药喷雾剂喷洒，房间里顿时充满难闻的气味。他们想用这种方法逼小石换房间，结果混合气体的味道，让他们自己也受不了。碰巧这时候，小石去爬上铺，结果鼻子磕床梯上，流血了，他用卫生纸塞着。其他三个孩子幸灾乐祸，喊着他们给小石起的绰号。小石就把鼻血洒向其他三人的床铺。这三个孩子终于受不了了，要求换房间，小高匆匆忙忙来我房间找我。

我去了，其他三个孩子说小石是故意的，小石说自己是无意的。小石的“平静”足以让任何成人震怒。我看到床单上和墙壁上洒了很多血点，就要他赔偿（前年孩子们的笔把床单污染了，时任总经理的老外Gerrt毫不含糊地让我赔了，我则太忙，没有向孩子们追索，今年吸取教训）。这个时候小石表现出很冤的样子，说他不是故意的。言下之意，他受伤了，不但没得到关心反而要赔床单，他不情愿。

“小石、小周和你是同一个地方来的，他是你的朋友，连他都说你是故意的，不想和你住同一个寝室，你就该考虑下你做人方面哪里有缺陷了！”我很严肃地说。小石终于不再辩解。

“这样吧，我们先找工作人员来讲明情况。如果工作人员说让我们洗床单，说床单洗干净就不用赔了，我们就洗床单。如果说赔，我们就赔。”我说完，就叫工作人员过来了。工作人员的意见是先洗，经检查干净了就不赔。这时我妹妹闵洁也和工作人员一起到了房间里，她说血迹很简单，可以洗干净。

我说：“洗床单，我不干。如果你愿意，你帮小石洗吧。”

闵洁说：“我愿意帮他洗，但是他必须在旁边看着。”

我说：“你愿意帮他，行。但是墙壁上的血他自己要擦掉。”于是小石就用湿纸巾擦墙壁上的血点。这时候，这些孩子看到小石没有受到惩罚，觉得太便宜他了，就不乐意，还是要求换房间。

“一个人开始承认自己的错误并愿意改，是很不容易的。我觉得我们应该给他机会。”我开始讲道理了。

小周听了后，表示愿意给小石改正错误的机会，小刘则不再坚持换寝室，但小高说：“我要和他决裂到底!”我说：“你不肯原谅他吗?”“不原谅，我要和他搞到底!”小高说。我说：“难道你就不会犯错误吗？你就不希望别人原谅吗？”小周固执地说：“别人犯错误我能原谅，我就是不原谅他，和他搞到底！”我说：“看得出来，你对小石的行为很气愤，气还没有消！也许明天这个时候气就消了，先放到明天再说。”我发现，每读一次小高的情绪，他的愤怒情绪就下降一些，虽然不是很明显，但是他不再坚持马上换寝室了。

闵洁帮小石洗完了三张床的床单和被套，通过了工作人员的检查，换到了干净床单。唉，她对小石的支持，一定会帮助小石走出人际困扰，真够辛苦她的了。

后记：

孩子们给小石取了绰号叫“石真香”，在徒步的时候，基本上所有的同学都在骂小石。徒步中，我看到小甘老拿他开涮，就站在小石这一边。甚至在小甘把一把石子儿撒向小石的时候，我站出来，要和小甘“干一架”！带队的刘老师对小石这个副领队很满意。小石的意志力超群，他在大脚趾甲沟炎化脓的情况下，始终走在队伍的前面。14号他的甲沟炎才好些。

14号去野岩洞的时候，小石踹了北京的小汪一脚，把小汪踹哭了。我看小汪哭了后心情很平静，就没去找小石说理。

15日小汪生日，我们为小寿星买了三个意大利柴火比萨。小石来参加生日聚会了，我看到小汪抚着小石后颈开玩笑，知道他们和解了。我把小石拉到旁边，说悄悄话。“你做得很好。你和他打了架，还来参加他的生日会。”小石没应我。

16日晚，开大会的时候我提出，我听到大家一直叫小石的绰号，我感到不舒服。这引起大人和孩子们的讨论。哪知道小石不来气，他似乎有些得意地说：“在学校里，我的同学都叫我‘臭狗屎’。”

“是的，叫一个人的绰号没有关系，特别是有美好寓意的。但是没有美好寓意的，平时叫没关系，一旦这个人心情不好，他可能会打人。大家可能觉得莫名其妙，其实说明他很在乎，他需要受到尊重。”

17号，我发现叫小石绰号的人锐减。小石则主动告诉我，如果还有徒步，他不能去了，因为攀岩鞋太小了，攀岩时把脚挤痛了。之前，“老闵，我宰了你”和“石真香”是夏令营的流行用语，看来就宣泄情绪的作用来说，他的出现和我的出现有同样的价值，他对群体做出的贡献，必然带来自身的改变。

看得出来，小石乐得向大家介绍他“臭狗屎”的绰号，再结合每次徒步他都要冲在前头，说明他需要引起别人的关注。他缺少的是关注，缺少成人的肯定、理解、信任和激励。

温故而知新

如果不给孩子需要的，把他当成一个平等对象来尊重地爱，而给予孩子太多的批评指责，孩子就会自卑、逆反，就会用调皮捣乱的方式来赢得他人的关注。孩子多半还会迷失在这种错误的寻求关注的方法里不能自知。要处理这种调皮捣乱，只是宽容还不够，还必须把与人相处的人情世故弄清楚，才能让孩子走出他的迷宫。

手记17　一堂关于人格成长的课程

按：7月23日，由于同学们提请开会，考虑到孩子们有一定的理解能力，讲了人格教育的大概。课程是互动的、启发性的，孩子们非常积极地发言，有些发言非常精辟，由于精力有限，不能做详细的会场记录。

我想跟各位家长说的是，如果一个人处于匮乏性需求没有满足的情况，他的成长性需求就总是被压抑和扭曲的。儿童人格要健康，首先要摆脱成人的控制，比如说可以吃方便面，可以不洗澡，可以不洗衣服……从可以说“不”到合作，到自觉，是个漫长的过程。但是必需的，否则人格的成长都是没有根基的。我认为，不相信生命本有的自觉和自我完善，是对人的尊严的亵渎。也难怪，人们对健康人格的了解实在太少了。马斯洛说，单是知道自己真正需要什么，就是一种心理成功。我们不知道自己需要什么，我们就不知道孩子需要什么。

人格健全的人的标志：

1. 独立思考。

2. 服从内在的感觉（提示：不是服从某种观念，尽管可能与某种观念吻合）。

3. 思己及人。

人格的修养从上述三点开始，是一个整体。

一开口就是“我爸爸说，我妈说，老师说”，算独立思考吗？（大家笑）

大人说的就是对的吗?

小周:“有时候大人犯的错比小孩还多。”

我听到小王说:“别人讨厌我，并不代表我不能帮助别人。”我认为这是独立思考。

独立思考的能力，从建立自我开始。请问，自我就是自私吗?自我和自私的差别是什么?

小刘同学回答:“自我就是自己买东西自己吃，自私就是别人买东西不分给自己吃。”“很好，回答得很贴切!”我说。问题是有多少孩子能够做到自己买东西自己吃?一般都是家长买东西孩子被支配着去吃。这次有孩子第一次花钱买了方便面吃，孩子们给这个孩子取名“苦瓜”。我问这些孩子为什么?他们说:“难道你看不出来他很苦恼，脸像苦瓜吗?”说实在的，我看不出来，问其他老师，他们也看不出来。于是我问这个孩子:“你觉得你很苦吗?”他说:“是的。”可能是放松了，他不再紧张和焦虑，终于能够觉察自己的情绪，是个进步。

自我是保护自己的利益。自私是不考虑别人的利益。不能保护自己的利益的人，就不懂得尊重他人的利益。要允许自己和别人不一样，也要允许别人和自己不一样。允许别人和自己不一样，就是尊重人。允许自己和别人不一样，就是接纳自己。

故事1:好东西要和别人分享

见本书儿童篇手记4，我讲给孩子们听后，让他们讨论。

孩子们讨论得非常热烈，最后都达成一致意见:只有内心愿意分享才是真诚的。

故事2:分数问题和诚实比成绩重要的问题

一个孩子的考卷上有老师没有发现的错误，分数给多了，这个孩子去告诉老师，结果影响了自己的班级排名，我让孩子们发表自己的看法。

一个孩子回答："有次老师给我打多了分数，我去找老师。老师说我知道就行了。老师甚至说我的诚实是傻。"孩子们都知道，老师这样做是为了他自己，为了班上的平均分。孩子们说起这种事情不是特别的愤怒，似乎他们也能理解老师的难处，宽容老师的缺点。

不同观点导入：诚实的原则很重要，但要服从内在的感觉。服从内在的感觉是真正的诚实。

内在的感觉需要表达。这个不是教条。凡事考虑自己的感觉，在不伤害自己、不打扰他人、不破坏环境的情况下，可以干自己想干的事情。

如何表达？说事实，说感受，说希望。思己及人，就是考虑自己的同时，考虑到别人。关心自己的同时，也力所能及地考虑到他人，注意人际关系的平衡。

温故而知新

从个人修养来说，人格的修养应该加上第四条，舍己为人。这属于传统文化悟后起修的阶段。如果前三条做不好，所谓的舍己为人可能是病态的、虚伪的，是一种自私的"无私"，讲起来很复杂，所以课堂上没有提及。

手记 18　2012 年夏令营工作总结

这是我第三次组织夏令营，运作越趋成熟，组织内部的人员都对自己的工作比较满意，有成就感。

安全问题

严格按照企业 TQC 管理理念来管理安全问题。

安全意识比较强，破冰会上，关于游泳、同学之间打闹、危险玩具购买方面，强调比较周全。其他老师特别是陈老师的安全意识很强。很多危及安全的问题，一有苗头，都被老师有效制止。

夏令营以自由、快乐为主题，不是以项目取胜。结合过去的经验，取消了往年的自行车和皮划艇。这样大大降低了安全方面的不可控因素。

徒步和攀岩没有人受伤，和安全意识以及安全控制能力有关。户外运动领队刘老师，拥有户外安全保护专业知识，我认识他很多年了，从来没有看到他对安全有过侥幸心理。只要有一个与安全有关的念头闪过，他都会去落实。一有不确定的因素，他马上采取有效措施。他很投入、很细致，而且不紧张。再加上他是一个企业老板，知识阅历丰富，也是拓宽安全保障能力的原因之一。

玩水、游泳的地点都经过事前调查，也向当地有经验的人请教，我们自己亲自体会过。对场地有切身的体验和感觉，是安全控制的基础。

按照我们的经验，孩子剧烈释放以后，总会发热的，受热、受凉、空调温度太低等，都是诱因。今年，除两个孩子没有发热外，其他孩子都发热了，有些伴随胃肠道反应，有些伴随呼吸道症状，都得到了有效的处理。

一是处理这种问题有经验了，不恐慌。

二是措施得力。一个孩子感冒了，首先看他有没有汗。如果有汗，就不用做任何处理，仅仅观察就行。如果没有汗，但是体温低，就用热水泡脚的方法把温度提起来，然后再用捏脊柱的方法发汗。如果温度高，直接捏脊柱发汗。如果主诉头痛症状比较明显，温度不降，则根据儿童大致的体重按量使用非处方西药，用药的时间一般都放在下午1~3点或者夜间9点左右。

当然，延长发热进程，让体温自行减退，或许对健康有更积极的意义，但是不符合人文关怀原则，也不是夏令营的主题，我们也不擅长。

内部管理方面

把孩子分成四个组，由四个女老师负责，两个男老师机动。在这个基础上，如果没有特定的分组任务，老师在全营都可以灵活机动地处理问题。这种有序又灵活的方式，使工作没有漏洞，出现了问题在第一人第一时间就得到了处理，非常有效。

对老师和同学，都采用人性化处理方式。自愿承担责任的情况很多，分派和指令的情况很少。整个过程内部工作人员的心态都是自然而充实的。

管理也比较民主，工作人员可以随时批评组织者的行为作风，大家畅所欲言。

家长外联方面

这次夏令营，家长都是自动报名的，没有生硬的推销，所以来的家长都高度信任我们，很配合我们的工作。有良好的动机，自然有良好的结果。

和先期到达的家长做了很好的面谈，充分了解孩子的成长经历，知道每个孩子的性格特点，在教育观念认同上进一步达成一致。

建立了短信沟通渠道，和家长及时沟通，使家长了解更多的信息。孩子出了情况，和家长的沟通渠道比较通畅，对孩子情况最熟悉的老师能够和家长直接沟通。

辅导方面

热身的时候，给夏令营做了很好的定调，就是快乐、平等、自由。成人的去权威化做得比较好，都能够做到关注、关爱和尊重孩子，把对孩子的打扰频率降到最低，让孩子的独立思考趋势和自我感得到充分呈现。

对每个不同性格的孩子，都做了不同的对待方式，因材施教。成人情绪辅导能力都比较高，发挥出色。

不足方面

1. 住旅舍，让孩子独立自治的条件不够，人际交流乃至冲突都不充分。

2. 长时间在同样的餐厅进餐，饮食多样性不够。

3. 教师在个案讨论、经验分享和技能交流方面时间不够充分。

4. 孩子把室内空调温度调得太低，大人没有采取有效的常规管理措施，导致孩子感冒发热频繁。

温故而知新

多数家长反映，孩子回家后变得快乐、积极、自主，懂得顾及他人感受。我个人认为，在夏令营中，在个人独立思考和服从内在感觉这个角度，每个孩子都拓展了自己的空间。如果想让孩子的健康人格结构不至于坍塌，家长就应该给孩子更多的自由。如果家长不耍权威（我可能采纳你的，可能不采纳你的，但是我会让你诉说），不自以为是地将自己懂得的东西灌输给孩子，而是让孩子自己去探索、反思、沉淀，关注孩子而不打扰孩子，在倾听孩子情绪、尊重孩子方面向孩子释放更多的空间，孩子的人格就会茁壮成长。孩子在夏令营中释放情绪，回家后家长释放空间，就能更长久地保持夏令营的效果。

手记19　写给家长的夏令营个人报告

报告之一

“老闵，我宰了你!”在夏令营中，这是他说得最多的。还有其他尖锐的挑衅，都被我化解于无形。这是在安全的环境下，他一开始的表现。

对女老师，他没太表现他的攻击性和调侃性。对同学的缺点缺少宽容，不断攻击，说明养育者对他过于严格(父母或者养育者对孩子严格，孩子就对他人严格)。只有在生病的时候，他才能不矛盾地接受他人的关心，说明他太需要别人的关心。

总体印象：细心观察，发现他的“攻击性”是很表浅的，只是情感表达能力欠缺，不能正面表达自己的感情。他心地善良，是个纯真的孩子，即便说了“宰了你”，转眼他又会来关心我，给我他喜爱的零食。据孩子们讲，“×××，我宰了你!”也是一些学校的流行语，可见孩子们内心有很多怨气。

父母的功课：

这孩子得到的爱不够，所以经常就一些琐碎的问题打电话问妈妈，只是想和妈妈增加接触机会而已，对老师也是如此。建议父母大胆地对孩子表达自己的爱，重新为孩子植入亲情信念。对过去父母离家造成的伤害，父母要向孩子道歉。

胃肠功能估计不够好，腹壁肌肉紧张，建议父母经常给他做腹部按摩。这也是孩子执行力不够的原因，脾胃是后天之本。

希望父母在感觉到太累、情绪不好的时候，不要委屈自己。父母先调整好状态，再给予孩子需要的爱。

父母要全面提升对孩子的辅导能力，这是个系统全面浩大的工程，建议抓紧时间学习，自我提升。

报告之二

她是一个性格内向、易敏感的女孩，也可以说心思比较细腻。或许父母给她的爱比较含蓄，她不能够完全感受到，所以特别依恋父母。刚开始的时候她特别不能适应夏令营的生活，总是想家。我们观察后发现其实她并不是真正的想家，而是觉得自己很孤独，没有人陪伴，没有安全感。经过老师的拥抱、倾听后，她的情绪有了明显的改变，逐渐在团体生活中进入角色，开始慢慢地融入团队。虽然看似简单，但对她来说却是一个突破，难能可贵。

还有一件事，让我们印象很深刻，她和很要好的室友，她们同出同进，打电话不回避，都用免提的方式。当她听到室友和妈妈通话结束，室友妈妈总会说"宝贝，妈妈爱你，妈妈真的很爱你"，她特别的羡慕。为了听这句话，她总是在室友打电话时从下铺爬到上铺去听室友妈妈的爱语。后来她和一位老师说："我特别喜欢室友妈妈对她说：'妈妈爱你，妈妈真的很爱你。'要是我妈妈也跟我说，那该多好啊。"我们的老师就鼓励她："你妈妈可能还不习惯这样跟你说，你可以试着先和妈妈说。"可惜的是她后来没有报告到底有没有说。由此可见，她特别在意父母对她爱的方式，她需要的是父母直接的爱的表达。因此，我希望她父母能够大声说出对她的爱，这样她会在情商方面得到很大的提高。

她腿部的红斑瘙痒应与情绪有关（情绪释放的排毒反应，情绪紧张和放松都会影响到身体），可以喝点红豆薏米汤试试。如果能够懂得《倾听孩子》上面的情绪辅导技能，这病应该是可以从心理上解决的。

总体印象：性格内向，压抑，脸色稍暗。夏令营结束后有好转，面部比较红润。这个孩子要通过大哭、大叫、大笑宣泄出过去被压抑的东西。

父母的功课：没有安全感，就没有人格建立的基础。父母要明确表达对孩子的爱，参照本人博文《爱的大纲》，一步一步做起来。

报告之三

她是一个热情、乐观、大方的女孩，说话柔柔的，慢慢的，还带着手势，给她的任务都完成得特别完美。她无论何时总是笑嘻嘻的样子，让我们每个人都觉得很舒服。

整个夏令营的女孩中，她的表现是很抢眼的，不管是徒步，还是攀岩，她都没有说过一句累。让我们深受感动的是她在攀岩的时候，一步一个脚印，一直都不放弃。即使是在她力气消耗得差不多的时候，她回头还说："我休息一下再继续。"尽管最后没有登顶，但是她留给我们的是她不畏艰难、永不放弃的精神，这个很可贵。

她也很会照顾同学。刚开始，和她要好的室友不太适应刚离家的感觉。我给她一个任务，让她多陪陪室友。从那一刻起，她做得很好，让室友找到了自信和快乐，直至最后她的室友都对我们依依不舍。这些都离不开她的陪伴，谢谢她！

她胆子有点小，可能跟她没有安全感有些关系，这需要父母共同努力。不过通过这次夏令营，她已经能够很好地处理自己胆小怕黑的问题。只要父母能够陪伴她，适时地给她拥抱就行，这应该不是问题。

总体印象：对人很友善，人际关系好，自律性挺好，性格恬静，做事情很专注，有艺术家的特质，特别是游泳的时候。歌舞表演很出众。胆子小，很怕黑。

父母的功课：给予孩子爱，不控制孩子，给予孩子尊重和自由。家长给予孩子时，做到不委屈自己就行。

上古国治老师的课程，学会如何给予孩子人性化的爱。阅读孙瑞雪系列书籍，阅读《好妈妈胜过好老师》《孩子来自天堂》《孩子，把你的手给我》《倾听孩子》。

报告之四

去年夏令营的时候，他跟随的小胡是一个重义气、敢说敢干的小伙子。之所以跟随，是他想突破自己。再加上老师的鼓励，他突破了，变得敢于提出自己的想法，慢慢变得有主见。

今年他逆反，跟随YY。没有YY，这个夏令营他会安静许多，沉稳许多。但是有了YY，他就有了更多逆反体验的需求。与YY不同，他有清楚的判断力，有主见，被压抑的情绪背景噪音要多些。

暴力攻击性是男性特征的表现，在安全的环境下，他表现得略显多了些。我对他说："你的体能优势永远存在的，你不用去体现它。你需要的是提升你的智慧，你的头脑。"估计他是听进去了的。

总体印象：性格非常好，活泼，乐观，有主见，能够兼顾别人。

父母的功课：当大人给他提要求的时候，他也给大人提要求。去年夏令营时他给他父亲打电话，我听到过一次。他也一直让我跟他爸爸提要求，比如充Q币，我一直置之不理，淡化。今年我做了，出于友谊，还有就是网络禁止未成年人充Q币。

希望他再这样时，家长指出来，破除这种交换模式，有时候父母的指令需要无条件执行的。家长给孩子的爱也应该是无条件的。

孩子的体重，如果不控制，将是一个问题，虽然目前没有影响到他思维和运动的灵活性。我曾诱导他打坐，好像他兴趣不大。

流鼻血也是一个需要引起重视的问题，最好找高明的中医看看。

游泳是他比较喜欢的体育项目，他也乐在其中，希望通过这个项目增强其体魄，进一步提升他吃苦耐劳的意志力。

后记

写完这个孩子的报告后，孩子的妈妈在QQ里给我讲了孩子的近况，粘贴几段如下：

Liu 08：18：00

老闵，你好！看了博客上的今年夏令营的安排，很吸引人呢。我也推荐给我的同事。但是今年暑假我儿子要随奶奶一起去美国探亲，可能就参加不了咱的夏令营了，有些遗憾。我也曾试着两面兼顾，但看来时间不允许，只好明年再参加了。祝今年的夏令营一切顺利，孩子们健康成长！

Liu 14：51：05

老闵，看到你博客更新的文章，忍不住笑了，这些孩子是多么可爱呀！跟你说说我儿子最近的情况：我儿子在 ×× 国际学校很适应，学习水平位于第一方阵，在2月份参加的ISA 3—7年级（我儿子现在7年级）的国际学校学生水平考试中，数学、阅读、写作考进全球前30%。我儿子大部分的业余时间用来玩，但他课上的效率很高，回家从来不复习功课，考试前也是这样。在这里偶尔有忘记交作业，或迟交作业被老师记0分，但每次考试成绩很稳定，而且呈稳步上升的趋势。现在他是校篮球队主力中锋，在上个赛季中取得赛区的第三名。

前些日子他跟我说："妈妈，我想要更多的自主，自己做决定！"为了满足孩子的这个需求，我做通了他爸爸的工作，对我儿子的电子游戏全面放开，时间全部由孩子自己安排。我说："妈妈和爸爸不想做你的紧箍。我们相信你会越来越成熟，管理好自己的时间的。"我儿子先是惊讶，马上问我为什么放开。我说："你长大了，妈妈希望你自己在游戏中体验如何合理安排学习和游戏，我不想做紧箍。安心地玩，快乐地学吧。"儿子："老妈你太好了，我爱你。老闵也说，玩游戏时不能纠结。"

昨天是我的生日，我做了面，晚饭后，我和我儿子一起坐在床上看电影时，他看着我的眼睛说："老妈，今天是你的生日，祝你生日快乐！"我说："谢谢，老妈爱你。"哈哈，他会当面表达爱意了，又进步了。

Liu 14：56：17

我儿子第一次正式参加篮球比赛，他们学校以13：31分输了。他是在后两节（共12分钟）上场的，他一个人得了9分，从此以后他就更喜欢篮球了。老师也说他心理素质稳定。他自己说："当别人都感到进不了球时，愿意传给他。"

温故而知新

最后的这个孩子，就是后面提到的减肥25公斤的少年，各方面都不错，这主要是妈妈的改变使然。

人际关系即健康的心理，首先来自健康的亲情体验，然后在这个基础上发展出健康的社会体验。父母给予孩子需要的爱，符合人性的爱，孩子各方面就会很优秀。

后来和这个妈妈继续交流，了解到故事的最后，当妈妈表扬孩子时，他还说："妈妈，不是我打球有多厉害，而是他们信任我！"

有能力做到而且看到他人的作用，这种人是真谦虚。我希望自己的教育，就是能够培养出更多的有能力而谦虚的人。

手记20　用罗伯特议事法则解决冲突

记录：张老师，修改：老闵

会议人员：小史、小刘、大个、小胖、老闵、老张、老刘、刘老师、张老师

会议主席：老闵

时间：2013年7月8日晚9点

会议内容：小史要换房间

今天是我们到桂林的第一天，有四个孩子的家跟我们比较近，家长请我们帮忙带到桂林，所以和我们一同来的就是小史、小刘、大个、小胖四人。外加我们五个老师，一共九个人先行到达夏令营的第一根据地——桂林老地方国际青年旅舍。来到后我们分好房间，四个孩子正好住在一个四人间（钥匙由小史保管）。

由于10号晚上才正式开营，先来的孩子这两天就比较自由，可以做自己的事情，他们开始彼此相处起来。晚上8点50分左右，我走过坐着看电视的小史身边，小史问我："老闵呢？"我答道："老闵在外面做事情呢，你找他有事吗？"他说："嗯，我想换房间。"接着我把他带到老闵身边，他向老闵说出需求后，老闵想知道原因。他委屈地说："第一，小胖总是将垃圾扔到下铺的床上。第二，我回寝室时，没有人给我开门。第三，小胖总是有事没事地打我。"我和老闵决定叫所有的人来开会。我把所有的人都叫到楼下。

老闵作为会议主席提出了几点要求：第一，举手发言，发言时只看着主席的眼睛，不许看其他人。第二，有人发言时，其他人要认真听，不许打断。第三，主席同意后方可发言，发言直接表明赞成还是反对，然后说明理由，不许跑题。这个议题每个人有两次发言机会，然后表决。这些条件得到了大家的认同。

会议开始，老闵首先让小史陈述要求，然后再说出理由。小史说完后，有些哽咽。小刘举手发言道："我反对小史搬出寝室。小史被小胖打、扔鼻屎，是因为他嘲笑人，他改了就行。"大个发言道："我反对。理由是我们（大个和小胖）之前是故意整小史的，以后不会了。"言语中露出悔改之意。小胖说："我不同意小史换房间。理由是我们会和好的，我也不扔垃圾了，我错了。"大个第二次举手说："我不同意小史换房间，我希望我们好好相处，因为我们是一起来的，我们会相处好的。"老张和张老师也不同意，也说了不同意的理由。老刘举手说："我同意小史换房间，我感觉到小史很孤单。他在这个小团体被孤立和排斥，压力很大。"听到老刘说了后，小史终于挺直了腰，脸松了下来，呼了一口气。老刘这个同意来得太及时了，小史的救星啊！这时候，老闵提议，同意小史换房的举手。让大家意外的是，此前发言反对的刘老师也在表决时同意小史搬出寝室。虽然不赞成的票多，但我们看到的是，小史明显已经轻松下来，不再纠结换房的事，我觉得他想得到的已经得到了。

表决完是否搬出寝室的要求后，小刘说："小史保管钥匙不行，我们找他拿钥匙，他经常找不到。小史丢三落四的，门卡掉了两次都被我捡到了，还有他的钱包。"老闵这时候说："小刘的提议很具体。你们大家表决，是否让小史交出钥匙保管权。"除了两个人弃权，其他人都同意小史交出保管权。老闵又问道："你们其他三个人谁最适合保管呢？"除了小刘，其他三个孩子说："小刘最合适。"这样，门卡的保管权就归小刘。

最后老闵说，大家说点对他人和自己的希望。大家表达希望后，气氛变得温暖而祥和。老闵说："散会！"

会议前后花了不到二十分钟。

温故而知新

敬业乐群，是未来解决孩子生计问题以及提升他们自身修养的基础。如何与人相处，才是真正的学问。

家长能不能站在孩子的立场，作为孩子的盟友，在孩子“犯错误”时给予孩子支持？这个有意识的理性化支持，跟因为孩子闹情绪而支持，是不一样的。

当一个人该得到支持而没有得到支持，该得到谅解而没有得到谅解，这个人就有更多在道德上滑坡的可能性。支持、谅解，是为了让孩子更轻松地改正错误，承担自己的责任。

批评指责，在教育中是没有用的。

手记 21 紧急保管孩子的电话

有一次，我妻子（张老师）对我说："老公，我扛不住了。以后熟人的生意还是不要做的好。"我问："怎么了？"她说："××× 本来好好的。刚刚把情绪处理好，他奶奶的弟弟又打来电话，问孩子这样那样。"这个"被爱包围"的孩子，是我老婆亲戚的孩子，这些天，他不断接到爷爷奶奶、舅公等人的电话问候。孩子从来没有一个人出过远门，不会表达思念亲人的感情，就说要回家。每一次处理孩子的情绪后，他都能够和同学玩在一起，但是接过电话后，他就说要回家。喔，我知道了，这么小的孩子，让他去接受成年人"焦虑的关心"，是不公平的。这不是爱，是伤害。我毅然决定，暂时保管孩子的电话，给他腾出自由的空间。

孩子交出了他的电话，哭了，辅导老师马上跟上。旁边的同学问原因，我说了，这个同学说："他跟我们在一起挺好的啊，玩得挺开心的。"说完他也去关心这个小朋友。

我拿走手机，给孩子的爸爸妈妈打电话，说："孩子需要自己的空间，不需要打扰，希望你们下定决心。手机开着，其他人打不通，你就告诉他们，这几天的活动内容是老师陪伴，手机统一管理，规定只有孩子的父母才能通过老师了解孩子的情况，有消息我会立刻告诉你们。孩子现在身体很好，吃饭比家里多，心情很好。你们把一切责任都推给我，没事的。"

把一切责任都推给我，但愿他们做得到。

温故而知新

这个孩子来自上海，家庭条件好，可限制很多。比如，在零食等方面都有限制。有哮喘，通过这次夏令营就好了。

当时通过电话屏蔽、情绪倾听、游泳、可以自己支配零钱等方法，孩子很快就发展出自主独立的品格。目前这个孩子上初中了，品学兼优，学校老师还叫他妈妈去介绍经验。

独生子女，爷爷奶奶、外公外婆、爸爸妈妈，共同盯着一个孩子，比监狱里看管犯人还严密。所谓“四二一工程”，只是爱的牢狱。

放手让孩子自己决定，自己做决策，自己总结！孩子没大人想象的那么笨、那么娇气。

手记22 她的爸爸丢了——2013桂林阳朔之旅成长夏令营的报道

一

她才八岁，去年就参加过我们的夏令营，今年又来了。

孩子们说昨天徒步累，今天要自由活动，我们同意了。我们也想借此机会多观察这些孩子，和他们建立更信任的关系。

之前在吃早点的地方发了五十元钱生活费，她从餐厅回宿舍的途中，发现自己的手机和钱包丢了。她回头去找，没找到，又和同伴走失，迷路了。隔壁档案馆的工作人员看到后，带着她回旅舍。我去超市购物的路上，发现她跟一个陌生人走在一起，感觉到有些意外。这个工作人员跟我解释了这一切，我谢过他。

“你还想去找你的手机和钱包吗？”我问她。总共丢了一百一十元钱和一部爷爷给她的手机。

“想去。”她说。

我和她再一次去了那家小餐厅，没有找到，小餐厅没有监控录像。

“刚刚发了五十元钱，就丢了。”她很失落。“我是准备用这个钱来买个书包的，昨天徒步，东西都是放在别人的书包里。”她说。

我一边陪着她走回宿舍，一边消除她的失落感。她很信任我，几句话后，她说：“没有不开心的感觉了。”

“这样吧，我给你一百元钱，你去买一个自己喜欢的书包，也可以添点钱，买一个好一点的，夏令营结束后你还可以用。我本来就想送给你点什么的。”她接受了。

我觉得，危险的不是她丢了手机和钱包甚至其他更重要的东西。危险的是，她丢东西后由于过度紧张，找不到回宿舍的路。如果这个时候有个坏人说：“我带你去公安局报案，找回你的手机和钱包……”她多半会去，这样的话，事情就严重了。

我会在夏令营期间告诉她，人的一生中会丢失很多东西，但是不要丢（迷）失自己，这是最重要的。不要太在乎你失去什么，而要在乎你是否失去了自己。

来参加夏令营的前几个月，她失去了她的爸爸。

二

去年，她父亲刚给她报了夏令营的名没多长时间，就发生车祸成了植物人，我当时就决定全额退款。但她妈妈在万分悲痛中觉得，照顾得了丈夫，就照顾不了孩子，仍然决定让她来。我接受了这个请求。

我爱孩子，她能感觉得到，见面没多久，她叫我“闵爸爸”。当地领队刘老师知道她爸爸出了交通事故后很关心她，“女儿”前“女儿”后地叫她。

看她的脸色，我觉得她会出问题，叫大家盯紧点，结果她第二天就掉到湖水里，被一个游客拉了起来。湖水很深，没过她的头顶。

她来的第一天，手机丢了，被一个导游捡到送回来了。

一位老师常常主动关心她，她却把这个老师的照相机快门扭坏了。我让她拿出钱来赔。可相机报废了，赔整个相机的费用，又是不可能的，这个老师深感受到伤害。

她在零食方面也得不到满足，我跟另一位老师说：“我给你五百元钱，她想要什么都满足她，不要说是我出的，和她交朋友。”这个老师虽然花钱不够狠（想替我节约，花钱放不开），但是给予了她很好的关爱。让人意外的是，当她从上铺下来时，跌落的硬物把这个老师新买的手机屏幕给砸了个洞，她感到非常歉疚。（夏令营结束后，这个老师修手机费用由我出，应该的。）

由于得罪了老师和同学，她只好和旅舍的女经理玩。她逗旅舍的一只猫，这只猫急了，回头就是一口，没有咬着她的手，却咬着了女经理下属的脚踝。真让人哭笑不得。打破伤风针花了近五百元，我出的。

她太调皮了，加上一张嘴巴不饶人，引得别人不断投诉她，我免不了吼她几句。

我没有想到，困难有如此之大。夏令营对她有什么好的帮助，我没有信心。我只相信，我们对她的态度，和其他成人对她还是不一样的。

今年，她来之前几个月，她父亲过世了。她妈妈给我打来电话，还要来，我说来吧。我顿时觉得有些对不起她，但是去年都是在情急之下发生的事情，有什么办法呢，我不是一个完人。

她妈妈通过航空把她托运来的，我去机场接她。她看到我那个欢喜劲儿，让我真想上去抱着她，大声叫她一声：“女儿！”但我没有，按照我处理感情的原则——深刻而洒脱，矜持是有必要的。

时隔一年，她变得很漂亮，脸上的愁云没有了，整个脸蛋舒展了。我一直认为，美丽的气质和健康的人格都是一种资本，二者能够统一，更好。我很欣赏她，她应该能够感觉到。

我本来想为我去年的严厉而道歉，只是还没有机会和她坐下来聊天，结果她手机和钱包丢了，给我创造了和她互动的机会。

昨天，另外一个孩子的钱包丢了，问我：“如果钱包找不回来怎么办？”我说：“丢了就丢了呗，这个世界上又不是只有你丢过钱包。”她不仅丢了钱包，还失去了爸爸，但我只会帮助她找回自己。

此刻，我独自坐在宿舍里，写这篇文章，抒发来自内心的感动。

温故而知新

做教育，需要忠贞不渝、痴心不改。

2012年夏令营的时候，她拿了室友的钱，我们用罗伯特议事法则解决了，当会议结束的时候，我激动地给她妈妈打电话："你的女儿再也不会拿人家的钱了！"

2013年的夏令营结束，直到最后我才知道，她的"手机和钱包丢了"是句谎言。但我没有深究，我也没有让她把钱退给我。她的改变是本，夏令营中她超水平发挥，成功帮助了其他的营员，这是我做不到的。

就这样，她现在成了品学兼优的孩子。

忠贞不渝，不是为了别人，而是我自己要这样做。谢谢这些孩子们，他们给我这样的机会，让我做真实的自己。

大而化之，不是苟且了事、马马虎虎，而是一个成人的胸怀。

花钱是一门艺术，钱能解决的问题，都不是问题。

手记23 2013年阳朔夏令营的微信集锦

按：又是一年夏令营的招生时节，偶然翻开以前的微信记录，发觉还有重新整理的价值。可惜啊，每一次夏令营都很精彩，但由于要全心全意去关注孩子，没有办法做更多的记录。罗杰斯说，好的学校都没有好的记录，因为精力都放在孩子身上去了。把这句话权当对自己的安慰吧！

我们的夏令营，允许每个孩子24小时手机开机，是希望孩子—家长—老师—孩子之间能够同步互动，虽然工作量增加不少，但是值得。

7月8日

带两个孩子去桂林途中的火车上，一个在上铺和孩子躺在一起的妈妈不断地对想下去活动的女儿说："不能下去，下去后其他人会把你卖掉！"另一个妈妈说："现在学校里要给老师送礼的，如果不送，孩子会说人家都送了，我不送怎么行？现在的孩子，都要面子。"

听到家长这些话，我很烦恼。

7月9日

阳朔成长之旅夏令营直播："如果一个人做什么，主要从自己的内心感觉出发，那么他就有一个清晰的真自我；假如一个人干什么，都从迎合别人的感受出发，或者从自己假想的担心和恐惧出发，那么他就有一个假自

我，这个假自我，是一个人痛苦的根源。”——摘自武志红《活出你的小宇宙》

7月11日

2013阳朔成长之旅夏令营直播：今天是八公里徒步。“读万卷书，行万里路，野蛮其体魄，文明其精神”，这是我2010年夏令营的感召口号，但我们不是军训。在行进过程中没有时间限制，可以哭，可以抱怨，可以发牢骚，可以骂老师，可以彼此爆粗口，为孩子提供一个安全的表现自己真实面的环境。除了申明情绪流畅表达的宗旨，初期我们不教给孩子表达的具体方式。当表达方式导致冲突，我们老师立刻调解，启发他们用不伤害人的方法来表达。

今天八公里的山路古道毅行，孩子们不乐意，我允许他们抱怨。孩子们的情绪经过表达、宣泄后，轻装上阵，意志力自动就出来了。

有一个孩子发微信骂了我，还过来跟我讲：“老闵，我刚才在微信里骂了你，好爽！”呵呵，我就爽着他的爽吧！我坚持让他参加徒步，当然他会有情绪。

阳朔成长之旅夏令营直播：一个小朋友一看到奶奶的电话就挂掉。妈妈无奈，打来电话让我叫孩子给奶奶回电话，我说：“你就跟奶奶说，孩子今天和妈妈道别，很伤心，刚好些。老师说不要打扰，让孩子先安静下来。”我不知道，明天我还能找出什么理由。没有主见的乖乖宝，到了安全的环境，自我开始复苏，一开始会逆反的方式展现。只有首先学会与自己的内在感受相处，然后才能真正学会与人相处。明天，这个刚开始建构的不会被打扰的自我复苏过程，会不会被“不孝”的巨石击破呢？

7月12日

拒绝别人，忍不住附加一些理由，爱的流动因而受阻。拒绝别人而怕伤害别人，是不敢承担自己的责任，或者是承担别人的责任。无意中蔑视了他人，因而使亲朋间心存芥蒂，别人明确需要解释时，坦诚以告，不需要保持沉默。说“对不起”，也是这样。

给一个男孩弹吉他的照片上题诗：

你用无弦的心／拨动有弦的琴／你有弦的琴／拨动我无弦的心／何处觅知音

7月13日

悲伤，是一种完结的力量，是告别往事的有效途径。

我们基本上是按照统一的标准在塑造我们的孩子，人家有的，我的孩子也要有。但这个商业社会却遵循物以稀为贵的原则，所以南怀瑾先生提倡培养卓尔不群的人才。卓尔不群，不是不在乎别人的看法，而是有自己的主见和定见，同时重视别人的看法、参考别人的看法，但不会因为他人的看法影响自己的情绪而不知所措。

阳朔成长之旅夏令营直播：一个孩子在吃饭的时候，不吃放在面前的一盘菜，还说她奶奶说过什么能吃什么不能吃，云云。我说：“你奶奶说，你怎么说？况且是你在这儿，你奶奶不在这儿。”于是，他尝了面前的这盘菜。

让孩子24小时带电话的目的，是希望孩子一旦出现情绪，有个出口，但事与愿违。从某种情况看，电话成了大人焦虑性关爱的污染源。于是，有人故意不接家长的电话；有人手机不开机，说充不上电；有人说手机丢了，不一而足。孩子丢手机的频率很高。我对一个丢手机的孩子说：“手机是你的吗？”“是的。”“手机的式样是你自己选的吗？”他说：“是的，我爸陪我去买的。”“是你当时看上的最想要的那一款吗？”“不是。”“所以你的潜意识帮你把手机丢了啊。”“潜意识？”他重复这三个字以后，很快释怀了。

7月14日

阳朔成长之旅夏令营直播：刚才带一个孩子到江边做情绪内在空间清理，他说清理后一些人的表情图像在他心中有变化，累，但脑袋轻松了好多。之前他与同学打架，他打了同学后，他又会觉得同学很可怜。通过观察内心的辅导后，他自己看不起自己打人的行为，之前深深地叹了口气说，五年级的时候，他玩电脑游戏，爸爸打了他。现在爸爸虽然同意他打游戏了，但只要他操作电脑时看到爸爸，本能地就要关机，很可怜。通过辅导，他看到了遗留的“副作用”，他愿意清除这个“副作用”。我说，有空继续清理。

7月15日

阳朔成长之旅夏令营直播：从老地方国际青年旅舍刘老师的书架上翻出一本哈耶克的《致命的自负》，精看几篇，即明大义，与教育是通的。没有财产，就没有秩序。小孩子如果不明晰物权，不尊重他人物权，就不会尊重他人。自己的物权不能得到尊重，就没有掌控感，也就没有安全感。没有安全感，道德感就出不来。先分清你的我的，才会明白什么是大家的。大人给予孩子财物，如果不是完全的赠予，讲条件，就是控制，首先成了秩序和责任感的破坏者。

你东西给别人就是别人的了。父母给了孩子生命，生命也就是孩子的了。而生命的主旋律，是自己做主，自己承担责任。

7月17日

昨晚和几个大点的小伙子谈早恋的话题到深夜。这方面的教育真是空白啊！一个小伙子跟我讲，他们坐的士，的士司机对他们说：“喜欢哪个女孩子的话就去开房，你不开别人会和她开。”通过交流，孩子们看到，仓促的早恋只是补偿儿童时期的感情缺失，放下了许多。孩子们在重新考虑该如何慎重对待这件事。

7月22日

阳朔成长之旅夏令营直播：前两月，看女足孙雯的微博。博文大意是说，现在很多事情她都自己来，这种方式可以让她变得更加聪明睿智，而以前做球员的时候，吃喝拉撒都被包办。这种看似省事的安排，会让人变得迟钝，甚至影响踢球时的应变能力，她和老队友都有同样的领悟。一边是老孙雯们的领悟，一边是“新孙雯们”生活和训练被继续包办，无奈。夏令营期间，我们几乎每天晚上都放电影。如果没有放电影，立刻会有几个孩子开始叫无聊，要求看电影。一旦开始放，他们就躲进自己的房间，再也不会叫无聊了。哦！这些孩子，如果没有“电影不好看”的借口，他们就没有充分的理由安排自己的时间。如果没有成人的安排，就没有他们游离的自主。以借口和游离作为自主的空间，我看到了，但不说穿。

我去一个宿舍，四个孩子都在用手机打游戏，彼此交流得正欢。“这儿像个游戏厅！”我说。

“我刚起床。”二李说。（他意思是他没打多久，“犯错误”还不太久。）

“我看到你举起一张盾牌。”我说（我意指他防卫性的解释）。

“我说的是事实。”二李说。

“是的，他说的是事实。”其他人附和着。

“是事实，也是盾牌。”我说。

“放下盾牌，他会死。”一个男孩说。

“不是死，是复活。”我说。

“我看到我不敢承担责任。”二李说，放松了心情。

二李要参加武术比赛，但是害怕被别人看。我前天叫他在街上、在暴雨中打拳，路人侧目而视，大声叫好。事后，二李说：“我突破了。”不躲闪，就是复活的开始。

后记：

夏令营结束的第二天，二李在山东省的螳螂拳比赛中得了拳术和棍术两项冠军。而此前，他一在众人面前打拳就紧张得出汗。夏令营中，我没有按照他妈妈的嘱托每天早晨督促他打拳，而是让他想干什么就干什么。大多数时间他就是睡懒觉，以此缓解比赛前的紧张情绪。临到比赛前的几天，他连套路都忘了，好不容易才想起来。第一天比赛一结束，他就给我打来了电话。

“老闵，我得冠军了！”他兴奋地告诉我。“我按照你说的方法处理好情绪后，一进场，发现观众没有想象的多，信心大增，打出了你说的‘这个世界都是我的’的感觉。拳一打完，我就知道我得冠军了！”

“明天我参加棍术比赛。”他说。

“反正你都得了一个冠军了，明天你就专专心心舞棍。”

第二天，他又得了一个冠军。

我叫二李把整个过程写出来，他一直说不知道怎么写，所以我就写了这个后记。

7月15日

阳朔成长之旅夏令营直播：夏令营受到孩子们的赞扬。小毛、小史、老刘和我在一起聊天，中途我和一个家长打电话，回来后听到他们在讲“形容词”，我就问什么是“形容词”。小毛说：“有三口锅，烧着水。第一口里面煮着萝卜，第二口锅内煮着茶叶，第三口锅里煮着鸡蛋。萝卜一煮就软了，代表没个性的人。茶叶一煮就使水变成了茶水，代表能融入这个社会、对社会有贡献的人。鸡蛋代表有强大自我的人，一煮蛋就硬了。老闵这个夏令营，像是煮茶叶蛋，既有强大的自我，又能融入这个社会。”哦，这个比喻太形象了，谢谢孩子们对我和老师们的认同！

温故而知新

当成人全然地接纳孩子，就事论事，对事不对人，以包容心对待孩子们的“诋毁”，真实地和孩子们互动，正确地表达自己的情绪和观点时，孩子们的进步是多么神速啊！

我在夏令营实施管理和治理，管理是控制，其实人是不需要管理的，管理是对物品的，是不得已而为之。管理，主要针对项目实施和安全，其中也要通理的，就是允许他们发泄情绪。治理则是自己管理自己，也要通理的。

理，就是玉的纹路。琢磨玉器，是要根据它本有的纹路来的，否则会损害玉本有的价值。对于人，这个理就是通达人性，以人为本，然后管理、治理，如此，师生自然打成一片。

手记24 老师，我可以吃泡面吗——2014大理夏令营追记

“老师，我可以吃泡面吗?”小宋是我朋友的儿子，在高速公路的休息区，他带着微笑问我。

“可以。”我也回以笑容。

“耶!”他立刻奔进了休息区的便利店。

我本来不满意他的提问以及我的回答，我希望他告诉我说:“老师，我肚子饿了，我要吃泡面!”但我得等待机会。

上车后，我坐在汽车倒数第二排。

“我的奶奶什么事情都不放心!”汽车上，一个小女孩接过奶奶打来的电话，终于按捺不住，向我“投诉”，我倾听。

“是的!”我回答。我回答了她很多“是的”，我不是敷衍她，而是折服于她的聪明睿智。

“你爷爷还健在吗?”我问。

“我爷爷的腿脚不灵便了，他们常常吵架。”她说。

“闵老师，看来你是懂心理学的。”后排一个女孩的爸爸终于说话了。

“奶奶没有了关注的对象，所以把过多的精力投到自己的孙女身上。让孩子承受太多的关心，是不公平的。”我说。

这位爸爸点头称是。

话音刚落，坐在汽车前排的一个女孩的外婆摇摇晃晃地走向坐在最后一排的外孙女，要她穿衣服。外孙女拒绝，外婆还要坚持，外孙女高声嘶喊着拒绝。

“冷不冷孩子自己知道的。她好好的你把她弄哭干啥呢？她很伤心。”我笑着说。

外婆走开了，她明显受挫。

“一个人连自己冷不冷饿不饿都不知道，不是傻瓜吗？”我说给大家听。本来在后排和几个孩子嬉戏的小宋，正好和我目光相击，我问他：“你刚才为什么问我可不可以吃泡面？”我说话的声音比较高，也顺带让周围的人听到。

“因为这是你组织的夏令营啊！”小宋回答道。

“虽然是我主办的夏令营，你是我的吗？我并不一定比你更知道你饿不饿。我希望听到你说：‘老师，我肚子饿，我要吃泡面！’我可以代替你们做很多决定，但我不能代替你们挨饿，不能代替你们受苦。任何时候照顾自己的身体需要的做法，都是可以的。”

“你可以代替我们穿尿不湿！”一个孩子接过我的话头，结果引来一片起哄的笑声。

汽车上，有一个孩子两次对我说：“老师，我想尿尿了！”我叫他直接跟司机讲，很快汽车进入了休息区。

没多久，他又对我说：“老师，我想尿尿！”

“直接和司机讲。”我说。

看得出，他觉得两次小便的间隔时间太短了，有压力，神情犹豫。“人有三急，直接对司机讲，应该的！”我说。他立刻放松了下来，走向司机。没多久，汽车又进入了休息区。

司机在休息区，脸色很难看，因为孩子们一到休息区，又是上厕所，又是买零食和饮料，还要泡方便面，我都尽量做到不催他们。“照这样子走，半夜十二点能不能到都是问题。”他说。我只是听着。

“给司机一瓶水吧。”一个家长主动要我去顾及司机的脸色。

“不用，他有水。他可以有情绪的，没关系。”我说。

我看到司机在努力满足孩子们的需要，虽然没有耐心，但是他在努力。

做主就是负责，负责意味着任何事情我都有选择、决定和行动的机会。我能决定，所以我不怨天不尤人。

温故而知新

这篇文章写于2014年7月15日从昆明去大理的途中。健康人格的构建从孩子的吃喝拉撒开始，从孩子的衣食住行开始，因为做决定的能力不是一下就学得会的。

手记25 生不如死——2014大理夏令营追记

今天又是徒步，去三月街赶集。三月街逢农历初二、初九、二十三赶集。今天是公历7月19日，农历六月二十三。三月街离桃溪谷大概有4公里路吧，在大理古城的苍山门（西门）外。与上次徒步古城不同，这次下山徒步，上山打的。

尽管如此，还是有人有畏难情绪。

前面的队伍走得很快，渐渐地几个年纪小的落在了后面，由我和饶老师带着。

孩子们一路抱怨，于是我说："一只羊带着一千只狼，一千只狼变成了一千只羊。一头狼带着一千只羊，一千只羊变成了一千只狼。我就是带着一千只羊的狼。你们是有腿不想走路。"孩子们是害怕我的唠叨吧，步履加快了不少。

走着走着，小志慢了下来。

"你走不动了？我背你！"我对小志说。

"我去干什么？我又没有钱！"他说。

"你的钱呢？"我问。

"本来钱就带了 ××× 块（大概不到五百元，具体我记不得了），又丢了一百五十块。"他说。

"这么快就没有钱了，夏令营还有好多天。这样吧，我先借给你一百元，我再跟你妈妈说说这件事。”我掏出一百元给他，他接受了，一路把背包顶在头上，唱着歌，追赶前面的队伍。

我们追上了前面的饶老师，饶老师带着小亦、小智、小珈三个孩子。

“他摔了一跤，受伤了。”她指着坐在路边石头上的小珈。我看到小珈的左小腿外侧皮肤有划痕，但是表皮没有破裂。

“受伤不重，走！”我说。

“很痛。”他说。

“是痛（永远不要否定孩子的感受），但是可以忍受。”我说。

“我不想去。”他说。

“所以你就故意摔了跤？”我故意“误解”他。

“我不去了！打死我也不去了！”他坐在了马路中间。

“不可能！今天你在这儿坐一个通宵，我都会奉陪到底！必须到三月街才能打的回家！”我斩钉截铁道。

“饶老师，你带他们先走，我今天和他耗上了！”我对饶老师说。于是，饶老师带着其他三个孩子赶路去了。

见他不说话，我找了话题。

“我忘记带钱了。”他岔开话题说。

“我借给你一百元钱。”我从钱夹里取出一百元给他，他收下了。

“你夏令营带了多少钱？”我问。

“三百元。”他说。

“三百元太少了。这样吧，我跟你妈妈说说，看能不能让你妈妈还这一百块钱，这样就相当于我对你的合作表示感谢。”我说。

“好啊！”他很开心。

“边走边说。”我说。他同意了。

“早知道我把我的零花钱全带来就好了。我能带我的零花钱来吗？”他问道。

“当然可以！你有多少零花钱？”我问道。

“一千多。”他说。

“叫你妈妈把你的零花钱汇到我卡上，我取出来给你。”我说。

“好啊……还是算了吧！”他说。

当我们到国道上的时候，前后都看不到饶老师。我给饶老师打电话问了情况，说我们超过他们了，叫她沿着国道走。

“我们超过他们了？”他略带几分惊喜问道。

“当然。”我说。

“我们什么时候到啊？”又走一阵后，他问我。

“快到了。”我回答。

“我们什么时候到啊？”走了没几步，他又问我。

“快到了。”我说。

“我们什么时候到啊？”他很不耐烦地问。

“你怎么不问我们什么时候死啊？人生来就会死，从生到死，只是一个过程，如果对过程不感兴趣，不如直接死了。死，就是人生的终点！专心走路，只专专心心走好每步路，不管什么时候到不到！”我说。

他没有回答我的话，头也不回就大步流星地向前走去。

我们很快追上了大队伍，在一个饮水区休息了几分钟，饶老师他们才赶过来。

是啊，生是起点，死是终点，中间都是过程。如果不重视过程，不活在当下，生不如死。如果不重视过程，不活在当下，终点又有什么意义呢？

温故而知新

这篇文章写于2015年7月19日。所谓人性化管理，不是没有原则的。在我们历届的夏令营中都有徒步项目，有些孩子不乐意，但是我都严格要求孩子完成。我不给孩子定时间，允许孩子有情绪甚至发泄，孩子把情绪发泄完，意志力就出现了，这就是人性化。

父母给了孩子零花钱，零花钱就是孩子的了。孩子如何花，是孩子的事，这是对人格主体的尊重。如何花钱、管理自己的钱财，也是一门学问。如果主体人格没有得到尊重，一个人管理钱财的能力很难成长。孩子为此付出一点儿代价，家长付出一点儿代价，是值得的。年龄越小，付出的代价越小。

不让孩子从小学会独立决定如何花钱，导致的人格自主问题、内心匮乏感问题，将会影响孩子的一生。

我提倡从小学开始，一次性给足孩子每个月的零花钱，允许孩子自由支配，比如交朋友，打游戏付费，买自己喜欢的东西。这样，可以满足孩子的需求，可以让孩子学会做抉择，可以锻炼孩子的理财能力。

手记 26 教育来自不刻意的点滴积累——2014 大理夏令营追记

一、女生宿舍的矛盾

上午碰到小伊和小肖，她们说女生寝室晚上太吵。

“这样吧，喜欢卧谈的人住楼上，喜欢安静的住楼下。”我说。

“楼下只有一张床。”小伊说。

“我们老师宿舍有一张床可以搬过去。”我说。

“好的。”小伊说。

“不过不要以我的方案为准，最好开会讨论这个事情，以你们的意见为准。”我说。下午，我让陆老师组织女生讨论，结果出人意料。

1. 吵和被吵的，消除了彼此的隔阂，达成了和解，不用搬动铺位。

2. 最喜欢讲话的小熙主动承认了自己的错误，含泪跟大家真诚道歉。

二、教育是不刻意的点滴的积累

在楼顶上打电话（楼顶上信号好）遇到小诗和小熙，她们主动找我聊天。小熙很阳光，看不出来在会上哭过鼻子。

“你妈说，你觉得你不受人喜欢。”我对小诗说。昨天她妈说小诗想离开夏令营，我感觉她不会。但是她妈妈既然这样担心，我又刚巧碰到她，所以引出话题。

“我妈妈答应我不跟任何人讲的。”小诗说。

“你妈妈爱你，但又不知道怎么爱你，所以跟我讲了。我们不谈这个问题好了。”我说。

接着，她俩邀请我去度假村河边看她们发现的很大的花。原来是荷花，枯萎了，放在石桌上。来去的路上她们说，我只是听。“嗯，这样的啊！”“好玩！”“有趣，我都没有听说过。”一路上我们三个人很默契，即使沉默也不尴尬，气氛温馨而幸福。从我的应答中，小诗不招人喜欢的观点，不攻自破。这一切都在心照不宣中发生，不能点破的啊。

三、古城购物

晚上，共有九个孩子要去大理古城，小熙、小诗、小楷、小远、小晨、小辰、小赖、小权、小铭，两女七男。我开始让孩子们自己去，小远坚决要求一个老师跟去。“那我陪你们去！”“啊，你太够朋友了！”小远说着，一阵狂喜，伸开双臂给了我一个拥抱，我则顺势把小楷揽了过来。

这次来回都打的。

和孩子们确认记录了我的电话后，我们约定九点钟在复兴路400号前的长椅边集合。我在超市购买了第二天的干粮后，就回到了复兴路400号（我提醒几个孩子给门牌号拍了照）。看着熙熙攘攘的人群，静静地等着孩子们，我感觉很美。

孩子们上街都买东西。

小铭买了幻影忍者和一把弩，弩25元。

“不错，物有所值！”我感觉这把弩确实不错。

小楷买来了两个小玩意，很得意。

“我买了两个魔术人，喊它走它就走。”他对我说。

“嘿！这么好玩啊，我看看！”我好奇。

他一打开，是个提线小卡通人儿。线是透明的，他买的时候没看到。一打开包装，他马上变得沮丧起来。

“你可以找他退啊！”我说。

他去了，很快回来。“那个人已经走了！”他有些失望。

“五块钱，买错了也没关系。”我说。我的话起了一点儿作用。

“你可以给你妹妹玩啊！”在一旁的小远说了两遍，没什么效果。

一会儿，小楷又买了一把弓，40元。这孩子不盲从啊！虽然弓比弩难操作。这次不同，他非常高兴自己买了这把弓，之前的沮丧一扫而光。

“这张弓不错，挂在家里也是很好的装饰品。”我说。

小楷买了弓本来就开心，这下笑得更灿烂了。连他一笑就露出的折断过的门牙，也逗人喜欢。

小远向我借100元钱。

“借来干什么？”我问。

“买弓。”他说。

“买弓40元，我只借40元。”我说。骨节眼上，我打破了先告诉父母才借的常规。

我和其他男生讲了几句话，一回头，小远已经在摆弄着一张弓。“你怎么这么快就买回来了？”我问。“他卖给我了。”他指小楷。原来如此！

“你买的，你不喜欢吗？”我问小楷，他迟疑了下，赶紧又去买了一把。

小晨买的弩比小铭的大了一号，我觉得没有小铭的精致，指出一些瑕疵。

“没有小号的了。”小晨说。

“他亏大了，我问的价格只要15元。”小赖说。

“我这个大一号。”小晨的弓大一号，30元，比小铭的多5元。

“你亏大了……”小赖说过之后，小晨开始辩解，两个人几乎对上了。

“他认为值得就值得。你影响他心情干什么呢？”我对小赖说。

“哦！”小赖恍然大悟，突然停止了评判。

隔了一会，小晨居然换回来一把和小铭一样的弩！

哥几个在大街上，玩弓箭，玩弩。

“不要对着人哈！回去以后也不要对着同学。”我叮嘱道。

“那样是对人不尊重。”小铭说。

“是的。”我说。这小子，现在也把“尊重”两字理解得比较透了！好样的！但我不露声色。

小权买了袖珍牛头骷髅，很高兴地给我看，结果不小心摔地上打碎了。

“我再去买一个！”他难过的表情一闪而过，立刻采取行动。西方人的谚语说，不要对着打烂的牛奶罐哭。小权不是做到了么？

“牛！”我对他说。

九点十七分，女生们才过来。

“老师，能够让我们再去逛街吗？”两女生问我。

“可以啊，看这几位老弟同不同意！逛到几点，十点？”我说。

“逛到十点，你们敢吗？”女生说话，就是艺术。

“敢！”男生们回答。

“这样吧，九点四十回来。”我说。

九点四十，大家准时回来了。

小诗买了条裙子。

“嗯，很有特色，试过吗？”我问。

“没试过，不分尺码的。”她很肯定自己的判断力。

“我买的这个披肩太贵了！”小熙有些后悔。

“我买的这个披肩太贵了！”回程的车上，小熙继续说。

“贵就贵了，只要你感觉好就行！其实也要对自己好一点，对自己也要舍得。”我说。

“我和我妈上街买东西，我买什么都舍得。”她说。

“原来你没有单独买过东西，你怕买得不划算！很好啊，买东西也是要学习的。多买几次就有经验了。”我说。我的话，小熙听进去了。

一路上孩子们都在吹自己砍价的能力如何，互不相让。

“你们今天买东西，也算是满足你们需求了。只要不乱用钱，小的时候需求得到了满足，长大了，会有两种情况。一种是你的经济状况一般，但是你会觉得钱够用了，知足常乐。另一种情况是，你们可能会有很多钱，觉得钱够用。所以，我觉得买东西贵一点便宜一点没有关系。贵一点可以让别人赚点钱。便宜一点，可以锻炼自己讲价的能力，享受购物的乐趣。”我又开始兜售我的需求理论以及买卖哲学。

感觉车里的气氛祥和，好像这个大道理是卖出去了。

温故而知新

生活就是教育。会花钱是一种能力。花钱背后的价值判断、心理结构支持，都不是表面看来那么简单的，是需要学习和体验的，需要自我调整、接纳。这个过程，也属于青少年心理成长过程。

手记 27　他承认错误，我却舞弊——2014 大理夏令营追记

有一次，我坐在沙发上和同学聊天，小徐挥舞着一根铁链玩耍，一不小心把一种叫“东西南北”的兰花的叶子打断了。我的第一反应是，把打碎了的捡起来藏在草丛中。

“我包得住你就包，包不住那就没办法了，说不定摄像头已经把我刚才的动作录下来了。”我对小徐说。

下午我从外面探路回来，大家在开大会，度假村的徐总就讲这个事情。徐总当过老师，讲话很得体，没有说追究谁，只是强调这儿是一个生态景观环境，大家可以参与到这个环境的维护中来，说种花的阿姨看到花叶被打碎后很难过，就像自己的玩具被损坏一样。

我看到小徐在徐总讲话的过程中一脸尴尬，脸色一会儿黑一会儿白的。

等会议结束，我找小徐谈话。

“什么事？什么事？”他在我带他到僻静处的过程中问我。

“还有什么事，就那事呗！”我轻描淡写地回答。

等他和我在藤椅上坐下来，我说：“我知道你不是故意的。徐总好像没有追究这件事，你和我躲过了这一劫。但这总是一个心结，我们可以面对这件事情。是人都会犯错误，但是犯了错误承认它，就会突破自己。这样好不好，钱我出，错误你去承认，这个事情也不会传开。你愿意自己去找

徐总吗？”我最后问。

“愿意！”他回答得很诚恳。

他拿着我给他的十块钱，快步去找徐总。

“不要说钱是我给的。”他跑开一段距离后，我急忙叮嘱他。

“好的。”他的脚步没有停下来。

“徐总，我个人找您有点事。”他说。徐总很快领会，把他带离了学生走廊。谈话很快结束。

“徐总不要钱。”小徐跑到我身边，用一个比较隐蔽的动作把十块钱还给我，“徐总说，只要敢承认，赔不赔钱都不重要。”

写完这个案例，轮到我脸红，嘿嘿。一是舞弊，二是把这件事传开了。

温故而知新

关系重于教育。

《论语》中，有孔子关于什么是直的观点——“叶公语孔子曰：‘吾党有直躬者，其父攘羊，而子证之。’孔子曰：‘吾党之直者异于是，父为子隐，子为父隐，直在其中矣。’”南怀瑾先生的《论语别裁》对这句话的解释是：

叶公告诉孔子说，我们这个社会里，老百姓的思想、性格都很直爽，不狡诈。一个父亲偷了别人的羊，他的儿子会挺身而出，做证人。我们这个社会风气有多好！孔子听了他这几句话，答复说，我们那边社会的情形，与你们这里就不同了。如果儿子做错事，当然父亲为了亲情，会为儿子隐瞒一番；父亲做错了事，儿子当然也替父亲隐瞒一番，这是人情之常。也许你看来这样不够诚实，不够直爽，可是所谓直的道理也就自然在其中了。这就是中国后世所谓法律不外乎人情的意思。假如讲法治的道理，父亲偷了东西，儿子告密，并没有错，在法律的观点上看是合理的行为。从人情上看，做心理研究，这一对父子之间，早就有问题存在了。人与人之间，不要说是父子，即使朋友之间，也不免有一点儿感情。如果人没有这点感情，而认为一定要这样做才是对的，这个问题很大。所以对这一段做深入的研究，就有很多道理可以贯穿了。

手记 28 夏令营结束了，孩子们不愿意回家

夏令营即将结束，孩子们不愿意离开，想要多在营里待几天，我们的不置可否以及接人的家长们的出现，很快打破了他们之间的约定。

一

gz 在营里多待了三天才最后离开。第二天，我打电话给她的父亲。

“女儿回家没有啊?”我问。

“回家了。”他答。

“见到人没有?”我问。

“见到人了!”他高兴地回答。

“人变漂亮没有?”我问。

“漂亮了漂亮了!”他不加思考地回答。

“满意吧?”我一语双关。

“满意满意!”他也一语双关。

二

eg 的心理之路走得差不多了。夏令营的最后几天，他和我刚到的女儿一起读《大学》，表现出专注和兴趣，可喜。

eg 的妈妈第一次表现出对我们的满意，是因为儿子变快乐了，性格

变了。但是没有多久这种满意就消失了，她又陷入孩子没有学书本知识的担心。我们给她解释，如果一个人从小得到的快乐多，他要变好的动力就足。但是这句话不能解决她妈妈的焦虑。

“闵老师，我是不是让孩子上个什么才艺班啊?”

“按理你的孩子去上才艺班没什么问题，但是，对于你们来说，重要的是要建立正常的母子亲情依恋体验。你的孩子很黏你，但是还没有达到正常的亲情依恋体验标准。比如说，你儿子和你分别时，你们会伤心，会哭。但是应该是健康的亲情体验标准。一旦分开，他想到母亲，有着温暖、充实、幸福、感恩的感觉，而不是因为分别就产生忧郁和焦虑，对你也是如此。多抱抱孩子，把自己变成一个孩子和自己的孩子玩，找到感觉时，毫不犹豫地告诉孩子你爱他，等等。”

eg的妈妈没有什么响应。

稍后eg和妈妈在蒙台梭利教室拼世界地图，拼完以后，eg归位时不小心撒了一地。这时候吃饭的钟声响了。妈妈说，待会儿再来拼，但是eg坚持要妈妈先去吃饭，自己要把地图重新拼好归位再吃饭。妈妈在饭桌上给我讲这个事，说孩子进步了，如果换了以前，孩子会哭个不休，她会觉得没辙，那让她很难受。我觉得这是一个很好的赞美eg的机会，就赶紧对eg的妈妈说:“快给孩子讲你的感受啊!”妈妈赶快放下碗去了。

没多久，eg拼好地图归了位，平静地在饭桌上吃饭。

放暑假了，我满脑子童年的记忆：我在稻田里洗泥浴，在烈日下钓鱼，我盯着水面上的鱼线浮漂一动不动，以及捕捉停在水草上的红蜻蜓……

温故而知新

古国治老师讲家庭教育时，开篇就问家长“家”意味着什么，于是大家开始讨论。这个简单的问题，做父母的之前几乎没有深入讨论过，这太重要了。父母理想中的家，也是孩子所需要的。

儿童之家从外地来了一个孩子，她妈妈打算把家搬到这儿，孩子哭。我对孩子说：“妈妈在哪里，家就在哪里！”妈妈接过话说：“是的，妈妈在哪里，家就在哪里。”孩子很快就不哭了，第二天孩子告诉我，她喜欢我。

建立一个家，为人父母要把重点抓住。

家对于一个孩子来说，首先是有亲情可以信赖，有想法可以得到支持，有大人给予的接纳心理空间。不受打扰的物理空间是其次。房子不是家。

手记29 关于停办2016年夏令营对孩子们要讲的心里话

为什么让孩子“玩”二十天的夏令营是我认为最艰难的事情？父母希望孩子快乐，但他们想通过控制的方式来让孩子获得快乐，他们甚至想通过他们认定的方式来让孩子快乐。控制，恰恰是人性不喜欢的。我曾经把人的人格分为兽性、人性、佛性和魔性，控制恰恰是魔性的集中表现！如果教育要提高到哲学的高度，这句话是必须要讲的。

孩子们，在你们夏令营期间，你们的家长暂时控制不了你们，我要挡开这些曾经抓住你们不放的手，同时又要让他们觉悟，让他们给予你们符合人性法则的爱，我是多么的被动啊！

你们幼小的生命，需要的是关爱、关心，而不是借关爱之名行控制之实的伤害性的爱。这种“爱”，是混入了毒素的！你们的父母不知道，你们更不知道！

我每想至此，总是彻夜难眠！孩子们，我和你们同在！

我并没有能力，也不是要你们脱离你们的父母，但是我对生命的爱确实在你们父母面前受阻了！我从内心流出的爱的甘泉，无法流向他们和你们那一片干涸的荒漠！

我曾经在招生广告里说，我对你们没有期待，我只是让你们获得这样的经验：在你们人生的特殊阶段，还有人曾经用如此宽容的方式对待过你们！这句话的背后，不是心中流淌出的爱的甘泉，而是我生命中的血液！是我这只带血杜鹃的啼唤！我本来想让他们在我的呼唤下思索、反省自己对你们的爱是否健康，但是我很多时候感到挫败。

爱，还分健康和不健康吗？是的，分，要分！把那些毒素分离出去！什么是毒素？控制就是毒素！背后有目的就是毒素！

就如教育家马斯洛把自私分为健康的自私和不健康的自私一样，爱也有自私和不自私的！我是多么希望你们的父母给你们无条件的爱啊！

有一年，你们从开始到结束都叫着“宰了——老闵！”，为了在二十天里让你们进步，我愿意成为你们的傀儡！我愿意做你们的垃圾桶，愿意做你们的排污口！我知道，你们这样做，是你们内心因为伤痛得不到治疗，进而转变成一种对伤害你们的权威的仇恨。我只是那个被投射的权威！

我那时没有怨过你们，我默默地注视你们、倾听着你们，我看到了你们内心的伤痛，我不像你们赞美的那样硬气，我是一个多情的汉子！我的心，在为你们的这些伤痛落泪！

还有一年夏令营，由于成人们受不了你们的这种释放，要用权威的方式对你们反扑，结果我出手了，和他们发生了严重的冲突。你们终于看到了我对你们的爱，对你们的义气！那是一个大雨滂沱的夜晚，你们九个孩子加上我，共十个，共同睡进了那个属于我个人的户外帐篷！我终于感受到了你们要和我在一起的心愿！在我与成人发生冲突的那一刻，想对你们说：“我愿意用生命捍卫你们的人格尊严！我甚至想爆发真正的‘战争’，想向你们证明！”

第二天，冷战继续，几乎所有的成人都说我纵容你们！我那个气啊！气得要死！所以我趁着黑夜，点着火炬，把白天曾经蜇过你们的马蜂窝给烧了！差点把村民的房子点着！

我喜欢佛法，是不想杀生的！但是那天晚上，我大开杀戒！如果我不能做一个低眉的菩萨，我就做一个怒目的金刚，甚至是魔鬼！我就是不愿意当好好先生！

我想告诉孩子们，我的心没有离开你们。我的户外帐篷无法为你们很好地遮挡风雨，我需要用更有效的声音呼吁父母们为你们留下更多属于你们自己的空间。

再一次寄语家长：

控制，是最难放下的。我觉得我过去在群里讲到这里的时候得到的回应不够。

欧美国家的人格教育相对来说比我们好一点。我认为不是教育理念的原因，是法律问题。他们的法律在保护儿童人格尊严方面比我们到位。但是，西方从法律强制出发的教育动机也是不完善的。

子曰："道之以政，齐之以刑，民免而无耻；道之以德，齐之以礼，有耻且格。"教育，也是领导的艺术。道，导也。如果以政令规定、以法律整肃，受这样的教育制度出来的人，容易怀着侥幸心理钻道德和法律的空子。以品德感召，以礼仪整肃，教育出来的人，有羞耻、惭愧之心，且人格稳定。教育是礼治，治理国家是礼治加法治。

我们教育孩子的动机是什么？

我年龄这么大了，为什么一谈到教育说话还带刺儿？我的修养不够，或者说，人生这场游戏，我演得很真，但很不圆融。但是，通过夏令营，那些孩子的收获是远超过我的。他们做人的艺术方面的提升也是超过我的，这就够了。

温故而知新

"我做过一个统计，北大一年级的新生，包括本科生和研究生，其中有30.4%的学生厌恶学习，或者认为学习没有意义，请注意这是高考战场上千军万马杀出来的赢家。还有40.4%的学生认为活着人生没有意义，现在活着只是按照别人的逻辑活下去而已。这其中最极端的就是放弃自己。

“所以我们回到一个非常终极的问题，人为什么要活着？人生的意义是什么？对于我们来说最重要的东西是什么？他们这种情况并不是刚刚产生的，他们告诉我，‘我从初中的时候就有这样的疑惑了，直到现在我才做了决定，要结束自己的生命’。西方传统的药物治疗、心理治疗对他们都没有效果。”

以上是北大心理咨询中心总督导徐凯文先生在一次报告会上讲话的摘录。孩子的人格被扭曲，生命的机能不能畅达，父母负有不可推卸的原因。我之所以说原因而不说责任，是因为父母们不知道他们在教育中做了什么，以及做这些事情对孩子人格健康会有什么样的影响，这个叫作“无明”。人格的扭曲，三岁之前扭一圈，三到七岁扭一圈，七到十六岁扭一圈，恋爱扭一圈，婚姻扭一圈，养育孩子扭一圈。假如将孩子的健康人格比喻为一棵大树，这个扭曲是发生在树干上的。如果扭曲得太厉害，就等于树干上打了一个死结，生命会因此枯萎、断落。而这个扭曲，都是拷贝三岁到七岁扭曲的模式。可想而知，家庭的责任是多么重大。药物治疗无效，心理治疗无效，只有父母改变自己对待孩子的方式才会有效，因为解铃还需系铃人。

人格扭曲，成人后的这些孩子又未经任何学习就做了他们的孩子的第一任启蒙老师，这是一个轮回。中国的教育要有起色，必须切断这个轮回！

手记30　给郑氏姐弟的一封信

小月：

你好！

杨伯伯打电话给我，说在上海看到你们姐弟俩，气质变化很大，让人感到宁静而敏锐，说我们的夏令营是道场，是树人的地方，说知识和技能的学习交给学校就行了，如果我们再教知识和技能，有浪费时间之嫌，云云。谢谢杨伯伯对我们教育方法的褒奖。面对杨伯伯的表扬，我很平静。因为我知道，你们的这些变化，是你们本身就具有的年轻生命的特质，我们只不过帮你们去掉些影响你们个性发挥的限制而已。另一方面，我们也从你们身上学到很多。和你们生活在一起，我们也变得很年轻和潇洒。

当我和家人在普陀山度假的时候，你打电话给我，说亲戚朋友担心你们在潜山学不到本事，反对你们来潜山学习，所以新一期夏令营你们姐弟俩不来了。言语中你有些愧疚。你妈妈把给我打电话这个难题转给你，本身也会让你觉得尴尬。你是谨遵母命，不避难堪，合乎情理。其实来不来潜山，你们能够决定的很有限。但是对于你母亲来说，为了让你们能在一种自由自主的环境，她已经做了最大的努力。她的魄力和勇气，让我对她充满敬佩。

在普陀山接到你电话的时候，我没有告诉你，我也由于种种原因会离开潜山，既是人事，也是天命。此前，我内心有种强烈的使命感，总还想把古老师的学问应用于医学心理领域。如今发现，这是个巨大的妄想。这个妄想让我脱离生活的实际。前几天，朋友介绍我去一家集团公司当副总，主管公司文化。这样的话，我可以用平凡的工作方式，挣取工资，养活我的家人。人性的缺点就是都不甘平凡……想到这些，我脑袋里有种前所未有的轻松感，但是，这件事很快就没有下文了。

下一步，我会回到上海，尝试帮助那些有犯法经历的未成年人以及他们的家庭，这是一个比在潜山更富有挑战的工作。我终于发现，我选择这样的工作，不是我有崇高的教育理想，而是我生存的状态就是如此。既然命该如此，我就只有坚持到底了。如果你有兴趣，可以来参观我的工作，给我提些意见。

小月，在潜山的夏令营，你已经成了标杆。如果在别的地方，对你的缺席，老师们会有很大的失落，但在潜山不会。因为潜山教育的目的，是要学生更好地融入现实社会。凭你的能力，我不再担心你今后的前途，我只是希望你能做真实的自己，遇到事情能一如既往地倾听来自你内在的感觉，活得真实、自在，这样就会无往而不胜。

对于你弟弟，你可以更多地允许他和你不一样的地方，给他尊重。在不委曲求全的前提下讲姐弟感情，这样对弟弟才有帮助。这个方面你已有经验，不再赘述。

你在夏令营时，我并没有给你太多的关心。由于我从小也缺乏爱，所以我不能表达出自己的感情。我希望师生之间情感深切而洒脱，不为世间人情所累。深刻，是来自对自己的了解后，对他人的理解和接纳。洒脱，就是过了就过了，没有必要多愁善感。

说洒脱，我也做不到。在阳朔的时候，你骑自行车摔跤受伤了，我当时修养不够，我是强压着自己对你的责备心态来照顾你的。这件事情至今想起来都很惭愧，以后引以为戒。

祝

平安！

又：如果觉得学校按部就班的学习方式不好，可以自学。

你们的老闵

二〇一一年九月三十日

小兴：

杨伯伯说你姐弟俩变化很大，在你姐姐的信里提到过这事。给你姐姐写信，我要轻松些。给你写信，就不一样了。因为我和你总是冲突不断。

起初，这些冲突不是由心理和教学技巧造成的，而是我和你的性格造成的。我们相处，必然有这些冲突。但是当你来潜山以后，有很多和你发生的冲突是没有必要的。我说没有必要，是我人为地在学习上给你提出了要求。理想的教育方法是不能提要求的。老师对学生，只有希望，没有要求。当学生达不到老师的希望时，老师不对学生歧视，这就是诚。在潜山，我对你诚意不够。

你提前离开了潜山后，我间或和你妈妈通过电话，但没有和你联系，我有些失职。比起你姐姐，我应给你更长的自由期，来弥补你过去在老家以及在学校受到的伤害。但是我做不到，我感到很无奈。你只知道过去别人对你不好，但不知道过去的这些经历如何影响了你现在的行为方式。要让你知道，除非长时间浸泡在一个爱和自由的环境里。有时候，自由比爱更重要。

一个人在童年经历过不幸，是一种不幸。但是如果没有经历过不幸，是一种更大的不幸。由于你的不幸，才造就了我们的缘分。这种缘分没有什么了不起，但是起码我认为多动症的诊断，与大人的武断有关。我不迷信老师和专家，所以不动用这些标准来压制学生，尝试开创一种新式的教育方法。

周老师说，我们开办教育，在三个姓郑的面前吃瘪了，一个是你，一个是苏州的，一个是永康的。比起他们来，你算最幸运，因为你有位知过能改且有勇气有魄力的母亲，所以你和我的缘分要久些。苏州的和永康的两个小郑，夏令营过后就没再和我们接触了。他们的境况比过去好不了多少，但愿他们的人生会有好的际遇。

我们在一起的日子，谈感情的时候很少，谈教育的时候很多。现在想起来，这种“教育”曾经多次伤害了我们之间的关系，真是人之患在好为人师啊！记得在潜山，有次我对你说：“我在你身上花的精力，是我女儿身上的十倍都不止，我太伤心了！”这是我和你感情的成分。有次我到你家去看你，我们有心照不宣心心相印的感觉，你当时眼眶里有泪水，而我故作平静，这是我和你感情的成分……现在，我别了帅真、潜山，这些我和你曾经共同生活的地方！而今往后，我们可以只谈感情不谈教育了。

我相信杨伯伯的话，说你像姐姐一样，变得气质宁静而敏锐。我知道在和你相处的日子，你有时故意在我面前表现出你的缺点气我，这都是我作为老师修养不够才导致你如此的。我希望你在别人面前表现出更多的平常和随和，这样你不会太累，也可以给你妈妈更多的安慰。你的动手能力、运动协调能力、你的锲而不舍的意志力，都预示着你将成为一个有作为的男人。

祝

平安！

老闵

二〇一一年九月三十日

温故而知新

五年过去了，我仍然没有离开教育行业，天意。

这封信写得好的地方，就是讲实话，自我检讨。关系就是教育。健康的人际关系，就是健康的教育。

“行有不得，反求诸己”，意思是说，如果我们的行为没有取得预期的效果，我们就要反省、检讨自己的不足，从自己身上找原因。只有成人先从自己身上找原因，孩子才会从自己身上找原因。

附录　与本书有关的教育书札

纪认兄如晤：

整理这么多文稿，辛苦你了！你能在工作之余，在带孩子之余，拨冗将我的一些教育手稿摘录、整理出来，我非常感激。孔子述而不作，皆因心空如镜，物来则显，去而不留。子曰："温故而知新，可以为师矣。"我们成人通常有自己的生活经验，但是，遇事总是从自己的经验出发，看似在吸取教训，其实又被自己的生活经验所困，同时又把很多似是而非的东西教给孩子，所以不足以为师。我看了自己的文章，就当时我的知识和静定修养的水平，做出相应的反应，有自叹之处，但今日看来，有诸多不足，亦可以温故而知新，但只足以为不故步自封之诫，为自己学而不厌之资，不足以为他人垂范之师。

真正的教育，君亲师是一体的。君是领导，领导的作用是承担责任，亲的作用是无条件靠得住，师的作用是启发。于斯三者，我有很多不足，我只有承担自己的责任，敢于向儿童和家长认错；让自己靠得住，自助天助；在静定修养下反省自己犯下的错误，如此则庶几不愧平生。

我今年五十岁，从事教育已经十三年，其中儿童教育九年。孔子曰："五十而知天命。"所谓有自知之明，然后才有知人之智。从孩子身上，我看到了生命的天机和自动成长的动力，看到了所有的教育心理技术其实他们天生都会。老子曰："含德之厚，比于赤子。"在赤子之心面前，我自愧不如。我只是给他们一点儿启发、一点儿光明、一点儿雨露、一点儿自觉，他们健康的人格和身体，就如雨后春笋般茁壮成长，他们的智慧又如野火般燎原。他们一直在不断推陈出新，自我超越。回过头来看那些孩子，反省自己，对于生命，我只有敬畏的份。

和孩子相处久了，我没有了"儿童"的概念。我和他们都是人，我只是做真实的自己，尊重他们，同时又尊重自己。于是人们认为，这是老闵的教育。我是不敢教，也没有育，我只是冒昧地参与了他们成长的活动。因此，总结如下：教育，不是你怎么教他，而是怎么对他。

闵子轩

二〇一六年七月十八日